SANARÁS CUANDO DECIDAS HACERLO

SUI MEI CHUNG B.

SANARÁS CUANDO DECIDAS HACERLO

SUI MEI CHUNG B.

mi tierra
EDITORIAL

"Sanarás Cuando Decidas Hacerlo."
Libro autoeditado
www.editorialmitierra.com

Coordinación de la colección: Sui Mei Chung Bustos / @suimeichung
Edición y Revisión: Ayi Mártin Contreras / Sui Mei Chung Bustos
Diseño de la Trilogía y Composición: Yodanis Mayol González / www.yoymayol.com
Dibujo de portada: Mei-Li Kay Rivera Chung (6 años)
Fotografías Unsplash
Producción fotográfica y videos: Alonso Pino Chung / @_friolento / @alonsoppx

Primera Edición 2019
Segunda Edición 2020
Tercera Edición 2020
Cuarta Edición 2021
Quinta Edición 2021

Santiago / Chile

www.suimeichung.com
Creadora y Fundadora "ESCUELA TRANSGENERACIONAL EVOLUTIVO"
SuiMei Chung & Suilang Chung Wong / Creadoras Terapia Transgeneracional Evolutiva
"Conectando con nuestra Alma"
@escuelatransgeneracional
https://etransgeneracionalevolutivo.com
https://suimeichung.com/escuela-transgeneracional-evolutivo

"Haz de tu vida un sueño,
y de tu sueño una realidad."

-Antoine de Saint-Exupéry-

INDICE

Algunos querrán comentar que los padres también tienen sus defectos.
Que no lo han hecho todo bien.
Que habrían también podido y debido ser de otra forma.
En el momento en que pensamos esto, perdemos a nuestros padres.
El amor que existe a raíz de nuestra existencia,
que la ha hecho posible y que la ha llevado adelante,
no puede más fluir.
Únicamente aquel amor que ve a los padres tal y como son,
y consciente a ellos tal y como son, que acepta la vida,
así como ha fluido de ellos hacia nosotros,
sólo aquel amor puede crecer.
De lo contrario, nos quedamos discapacitados en el amor,
sin posibilidad de progresar en él.

-Bert Hellinger-
Filósofo, Teólogo Alemán "Padre de las Constelaciones Familiares"
16 dic. 1925 – 20 sep. 2019

¿POR QUÉ DEBERÍA LEER ESTE LIBRO?

Escrito por :

AYI MÁRTIN CONTRERAS
67 años, Chilena
Editora de la Trilogía escrita por SuiMei Chung
Relacionadora Pública "Escuela Transgeneracional Evolutivo"
@ayimartin_terapeuta
Terapia Transgeneracional / Biodescodificación /
Consejera Matrimonial / Relaciones de Pareja / / Heridas de Infancia

En muchas ocasiones de mi vida me pregunté ¿qué tenía que ocurrir para ser feliz? Por mucho que buscaba, no encontraba la anhelada felicidad. Sentía que había algo dentro de mí que no me permitía lograrlo.

Una vez que conocí a Sui Mei, autora de este maravilloso libro, que hoy tienes en tus manos y de la extraordinaria Trilogía de Autoayuda y Crecimiento Personal de la Nueva Era, pude recién comprender que toda mi angustia y desconsuelo, venía de mis Heridas de Infancia.

Y lamentablemente si no tenemos consciencia, y reconocemos las sombras y los dolorosos recuerdos del pasado que habitan en nosotros, por mucho que deseemos borrarlos, no sanarán si no somos capaces de reconocer el dolor que nos provoca y tomar la importante decisión de trabajar en ello.

Sabías tú que el autoestima se hereda de nuestros padres? Así como ellos se han amado a sí mismos, así como ellos han recibido de sus padres la manera de amarse, es lo que nosotros vamos a transmitir como PROGRAMA.

Si sientes desconfianza, angustia, miedo, tristeza, rechazo, codependencia, anorexia, bulimia, insomnio, baja autoestima, inseguridad, agresividad, si has sido víctima de abuso y no encuentras las respuestas, hoy tienes la oportunidad de sanar.

Nunca es tarde para sanar las Heridas de Infancia, es la única forma de convencer a tu mente lo maravilloso que eres. Existe una niña o niño interior que pide auxilio, que necesita ser amado, ser rescatado de las Heridas de Rechazo, Abandono, Humillación, Injusticia , Traición. Te preguntarás ¿cómo hacerlo? En estas páginas encontrarás hermosas herramientas que te permitirán adentrarte en tu Ser y recordar todos aquellos momentos en que de una u otra forma, estas Heridas se fueron instalando en ti. Lo peor que puedes hacer es silenciar o ignorar que existe tu niña o niño interior. No importa la edad que tú tengas, es fundamental que hagas este viaje, para descubrir ese llanto, ese miedo, esa desilusión que quedó guardada en ti, y que en tu infancia no pudiste expresar.

No es tarea fácil. Lo primero será abandonar la idea de "estar bien", de patentar una "crianza perfecta". El compromiso empieza con tomar consciencia, de que tales heridas vienen arraigadas incluso desde antes del nacimiento. Es por eso que expandiendo la consciencia, conectaremos con el Alma y con el perdón. Si no perdonamos a nuestros ancestros, si no comprendemos que ellos hicieron y actuaron con lo que sabían hacer y lo mejor que pudieron, no podremos perdonarnos a nosotros mismos, eso nos permitirá abrazar a esa niña o niño que llevamos dentro y dejarlo fluir libre en la vida.

Es necesario realizar este ejercicio, para vibrar en alto, para dejar de ser una víctima y no seguir pensando en lo que te hicieron o dejaron de hacer, en lo que no te entregaron, en esos sentimientos de culpa, por no cumplir con las expectativas de los otros, esas descalificaciones y castigos físicos, que aún recuerdas con dolor, esa historia personal tan íntima, tan tuya que se ha convertido en una pesada carga con la cual, sólo has "sobrevivido" y no "vivido". Por muy dolorosas que sean esas Heridas del pasado, el maltrato de la madre, el abandono del padre, el abuso sexual de un tío o el padrastro, el bulling, que has vivido, te aseguro que podrás sanar, si tú lo deseas, porque en estas páginas encontrarás las respuestas que tanto has buscado.

A medida que vamos sanando nuestras heridas, nuestra Alma se libera del dolor y eso se nota, se ve, se siente, es otra vibración que te hará sentir reconciliada con tu pasado y contigo. Eliminarás esas máscaras que un día construiste para ti, para agradar a todos, para ser reconocida o reconocido, para recibir halagos, para esconder tu propia verdad y ocultar quien realmente eres.

Eso es lo que nos enseña este libro. El Transgeneracional Evolutivo te permite transmutar el dolor, el sufrimiento que por años te ha acompañado, porque se enfoca en empoderarte, en rescatar lo mejor de todo lo que eres y has vivido. Te enseña a ser feliz con lo que tienes y a potenciar tus talentos y virtudes, esas que están dentro de ti y que seguramente no has descubierto, tal y como me ocurría a mí, dejándote ver con claridad y amorosamente que TÚ Y SOLO TÚ ERES EL RESPONSABLE DE TU FELICIDAD.

SANARÁS CUANDO DECIDAS HACERLO, te invita a descubrir el Amor Propio, la niña o niño interior y la Abundancia.

Así todo cambia, tu vida cambia, tu historia cambia, sientes que vale la pena vivir, existir y que mereces lo mejor.

Te conviertes en Prioridad y el dinero pasa a cumplir un rol importante en tu vida. Descubres múltiples razones para que te amen, empiezas a ver a esa niña o niño y a decirle lo hermoso que es. Esa o ese eres Tú y dirás adiós al miedo, al rechazo, al abandono, porque desde la mirada del adulto que eres hoy, sabrás darle el amor que no tuvo, sabrás escucharlo, acogerlo y nunca te apartarás de su lado, permitiéndole que ría, sueñe, juegue como nunca antes pudo hacerlo.

SANARÁS CUANDO DECIDAS HACERLO, te permite mirarte al espejo y decir, ME AMO Y ME ACEPTO TAL CUAL SOY. Porque habrás aprendido a descubrirte, conocerte, aceptarte, valorarte y vivir contento en tu propia piel. Te darás cuenta que eres un ser fantástico, extraordinario, divertido, lúdico, encantador, inteligente, buen padre, buena madre, buena hija, merecedor de todo el amor y la abundancia.

Si decides sanar, estarás en paz con tus sentimientos, con tus emociones, con tus ancestros, con tu vida, con tu pasado, con tu presente, estarás a salvo, seguro, con el gran amor que hay dentro de ti.

Querido lector, te recomiendo leerlo muy lentamente y muchas veces, porque la tarea de ser feliz, no se termina nunca. Sanando podrás cumplir tus sueños, ellos te permitirán caminar hacia un bello horizonte.

Este maravilloso libro SANARÁS CUANDO DECIDAS HACERLO, es un verdadero tesoro, que te ayudará a BRILLAR CON LUZ PROPIA.

Ayi Mártin Contreras

PREFACIO

"Si aceptas que tienes mucho por sanar, ya estás sanando." ☺

Sin duda reconocer que es tiempo de sanar, es cuando comenzamos un largo y hermoso camino de autoconocimiento, que viene acompañado de la esperada sanación de nuestra Alma.

Nos negamos a nosotros mismos la oportunidad de sanar, lo hacemos porque pensamos que, si ya somos adultos, el pasado quedó atrás, olvidado y que nada se puede hacer hoy por lo que ya sucedió.

"Nunca es tarde para sanar nuestra infancia". Está comprobado que para nuestro inconsciente nuestra vida es **"atemporal".** Pasado, presente y futuro pertenecen a una misma línea de tiempo...

Esto significa que, si existen heridas de infancia del pasado que no han sanado, hoy en mi presente, y en este día sigo sufriendo las consecuencias de lo vivido años atrás. Si he vivido un abuso en el pasado, si he perdido a mi madre en mi infancia, si mi padre me abandono de pequeña, esto para mi, (mi inconsciente) lo asume y lo vive como si HOY, he sido abusada, hoy mi madre acaba de fallecer, hoy mi padre me acaba de abandonar.

Cargamos todas nuestras heridas del pasado, porque ***"Bloquear no es SANAR".***

Por lo tanto, si hoy sano, y me hago cargo de todas aquellas heridas de infancia, significa que hoy, mi presente será otro. Ya no estará condicionado al abuso, a la humillación, o malos tratos, a las pérdidas del pasado, y mis elecciones de vida serán distintas y también mi mirada hacia la vida.

La vida es una gran "Maestra", todo aquello que quedó pendiente de mi pasado, lo veremos reflejado en el presente con la sola condición que es, sanarlo.

Agradezco a la vida las múltiples oportunidades que me ha dado para sanar y a mis padres, mis grandes Maestros que me han llevado por este maravilloso camino de crecimiento y evolución personal.

Si hubiésemos tenido "la infancia perfecta" los padres que deseamos, de adultos viviríamos sin metas ni proyecciones, en una vida plana y desmotivados. ¿La razón? No generaríamos la "necesidad" de esforzarnos, crecer, ser mejores, porque nos quedaríamos viviendo sin sentido. Necesitamos la ¡dualidad! para poder disfrutar y agradecer lo que tenemos. Nuestra sanación es en el fondo, un tema al que no podemos rehuir, está presente siempre, a veces nos trae amargura, y otras felicidades, pero jamás nos es indiferente.

Hablaré desde mi experiencia personal, todo lo relacionado a nuestras heridas de infancia.

Quisiera aclarar que el nacimiento y creación de este libro no es nada personal, no es una crítica a mis padres, ni a mi familia o a mi infancia. Este libro nació por una necesidad de ayudar y dar comprensión a nuestra vida. Ha sido absolutamente autoterapéutico trabajar en mis heridas, en conocerme, y en distinguir como nuestras heridas emocionales van condicionando nuestra forma de ver y de actuar. Todos, en mayor o menor medida cargamos con dolores, recuerdos amargos, sentimientos de abandonos, desprotección, desesperanza, de lo contrario no estaríamos viviendo en esta vida y seguramente nuestra experiencia de vida sería en un plano más elevado.

El dedicarme a estudiar y trabajar mis heridas de infancia es algo que surgió gracias al TRANSGENERACIONAL. Si bien sabemos que estamos ***"Programados"*** pero no destinados a vivir una vida que no merecemos, lo he verificado yo misma en mis Terapias y cursos que hemos realizado junto a mi compañera de trabajo y estudio, tía y madrina Suilang Chung, que nuestra infancia es fundamental para poder tener una vida plena, en paz y armonía.

Simplemente porque ***"las heridas de infancia se heredan"*** *al igual* que el color de ojos, cabellos, apellido, heredamos las heridas de infancia de nuestros padres y/o nuestros ancestros. Por lo que en nuestras Terapias además de analizar los Árboles Genealógicos siempre hacemos una pausa importante en la niñez.

En este libro aprenderás a conocerte en plenitud comprendiendo el porqué de tus acciones y reacciones, el origen de tus miedos, tus angustias, el pánico, a encontrar el origen de tu baja autoestima y lo mejor de todo que gracias a esta comprensión aprenderás a controlar tus emociones para liberar de estas herencias a nuestros hijos y futuras generaciones.

Si trabajas en tus heridas de infancia, comprenderás como sanar las heridas de tus hijos.

Si tu hijo sufre de miedos y angustias, debes mirar en ti, qué es lo que te está produciendo miedo, cuál es el origen de tu angustia y que lo estás transmitiendo con mucho amor a tus hijos, porque los padres, ***"con mucho amor", transmitimos y generamos heridas de infancia a nuestros amados hijos".***

Decir que tus hijos no tienen heridas de infancia, es una gran ilusión como también es negar una realidad absoluta que te lleva a distanciarte poco a poco de ellos y no sabrás ver, cuando tus hijos requieran de tu ayuda, porque te habrás negado siempre a la posibilidad de que ellos puedan sufrir.

Como niños resentimos... guardamos en nuestra mente e inconsciente absolutamente cada mala palabra, cada mal insulto, abandonos, rechazos, golpes y abusos, que luego nos pasará la cuenta, lo más increíble es que de adultos, papá y mamá sufren de *"amnesia"* sienten que lo que uno les dice jamás ocurrió... Y vamos generando más angustia, más dolor, más ansiedad, más impotencia y amargura.

También generamos heridas cuando hemos tenido por ejemplo una madre con problemas de autoestima y amor propio. Lo he visto mucho en mis Terapias el caso dónde el padre, por ejemplo, mal trata y golpea a la madre e hijos. La madre es sumisa, temerosa, y por el contrario no maltrata a sus hijos ... en este caso, los niños tienen heridas relacionadas incluso más con la madre que con el padre, ¿La razón? Los niños crecen y viven en un ambiente violento, en donde finalmente es la madre quien no los protege, es la madre que permite tal abuso y es la madre que, debido su nivel de consciencia, grandes carencias emocionales, grandes problemas de amor propio, permite este tipo de vida para ella y sus hijos.

Les quiero recordar, que cada ejemplo que doy, y cada caso expongo, no es jamás con el afán de buscar culpables, ni de ofender, lo que más amé desde un principio del TRANSGENERACIONAL es que nos invita a realizar un profundo trabajo desde el amor verdadero, sin juicio, sin crítica, comprendiendo que cada generación ha actuado como se le ha "programado", con el nivel de consciencia que tenían y que cada generación hizo lo que pudo con las herramientas que tuvo. (conocimientos, amor, evolución, espiritualidad) Todo lo que escribo en este libro es principalmente para ayudarte a ***"Despertar consciencia"***, a que puedas avanzar a pesar del dolor, sabiendo que todo lo vivido ha formado al ser que eres y que serás cuando elijas sanar.

Al final de este libro tendrás otra forma de expresarte, te lo aseguro. Habrás adquirido nueva información que podrás integrar en tu inconsciente y que te ayudará a una mejor comprensión de tu vida, tu familia y quienes te rodean.

Dejarás de sentirte ofendido, abandonado, rechazado, humillado y a cambio sabrás identificar en cada persona al "niño herido" y tendrás empatía, compresión y amor, lo que facilitará la comunicación con tu entorno y con tu propia Alma.

Quisiera agradecer a una personita que me ha motivado a seguir un camino de autoconocimiento y sanación personal. Su insistencia por ayudarme a sanar, me llevó al caos en donde la encontré mirándome fijamente a los ojos y exigiendo una explicación, mientras yo huía de ella y de su ayuda. En un momento fuimos muy cercanas, íntimas, luego con el paso del tiempo, la ignoré hasta olvidarla completamente.

Ella nunca me olvidó a mí. Me buscó desesperadamente sin resultados, creí que al hacerme adulta ya no importaba lo que había dejado atrás, creí al igual que muchos, que al pasar de los años, el tiempo curaría milagrosamente mis heridas, hasta que un día el vacío en mi interior fue tan grande, tan profundo mi dolor, que mi cuerpo comenzó a detenerse, el dolor y la angustia eran invivibles, respirar era más doloroso que morir, y en ese dolor, cuando ya fue insostenible quise buscarla otra vez.

Pensé que como había pasado tanto tiempo me habría ya olvidado.

Me di cuenta de su dolor y de todo lo que ella me buscó para sanar y no quise hacerlo, no por maldad sino, que no creí que yo pudiera verdaderamente ayudarla.

En un segundo lo comprendí todo, somos el reflejo de nuestras emociones, si sufres, yo sufro, si sanas yo sano, si te ayudo me ayudo...

Cuando la encontré, estaba lejana, no creía que yo finalmente estuviera ahí. Su acercamiento fue lento y pausado, pero nunca dudó de venir a mi encuentro.

Cuando nos conectamos, comprendí que mi Alma le pertenecía y su Alma a la mía. Llené mi vacío el que, por años, pensé que sería "otro" quien lo llenaría. Por años busqué "al otro", en personas ajenas para llenar el vacío y calmar mi angustia y fue todo lo contrario, era como si en cada búsqueda errónea, el vacío se extendiera, y el dolor aumentara.

Es ella, quien a mi lado me susurra estas palabras, es ella quien goza de emoción al saber que ayudará a muchos a calmar su dolor del Alma y el vacío existencial. **Es ella *"MI NIÑA INTERIOR" quien escribe para ti.*** ☺

Este libro está dedicado a todos los niños y niñas que habitan en cada uno de nuestros corazones, a esos niños soñadores, juguetones que un día creyeron que podían volar (y volaron). A esos niños y niñas que soñaban con unicornios y espadas de luz, que podían estar en las estrellas en un abrir y cerrar de ojos, a todos ellos que un día dejaron de soñar, porque sintieron que, para entrar en el mundo de los adultos, había que ser una persona que no sueña, que no juega y que no ríe.

Este libro es para ti, para que despiertes a tu niño, a tu niña... que espera por ti.

Cuando conectes con tu niño interior, tu angustia comenzará a desaparecer y aumentará tu fuerza interior, vitalidad y alegría de vivir. ☺

Confirmalo, no me creas, experiméntalo tu mism@.

Hoy has elegido SANAR, porque el Universo es perfecto y atraemos por sincronía, y no por nada hoy tú , estás leyendo este libro.

Con mucho amor y gratitud.

Santiago 2020
Sui Mei Chung Bustos

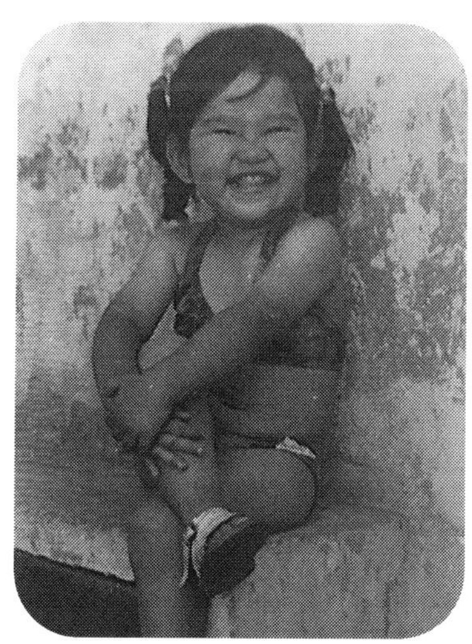

SOBRE MÍ

Mi nombre es Sui Mei Chung Bustos, nací en Santiago Chile, mi padre es descendiente de China y mi madre chilena con antepasados españoles.

De pequeña con nombre chino y muy marcados rasgos orientales, me sentí siempre distinta al resto de mis compañeras de clase y de mis amigos. Debí soportar burlas, bromas de mal gusto por ser "diferente",(china) al punto que detestaba mi apariencia física, mis orígenes y mis raíces.

Nací y fui criada en una familia de clase media. Siempre sentí y crecí creyendo que la vida era dura, difícil, y que no importa cuánto trabajes, siempre vas a tener lo que quieras con mucho sacrificio.

Fui muy cercana a mi bisabuelo paterno. Él llegó a Chile desde China en el año 1900 en barco, en un viaje que duró largos meses. Con él me sentí protegida, vista, amada, más que con nadie en ese momento.

Desde el primer día de vida, estuve con mis abuelos paternos, mis padres vivían con ellos, y yo llegué a la familia siendo la primera hija y nieta. A mis queridos abuelos paternos, aún tengo la bendición de tenerlos con vida, y ellos siempre estuvieron para mí, para regalonearme, amarme y cuidarme. Los recuerdos más hermosos de mi infancia son en gran parte con ellos. Mi abuela Isabel, APO, como siempre la he llamado, que significa Abuela, en chino cantonés, según nuestra familia, y ACÚN, como siempre he llamado a mi abuelo paterno. De pequeña fui muy apegada a mis abuelos, vivimos con ellos hasta que cumplí los 7 años de edad. Una vez que nos mudamos de casa para ir a vivir con mis padres y hermanitas, me sentí morir … recuerdo pasar noches enteras llorando en silencio por extrañar a mi Apo y Acún, y no poder estar con ellos en el cotidiano como siempre había sido criada.

Por cosas de "adultos", no crecí muy cercana a la familia de mi madre, sin embargo, eso no cambia que los amo con mi corazón y a pesar de pasar años distanciados de mis primos, sabemos que estamos unidos por lazos familiares, y que lo que le sucede a uno, nos afecta a pesar de la distancia a todos. De mis abuelos maternos no tuve la bendición de compartir mucho tiempo con ellos, imagino que no he sido la única persona que ha crecido envuelta en conflictos familiares que finalmente distancian a las familias, y excluyen a miembros de la misma.

Soy la mayor de dos hermanas, mi madre quedó embarazada de mí muy joven, lo que obligó a mis padres a casarse y comenzar a formar una familia a causa de mi nacimiento. Mi padre se vió en la obligación de dejar su carrera de Ingeniería Civil, optar por una carrera más corta y comenzar a trabajar rápidamente, en ese momento trabajó en taxis.

No solamente me sentí lejana y excluida en el colegio, sino de alguna manera también de mi familia.

La inexperiencia, inmadurez, heridas emocionales de mis padres, hizo que mi infancia fuera en gran parte con ausencia de padre, (a raíz de sus trabajos) y a cambio mi madre con 18 años, se convirtió en madre de la noche a la mañana. "Era una niña herida, criando a otra niña herida …"

"Fui una niña difícil", me decían, visité a muchos Psicólogos y Psiquiatras durante mi primera infancia y adolescencia. Ahora puedo comprender que mi estado de "niña difícil", fue originado por el vacío emocional que tenía, por las carencias que sentí, por la inmadurez de mis padres, el cual me ha tomado años comprender y que solamente el estudio del TRANSGENERACIONAL , me dio la respuestas que tanto buscaba :

Mis padres me criaron con lo mejor que podían, jóvenes, inexpertos, inmaduros, llenos de miedos, angustias, con grandes carencias emocionales, sueños frustrados, y ellos fueron criados a su vez por padres (Mis abuelos), aún más jóvenes, aún más inexpertos, más inmaduros, con más miedos, angustias, aún más carencias emocionales, con , sueños frustrados, y ellos a su vez fueron criados por sus padres (mis Bisabuelos) doblemente más inmaduros, jóvenes, infinitamente con más miedos , angustias e inseguridades ya que por ambas familia fueron emigrantes que lo dejaron todo por un futuro mejor. Ellos cargaron con fuertes abandonos, autoexilios, racismos, rechazos, y el dolor de dejar sus raíces, sus vidas, costumbres para nunca más regresar a sus tierras de orígenes.

Todos ellos soy yo, mi árbol vive en mí, como para tí, las experiencias de vida de tus ancestros. Poco importa si los conociste o no, sus historias, sueños, alegrías penas, y tristezas están en tu memoria celular, en tu ADN.

Crecí siempre sintiéndome ajena al mundo. Me sentía con el pasar de los años cada vez más desconectada de mis padres, hermanas, abuelos, familia, amigos, pero lo más triste, desconectada de mi propia vida. No podía comprender la razón de mi existencia, ni el sentido que tenía para mí la vida. Gran parte de mi infancia sigue bloqueada, recuerdos extractos de ella, con ideas vagas, recuerdos a través de fotografías o relatos familiares, ***¿Por casualidad te ha sucedido lo mismo?***

Siempre fui de muy pocos amigos, la verdad amigas, siempre estudié en colegio de niñas, no tuve contacto con niños jamás, fuimos muy sobreprotegidas, y mi experiencia de amistad con el sexo opuesto comienza solamente después de terminar la enseñanza media. (a los 18 años)

En ese momento me sentía perdida en el desierto... se suponía debía elegir y comenzar a estudiar una carrera, nada me gustaba, no había absolutamente ninguna profesión que llamara mi atención excepto las artes, el dibujo, la pintura, los idiomas, y especialmente viajar, y fue así como comencé a trabajar como Auxiliar de Vuelo por 7 años, que luego de estudiar el TRANSGENERACIONAL, asumí que parte de mí quería **"huir" ... HUIR DEL CLAN.**

Así fue como a los 18 años comencé a trabajar como Auxiliar de Vuelo en una conocida línea aérea nacional, trabajé por 5 años, luego renuncié y me fui a trabajar en una línea área francesa, en donde trabajé en el área comercial, por casi dos años, en dónde en el mismo aeropuerto de Chile conocí a un joven francés, quien sería el padre de mis hijos. Lo curioso y emocionante fue, que en el mismo momento en que nuestras miradas se cruzaron, sin habernos conocido ni presentado jamás, yo supe que él sería el "Padre de mis hijos", recuerdo que estaba con mi mejor amigo de la compañía, su nombre es Luis Saelzer y yo le dije textual: ***"Ese joven que está ahí es el Padre de mis hijos"...***

Ese joven estaba de visita en Chile por primera vez en el año 1998. Viajó desde Francia a reencontrarse con su "padrastro", quién lo crió desde el primer día de su nacimiento, pero por cosas de la vida se habían distanciado por años ... Lo curioso vuelvo a decir, fue que ese joven francés le comentó a su padrastro cuando me vio en el aeropuerto: ***"Esa mujer de rasgos chinos que está ahí, es la Madre de mis hijos"...***

Luego de ese encuentro, y resumiendo mucho la historia, yo sentí que ahora todo iba a estar bien y que la felicidad había llegado por fin a mi vida.

A los meses renuncié a mi trabajo y viajé a Francia para reencontrarme con mi amor… En un principio y por un par de años todo fue maravilloso, pero al tiempo volvía a sentir esa desconexión con todo, mi matrimonio, en Francia, el nuevo idioma… y creí que todo cambiaría con el nacimiento de mi primer hijo, pero nada cambió … Luego vino el segundo hijo, una separación triste y muy dolorosa que ocurrió en China en el año 2007.

Seguía "sobreviviendo", mis días eran de dolor, mucha angustia y desesperación, tenía un gran desequilibrio interior que se reflejaba en toda mi vida.

Aprendí rápidamente inglés, francés, y estudié tres años en la Universidad de Shenzhen chino mandarín. Hablaba todos los idiomas, menos español, porque no quería recordar mis raíces.

En el año 2010 llegué a Chile después de muchos años de vivir en el extranjero. Luego de vivir por 7 años en Francia, 5 años en China y casi un año en Japón, en el año 2010 regresé a Chile, a vivir a casa de mis padres, como allegada a una pequeña habitación. Separada, con dos hijos pequeños, sin dinero, depresiva, desesperanzada, y me encontraba más perdida que nunca en toda mi vida. No comprendía la razón de mi existir, ni el por qué Dios me había abandonado, culpaba a mis padres, familia, ex marido y al mundo por mi infelicidad.

Enfermé de una grave infección en mis ojos, los cuales apenas podía abrir del dolor y la inflamación. Me diagnosticaron rosácea severa crónica en todo mi rostro, estaba avanzando a mi cuello, y parte de mis brazos. Visité a más de 6 dermatólogos y cada uno con un diagnostico distinto y desesperanzador.

En ambos codos, me diagnosticaron epicondinitis aguda. Era tal mi dolor que apenas podía mover un mínimo mis brazos a causa del profundo malestar. Me hicieron muchos exámenes, y me pidieron un scanner y luego otro que finalmente no mostraban nada de nada. El doctor me decía:

“No tienes nada en los codos”, pero yo no me podía mover de dolor.

Estaba casi ciega de la inflamación, escondida del mundo a causa de mi enfermedad a la piel, y completamente inválida porque no podía hacer nada con mis brazos, apenas abrazar a mis niños. Mi círculo cercano me pedía medicarme, de ir a un psiquiatra por el “bien de mis hijos”, fue ahí que sintiéndome absolutamente sola, sin ningún recurso económico, sin trabajo, sin mi propio hogar, toqué fondo.

En el extranjero había trabajado como profesora de inglés para niños y adultos, trabajé para empresas americanas en servicio al cliente, como secretaria, pero nada de lo que había trabajado llenaba mi alma, nada ni nadie. Hasta el momento no había encontrado un trabajo en el cual me identificara y nada de lo que existía en el momento me despertaba interés para estudiar.

Me sentía absolutamente “fracasada”, no era nadie para la sociedad, familia, amigos y tampoco para mí.

Después de mucha angustia, y llantos, una noche me acosté abrazando a mis hijos, y ellos se apegaron mucho a mí, nos abrazamos los tres en silencio, y sentí lo frágiles de sus almas, sus miedos, sus dudas, de lo que estaba sucediendo con nuestra familia y nuestras vidas, de repente, asumí la tremenda responsabilidad que tenía. Una corriente inmensa de amor que no puedo explicar me invadió de pies a cabeza.

En ese mismo y exacto momento les dije a los dos: (Diego de 8 años, Gustavo de 2 años y 10 meses):

_ “Hijos, tranquilos, todo va a estar bien, se los prometo”.

_ Vamos a estar tranquilos y felices, la mamá va a estar bien, la mamá va a triunfar por ustedes y un día van a ver a la mamá trabajando en televisión, hablando de cosas interesantes.

Después de decir esto a mis hijos me quedé varios momentos pensativa. ¿Triunfar? ¿Dónde? ¿Ser felices? ¿Cómo? y ¿Trabajando en televisión? ¿Haciendo qué? ¿Algo interesante? ¿Cómo qué?

Fue así como comencé a vender todo lo que podía, compraba muchos productos al por mayor para poder pagar "Mis Terapias", me negué a la posibilidad de ir a un psicólogo o psiquiatra. Me decidí por la Terapia Floral, Reiki, y comencé un camino de Terapias Holísticas.

Conocí la Biodescodificación y encontré la respuesta y sanación a mis dolencias físicas, que eran finalmente "dolores del alma". Tenía muchas heridas emocionales que había bloqueado, pensando que al bloquearlas sanarían.

Estudié, aprendí, y asistí a muchos cursos, pero, cuando conocí el TRANSGENERACIONAL, mi vida cambió.

Lo comprendí todo: Todo es heredado, todo viene de nuestros antepasados, vivimos los conflictos no resueltos de nuestros ancestros, y todos son "programas dentro del Árbol Genealógico" (el abuso, abandono, la relación con el dinero, relaciones de pareja).

"Estamos programados, no destinados a vivir una vida que no merecemos, y si cambiamos nuestra programación puedes cambiar completamente tu destino."

-Laín García Calvo-

Sané mi vista, la rosácea y la epicondinitis de raíz y para siempre, sin doctores, tratamientos ni medicamentos, solamente aplicando lo que había aprendido del estudio del Transgeneracional y Desprogramación Cuántica.

Comprendí que TODO ERA PERFECTO y que era parte del plan divino de mi vida. Asumí al 100% la responsabilidad de mi existencia y fue ahí cuando todo comenzó a cambiar.

Trabajé para pagar mis cursos, vendiendo cupcakes, panes caseros que hacía, ropa que compraba en el centro de Santiago. Así, me las rebusqué para comprar y vender de todo, y poder pagar mis Terapias y cursos en los que participé. Trabajé en mi autoestima, seguridad, amor propio y descubrí que el amor y la felicidad estaban dentro de mí.

Que no necesitaba seguir huyendo de mi propia alma ni de viajar al extremo del mundo para escapar de mi dolor, sino que enfrentarlo, asumirlo, aceptarme y amarme era lo único que iba a sanar mi vida.

Descubrí la importancia de sanar a mi niña interior, y cosas mágicas comenzaron a ocurrir, mi vida era amor, estaba viviendo en el amor, comencé a comprender mi experiencia de vida, y todo tenía sentido.

Me levanté de las cenizas, tuve que morir para volver a nacer, tuve que aceptar mi destrucción para comenzar a armarme y construirme otra vez. Tuve que perdonarme, para aceptarme. Cuando sané mi alma, mi cuerpo físico también sanó.

Volví a creer en el amor, en la posibilidad de formar una nueva familia. Fue así que me reencontré con un viejo amor, Luis y él fue un pilar importante en mi recuperación porque creía en mí más que yo misma. Fue mi apoyo, la fuerza y complemento que necesitaba para seguir avanzando en la vida. Junto a él, llegó hace seis años atrás nuestra amada hija Mei- Li Kay.

Dejé de tratar de convencer a la gente de que iba a triunfar y salir adelante y comencé a convencerme a mí misma, de que no había otra opción.

Me enfoqué en mis metas y no he parado de trabajar en ellas. Mi primera meta fue encontrarme, y lo hice.

Mi segunda meta fue aceptar mi realidad y lo hice, cuando comprendí que yo era absolutamente responsable de mi vida y que yo creo mi realidad.

Y mi tercera meta fue ayudar a **"DESPERTAR ALMAS"** y es hoy mi **"PROPÓSITO DE VIDA".**

Amo lo que hago, amo y agradezco todo lo aprendido, amo el saber que me queda mucho más por aprender, porque me mantiene despierta la pasión por crecer y evolucionar.

Y lo que más AMO es poder decirte que **"Si yo pude"** tú también puedes, si lo deseas.

No importa de dónde vienes, ni que herencias emocionales hayas recibido, si hoy quieres cambiar tu vida puedes hacerlo, debes comprometerte contigo mismo, pero recuerda, no se puede avanzar en la vida, si arrastras contigo dolores, resentimientos, amarguras y culpas.

El camino de la sanación comienza dejando atrás todo aquello que no te deja avanzar, todo aquello "que te pesa", todo aquello que hoy ya no te sirve.

En mi caso personal lo logré conociendo mi historia personal y trabajando en mis heridas de infancia. Y es esto mismo que quiero transmitir para ti. Eso es el AUTOCONOCIMIENTO, conocer verdaderamente quién eres, sin miedo, sin vergüenza y sin culpa.

Sólo así, aceptándote tal cual eres, serás capaz de modificar todo aquello que necesitas para vivir como mereces vivir.

He escrito tres libros de autoayuda que producirán un gran cambio en tu vida. **"Trilogía de Autoayuda y Crecimiento Personal de la Nueva Era" (Tu Terapeuta de Papel).**

La diferencia entre las personas felices y las personas tristes, es que las personas felices, "Eligen serlo". **¿Qué es lo que eliges tú?**

Con amor y gratitud

SuiMei Chung Bustos

EL VIAJE MÁS MARAVILLOSO, MÁS PROVECHOSO Y MÁS SANADOR, ES EL VIAJE QUE HACES HACIA TU INTERIOR.

¿Quién es el niño interior?

¿Mi niña interior, existe realmente?

Estoy segura que muchas veces te has desbordado en tus emociones. Te has encontrado llorando angustiad@, sintiéndote perdid@, con miedos a estar sola (o), sintiendo que la vida es injusta contigo, sintiendo que lo que estás viviendo es demasiado para ti y sientes que tu corazón y Alma ya no pueden con tanto dolor. La historia se repite, es muy probable que estés sufriendo por una nueva ruptura emocional, por sentirte abandonada, por sentir frustración por cosas que no sucedieron como lo esperabas, por sentirte impotente y no comprendida por tu entorno. Pero si lo ves bien, realmente no son temas o situaciones para caer en esta angustia

¿Qué es lo que sucede entonces?

¿Por qué sientes que lloras desconsolad@ como si realmente lo que te sucediera fuera lo peor del mundo? (y de verdad crees y sientes que es lo peor del mundo).

¿Has visto alguna vez a un pequeño niño llorando en histeria porque le quitaron un dulce, o cuando comenzaba sus primeros días en el jardín?

Ese llanto desconsolado es hoy tu llanto de adulto. Pero no es el adulto de 18, 25, 33, 45, 60 años y más… esa desesperación es de tu niño, de tu niña interior.

A diario en mis Terapias, cursos o en conversaciones con amigos o conocidos, se sorprenden de que cuando están comentando sus conflictos, yo les pregunte por su infancia. Siempre les pregunto quien los crió, cuántos hermanos eran, dónde vivían, dónde estudiaron. Inmediatamente las personas se ponen a la defensiva, y me dan una respuesta casi de forma automática y dicen algo así:

- "¿Mi infancia? ¡La mejor de todas!, ese no es el problema.

Y te lo digo… claro que lo es. De niños nuestros mayores y más importantes referentes de vida son nuestros padres. Reconocer que hoy tenemos heridas emocionales es "reconocer" que fueron nuestros padres los responsables, o los adultos quiénes estuvieron a nuestro cargo. Y eso nadie lo quiere admitir, menos nuestros padres que sufren de un tipo de ***amnesia clásica***. Esto lo veo a diario en mis Terapias. No recuerdan nada de lo que los niños recuerdan de su infancia.

Cuando decimos ***"Heridas emocionales"*** lo que en verdad significa es: ***"Heridas de Infancia"***, si de adulto sufro de "Heridas emocionales", es porque estoy arrastrando las heridas de infancia que no he sanado. Por lo tanto, es lo mismo, lo que sucede es que de adultos no nos gusta hablar de ***"Heridas de Infancia"***, porque esto hace referencia a nuestros padres y nadie quiere exponer a sus padres en público.

Todo es una cadena, las heridas emocionales también se heredan y se transmiten en nuestro Árbol Genealógico de una generación a otra.

No todo lo heredado es "malo", heredamos muchos recursos de nuestro árbol como la forma de ver la vida, la facilidad para aprender un idioma, para bailar, para generar dinero, para conversar por ejemplo, pero de esto casi no nos damos cuenta, es justamente en el dolor, en lo que nos concentramos , el dolor que nos despierta y finalmente nos hace crecer y avanzar.

TODO LO QUE SANES EN TI, QUEDARÁ SANADO PARA LAS FUTURAS GENERACIONES.

¿Tus hijos están inquietos?
¿Rebeldes?
¿Rabiosos, tristes?
¿Tienen problemas de aprendizaje y/o conducta?
¿Tienen "malas juntas o relaciones tóxicas?

Nuestros hijos son el reflejo de nuestras emociones bloqueadas y conflictos no resueltos. Muchas veces las madres me escriben desesperadas porque sus hijos están "insoportables", contestadores, hiperactivos...

En la Terapia TRANSGENERACIONAL Evolutiva no atendemos a niños trabajamos directamente con los padres, (principalmente con la Madre), con los padres, he ahí el origen de todo.

Mágicamente cuando los padres trabajan en sus heridas emocionales, sus abandonos, abusos, sometimiento, el temperamento del "Niño" cambia.

Tus cargas los conflictos no resueltos de tus padres, abuelos y bisabuelos. Miras la vida con los ojos de tu abuela materna y tus relaciones de pareja bajo la mirada de tu Madre.

Cuando te haces cargo de tus emociones y comienzas a trabajar en amarte, respetarte , darte lo que mereces, **LIBERAS A TUS HIJOS** y a tu descendencia de cargar con emociones y conflictos que no les corresponden. Evitar cargarlos con tu mochila de problemas, carencias y sufrimientos que además de ser tuyos, vienen con la carga de tus antepasados. Ellos ya tienen sus propias heridas que sanar, ellos ya tienen su contrato de Alma que descubrir.

Si tu no Sanas tus heridas emocionales, evitas que ellos puedan evolucionar y se quedarán atrapados en un destino ajeno.

Todo lo que sanes en ti, se transmitirá como NUEVOS RECURSOS a tu descendencia.

NO EXISTEN PERSONAS MALAS SÓLO PERSONAS QUE SUFREN

Ya lo hablaré más en detalle en este libro, pero debes saber que las heridas emocionales se heredan. Si sufres de problemas de baja autoestima, también lo han sufrido tus padres, lo mismo con el sentimiento de abandono y con todas las heridas que existen.

Los padres con mucho amor, traspasamos y generamos heridas en nuestros niños. Acepta que tienes heridas por sanar y que tus hijos también las tienen, y comenzarás a liberar esa carga que llevas en tu espalda, hombros, consciencia, piernas, que no te dejan avanzar.

Si tienes problemas para expresar tus emociones, si sufres siempre de malos tratos, abusos, te ofendes con facilidad, te cuesta intimar con tu entorno, es porque no te has podido conectar contigo mismo.

Dentro de cada uno de nosotros, existe un pequeño niño que está herido, se siente solo, necesita con locura que lo amen, que lo abracen, que lo besen.

Reconocer, aceptar, amar a nuestro niño interior es algo que todos deberíamos hacer. Es un niño real, que vive en cada uno de nosotros, es nuestro yo más profundo y delicado. Nuestro niño interior es esa voz que a veces dejamos oír y nos invita a divertirnos, a relajarnos, a no enojarnos por estupideces, es esa voz que por medio de nuestra consciencia nos invita a disfrutar de las cosas simples de la vida.

Sanar a nuestro niño interior es fundamental para trascender nuestros miedos, inseguridades, aprehensiones y barreras emocionales que hemos creado de manera inconsciente.

Existen Psiquiatras, Psicólogos, Terapeutas, escritores y pensadores del mundo entero que le han dado un espacio especial a este niño interior, han comprendido que nuestra infancia juega un papel importante en el desarrollo de nuestra personalidad y el manejo de nuestras emociones.

Carl Gustav Jung, Psicólogo y Psiquiatra Suizo, (Kesswill, 1875 - Küssnacht, 1961), hizo grandes descubrimientos en el desarrollo emocional del ser humano, además de dar nombre a lo que es el Inconsciente Colectivo, (importante descubrimiento que nos permite trabajar en nuestra historia personal ancestral, que lo explico en detalle en mi primer libro **"Tus Ancestros Quieren Que Sanes"**).

En el año 1940, Jung publica su obra *«Psicología del Arquetipo Infantil»*, en donde trata "el motivo del *Niño*" en el cual afirma que es **"una representación de ciertos aspectos "olvidados"** de nuestra infancia".

Tal como lo definió Jung, el niño representa una **"plenitud que abarca lo más profundo de la Naturaleza"**, esto quiere decir que es nuestra esencia pura, nuestra inocencia, es nuestro pálpito de vida, es el amor al cual debemos acceder para poder vivir.

Imagina que tienes semillas de una hermosa flor. Esa flor crece, en variados colores, y tiene pétalos gruesos y de formas perfectas. Antes de plantarlas solo sabes que tienes en tus manos las semillas de lo que pronto serán bellas flores, aún desconoces el color que tendrán, pero sabes que será hermoso porque lo has plantado con amor. Si plantas estas semillas con amor, eliges especialmente el macetero, la tierra, la ubicas en un lugar especialmente para "ella", donde recibirá luz y sombra, la cuidarás a diario, le darás su justa medida de agua y de repente de regalo, ahí están tus bellas flores.

Pero qué sucede si estas semillas, las colocas en tierra que no es fértil, o solamente al sol, o solamente bajo las sombras, las riegas y le das agua solamente cuando te acuerdas, ¿Piensas que esas semillas germinarán?

La naturaleza es maravillosa e increíble, incluso es probable que dé algunas ramas intentando crecer, pero dado el desamor y descuido se dejan morir... sucede lo mismo con nuestro niño interior...

Cuando vivía en Bordeaux, con mi marido y mi primer hijo, estábamos en un viejo edificio en el centro de la ciudad.

Eso me daba una sensación de frialdad al caminar por aquellas calles, y decidí comprar semillas de "Tulipanes" para nuestro hogar. Vivíamos en un pequeño departamento con dos ventanas altas y grandes que daban a la calle, y en ambas ventanas quise plantar mis semillas de Tulipanes. Tanto mi marido y amigas me dijeron que esas flores eran muy delicadas, que necesitan mucho suelo y que no iban a crecer.

Tenía tantas ganas de verlas florecer que eso no me importó. Con mi hijito Diego, de dos años, fuimos a comprar maceteros largos, esos especiales que se cuelgan por los balcones, la mejor tierra y ambos las plantamos.

Recuerdo que todos los días con Diego, íbamos al balcón, mirábamos los maceteros y le dábamos un poco de agua. Así por varias semanas hasta que, en una mañana al despertar, ¡ahí estaban los Tulipanes florecidos y de variados colores en ambas ventanas! ☺

Habían crecido tanto y tan bellos, que en la calle se veían desde lejos. Grande fue mi emoción un día que mi marido me dijo, que tenía un compañero de trabajo que le comentó que regresaba a casa por una calle, porque de lejos veía unos Tulipanes y le gustaban mucho. Este amigo no sabía que en esa calle vivíamos nosotros, ni que los Tulipanes los había plantado yo. ☺

Con esta pequeña historia solamente quiero que comprendas que todo lo vivido en nuestra primera infancia desde nuestra gestación afectará emocionalmente al adulto que somos, y que depende de cómo haya sido nuestro "suelo y cuidados" serán lo que veremos "florecer en nosotros".

Vamos a seguir con el ejemplo. Imaginemos que tus semillas no germinan, que te das cuenta que ya murieron y tomas consciencia de que ha sido tu descuido quien lo provocó y a cambio quieres volver a plantar flores. Sabes que no es posible volver a plantar si la tierra está seca, o por el contrario recibió tanta agua que la tierra se pudrió. Sin duda vas a comprar tierra nueva, y harás todo de nuevo si es que quieres plantar nuevas semillas.

Es exactamente igual con nuestras heridas de infancia. Es necesario dar un paso atrás, del ***"adulto al niño"*** y retomar todo aquello que no fue hecho de la mejor manera para repararlo, sanarlo y que nuestro niño crezca seguro, firme, lleno de amor y cuidados.

Se entiende gracias al estudio del TRANSGENERACIONAL, que las heridas emocionales se traspasan, que, si nosotros hemos sufrido en nuestra infancia, nuestros padres sufrieron mucho más, y más aún nuestros abuelos. Nadie ha querido causar daño intencionalmente, no hemos tenido la consciencia y conocimiento del manejo de nuestras emociones y del daño inmenso que queda grabado en nuestro subconsciente producto de abandonos, golpes, gritos y abusos.

Nuestro niño interior es una realidad, existe. El tratar de ignorarlo sólo nos llevará por un largo camino de sufrimientos y amarguras sin fin.

Nuestro niño interior, tiene una parte sana y una parte herida. Naturalmente la parte sana la reconocerás cuando disfrutas de un helado, de mirar el vuelo de una mariposa, de emocionarte por ir a un lugar que amas, estar eufórico de alegría porque vas al parque, cuando eres espontáneo, despreocupado, alegre, cuando eres capaz de decir lo que piensas sin miedo a ser enjuiciado, cuando abrazas a alguien con el Alma, cuando recibes y aceptas palabras de elogio, cuando te sientes en paz contigo mismo y tienes buen dormir.

En cambio, cuando estás con miedos, rabia, de mal humor, cuando actúas de manera irracional, inmadura, cuando sufres de codependencia, te sientes superado por el descontrol de tus emociones, o cuando te sientes abandonado y rechazado es cuando en el fondo de tu pecho se produce ese "agujero" que crece y crece y puede hasta cortar tu respiración, en ese profundo dolor es donde habita tu niño interior. Es él quien aparece cuando te sientes herido, es él quien aparece cuando te sientes atacado, olvidado, juzgado.

No importa la edad que tengas hoy, ***nunca es demasiado tarde para sanar nuestra infancia***. Nuestro niño interior ha sido paciente, te ha esperado por años, es tiempo de sanar, de mirar el pasado y decidir que quieres vivir sintiendo paz en tu corazón.

Es tiempo de entregarte todo ese amor que anhelas, los cuidados que te hicieron falta, las caricias robadas. Hoy debes aceptar y asumir que no será papá, ni mamá, quiénes acudirán a tu llamado desesperado de amor, es tiempo de aceptar y asumir que no será papá, ni mamá quiénes te den su aprobación, ***es cierto que no eres responsable de las heridas que cargas, pero hoy eres el responsable de sanarlas.***

Muchas veces de manera inconsciente, buscamos en nuestra pareja aquello que no recibimos de nuestros padres. Exigimos atención, tiempo, amor y cariño porque el vacío que existe en nuestro corazón, no nos deja vivir en paz. Pero no es nuestro compañero, marido, pareja quien pueda llenar ese vacío, por más que lo intenten, siempre faltará. Nunca será suficiente y estoy segura que lo has experimentado. Buscamos que nuestra pareja nos haga felices, prometemos que daremos felicidad y amor a quien elegimos, pero ni el otro puede cumplir ni nosotros, simplemente porque no podemos dar algo que no tenemos desarrollado. **No podemos dar el amor que primero no nos hemos dado.** Y digo desarrollar, porque al igual que nosotros en la gestación, el amor viene como una especie de **"semilla"** que se debe cuidar, dar atención, cuidados, amor, para que crezca en plenitud, de lo contrario se estanca y deja de crecer.

Cuando en los años 90 buscaba en forma desesperada sanar mi Alma, fue cuando llegó a mis manos el libro ***"Usted puede sanar su Vida" de Louise Hay***. Lo recomiendo siempre a mis consultantes, pero pocos lo leen... Me ayudó mucho a ver que no era la única con este vacío en mi interior. Descubrí que la sanación me pertenecía y que yo era responsable de salir del estado en el que me encontraba.

Admiré su historia de fuerza y valentía y si ella lo había logrado yo también lo lograría. Existen personas que creen que por ir a una Terapia sanarán. Y no es así. Algunos creen que por tomar Flores de Bach o aprender un poco acerca de su historia familiar sanarán y tampoco es así. **La sanación es un pacto de amor entre tu niño interior y tú**. Es un trabajo personal que debes realizar a diario por años. Requiere de constancia, paciencia, mucha comprensión, para cubrir ese "agujero de angustia" y sacar a tu niño de ese dolor.

En algunos casos es más difícil que en otros, pero siempre es posible. La Sanación siempre llega cuando la buscas. No por nada hoy tienes éste maravilloso libro en tus manos. ☺

Una de tus metas y de tu propósito de vida debe ser sanar a tu niño olvidado. Verás como las situaciones de tu vida cambiarán para ti, cuando estás en paz y en armonía contigo y el mundo.

Deja de pensar que tus padres, familia, amigos y jefes están en tu contra. Hoy tú eres tu principal enemigo. Lo eres por las creencias que llevas, por tu forma de hablar y de actuar. **Tus creencias te llevan a pensar que necesitas el "perdón" de tus padres, que ya es demasiado tarde para sanar el pasado, o que no importa la niñez que tuviste, tus creencias te han llevado a pensar que mereces poco y nada de la vida, que tu existencia en esta tierra es mera casualidad y que no puedes ser feliz, porque tus padres no lo han sido.** Te tratas con desprecio, sin apenas darte cuenta sufres por amor, rogando que te amen y te diré algo que es muy cierto:

"No puedes exigir, ni esperar amor, del que tú no te has sabido dar"
"Tu pareja es el reflejo del amor que sientes por ti, ni más ni menos"

Nuestro niño interior habita en cada uno de nosotros, de igual manera para hombres y mujeres, somos todos Almas en búsqueda del amor incondicional y a todos nos afecta el desamor, solamente que para algunos que han sufrido mucho, creen que su corazón puede vivir separado de la dicha de amar y se crean escudos y barreras emocionales que sólo aumentan su angustia interior.

Tenemos un concepto **"errado"** de lo que es el Amor. Se nos ha transmitido Transgeneracionalmente que el amor es un amor condicionado. **"Si te portas bien mamá te amará"**, si ordenas tu pieza mamá estará feliz y te besará.

Si sacas buenas notas estaremos muy orgullosos de ti… y tenemos una infinidad de creencias limitantes acerca del amor, y bajo este concepto también creemos que, si nuestros padres se separan, es nuestra culpa, que algo hemos hecho mal, que, si nos golpean, no hemos sido buenos niños, y cada vez que ocurre algo que no estaba bien, sentíamos que algo dentro de nosotros estaba mal.

De niños tenemos la creencia que hay que ser "buenos" para recibir amor. Y mientras tanto en nuestro interior, la angustia aumenta, nuestro niño se esconde porque siente que ha hecho todo mal…recibe gritos y castigos no sólo del exterior, sino de ti mismo.

¿Cómo actúas cuando algo te sale mal o no como esperabas?
¿Te insultas mentalmente?
¡Eres tonta!
Me odio, odio mi vida Me quiero morir
Buena para nada, tarada, estúpido, imbécil, pava, todo lo haces mal…
y muchas palabras peores y más dolorosas aún.
¿Te has dicho mentalmente alguno de éstos u otros insultos?

La verdad todos, en mayor o menor medida nos hemos tratado así, lo que sucede es que lo hacemos con tanta costumbre y tan fácilmente que no nos damos cuenta ☹ Solamente quiero que sepas, que cada vez que te insultas, te castigas, te autoexiges, ***estás hiriendo más y más a tu niño interior.***

A medida que fuimos creciendo, lo hicimos con la creencia de que ser adultos era ser alguien rígido, crecimos con la idea de que la risa y la diversión era para los tontos, que la espontaneidad era para personas irresponsables, que los sueños no se cumplen, y que para ser feliz había que tener cosas materiales.

Reconectar con nuestro niño interior es de vital importancia. Mejoraremos nuestro estado de ánimo, aumentará nuestra autoestima y seguridad personal, aflorará dentro de nosotros el amor y eso se verá reflejado en nuestra vida y nuestro entorno.

¡Rejuveneceremos! ¿Has visto a personas de tu misma edad, pero que representan diez o hasta veinte años más que tú?

A medida que vamos sanando nuestras heridas, nuestra Alma se libera del dolor y eso se nota, se ve y se siente. Nuestras células reciben este profundo amor, comienzan a regenerarse con una nueva vibración. Nuestra piel, cabello y ojos comenzarán a brillar y muchos te preguntarán.

¿Qué te hiciste?... estás diferente. ☺

"La mayor causa de sufrimiento,
es la sensación de no sentirnos amados"

-Alejandro Jodoroswky-

¿CÓMO SABER QUE NECESITO SANAR A MI NIÑO INTERIOR?

Tu niño interior te grita que te vuelvas a acercar a él. ☺

La negación a sanar y a reconocer que tenemos heridas es común, todos queremos estar y sentirnos bien, pero sin tener que hacer nada para lograrlo.

Cuando te cuesta recordar cómo fue tu infancia o recordar que querías ser de grande, estamos viendo claramente fisuras en tu pasado. Existe un niño que no ha recibido amor, que no sabe lo que es amar, y que con el paso del tiempo ha dejado de brillar. Inevitablemente hay un niño olvidado, castigado, oprimido, que ha buscado complacer a papá y mamá y al entorno sin buenos resultados.

Simbólicamente o en la realidad ha sido abandonado, pero siempre exigido. Este niño ha perdido su verdadera esencia y ya no sabe quien es realmente. Ha perdido la magia, la ilusión, sus sueños, esa fuerza y energía para vibrar por cada gesto de bondad, alegría, que tenía muchos años atrás.

La diversión de haber sido un niño contento, espontáneo y feliz duró muy poco tiempo. Al ir creciendo este niño interior comprende que para entrar en el mundo de los adultos debe dejar esa alegría e inocencia. ☹

Es tiempo de SANAR y de escuchar: tu niño interior te grita que vuelvas a acercarte a él, desea ser visto, sin ser juzgado, desea simplemente ser aceptado, amado, valorado.

A medida que pasan los años y nos hacemos adultos, la vida nos va definiendo, y por nuestras heridas emocionales nos vamos convirtiendo en quien realmente ***no somos***. Hasta nos cuesta imaginar el niño que un día fuimos, alegre, juguetón, risueño, amoroso, confiado. Para el adulto, se hace más fácil desconectarse de sí mismo, ignorar nuestras heridas de infancia y de paso encarcelar nuestro niño interior para siempre, entre paredes y muros que hemos construido para cubrir tanto dolor.

Dejamos de ser nosotros para convertirnos finalmente en copias de nuestros padres, en copias del entorno, para ser aceptados, reconocidos, valorados.

Si miramos sobra a nuestro alrededor y ahora sabiendo esta realidad podrás ver a muchos adultos caminando igual, todos pretendiendo estar "apurados", todos serios, con gestos de preocupación, rígidos, vistiendo los mismos colores grises, hablando de los mismos temas... finalmente en una sociedad herida, **verás a niños heridos disfrazados de adultos.**

"Nacemos originales. Morimos copias"

-Carl Gustave Jung-

Acá te daré solamente algunas señales que indican que sí debes trabajar con tu niño interior:

_ Sientes desconfianza, angustia de estar solo.

_ Miedo a emprender algo nuevo.

_ Codependencia emocional

_ Problemas sexuales

_ Problemas alimenticios como bulimia y anorexia

_ Problemas de sobrepeso

_ Fobias nocturnas, Insomnio

_ Baja autoestima

_ Inseguridad, Agresividad, Pérdida del cabello.

Ahora te daré algunas preguntas que al responder afirmativamente también es un indicio que debes trabajar en tu infancia:

¿Te cuesta mantener relaciones de pareja estable?

¿Sufres de celos e inseguridad al estar en pareja?

¿Sueles sentirte ofendido con facilidad?

¿Tienes problemas para comunicar y expresar tus emociones?

¿En tus trabajos, sueles tener problemas con la "Autoridad"?

¿Tienes problemas de comunicación con tu Padre?

¿Tienes problemas de comunicación con tu Madre?

¿Estás en búsqueda de reconocimiento constantemente?

¿Tienes poca paciencia y te irritas con facilidad?

¿Tiendes a sobre exagerar conductas emocionales y a sentir que te desbordas?

¿Sientes que todos y el mundo entero están en tu contra?

¿Te cuesta recibir abrazos y cariños de las personas?

¿Sientes a menudo que la gente no te valora?

¿Vives siempre en la desconfianza?

Basta con haber respondido positivamente, sólo algunas de estas preguntas para saber que sí debes trabajar en ti. En este libro irás descubriendo un mundo maravilloso, en dónde lograrás saber quien eres tú.

Reconectar con tu niño interior es saber que él, o ella existen y viven dentro de ti.

No importa que no puedas imaginarlo en un principio, poco a poco este niño asustadizo te dará la cara para que lo veas y comenzará a confiar en ti. ☺

Incluso el hecho de que no lo puedas "imaginar", ya habla de grandes heridas del pasado que has bloqueado.

¿Tienes gran parte de tu infancia ***"Bloqueada"***?, pues bien, es otro indicio de que deberías trabajar en tu pasado.

Seguramente más de alguna vez habrás hecho de todo por mantener una relación de pareja, o de amistad y finalmente estas relaciones han terminado igual, quedando tú con tu tristeza y frustración por largo tiempo. Ahora es el momento de trabajar en ti, todo lo que hagas será para sanar a tu niño interior, el cual no te dejará nunca. No es él quien te ha dejado a ti, sino al revés.

Es tiempo de darte todo el amor que mereces, toda la ternura, todo el cariño y eso te traerá grandes satisfacciones, la más importante es sentir paz en tu corazón y amor en toda tu Alma.

¿CÓMO TE IMAGINABAS DE GRANDE?

Todos en algún momento de nuestra infancia soñábamos con llegar a ser adultos. Idealizábamos la libertad, el control de nuestra propia vida, la independencia.

Luego de soñar con ser "grandes" también hubo momentos en que quisimos seguir siendo niños, porque el mundo de los adultos era peligroso e infeliz. Estas son las emociones que vivió nuestro niño interior. **Un día ser bebé, otro día un súper héroe y casi sin darnos cuenta, nos convertimos en niños heridos atrapados en un cuerpo de adulto.**

Es tanta la herida que nuestra infancia que gran parte ella es bloqueada por nuestra mente. Solamente quedan recuerdos plasmados en fotografías por el recuerdo de alguna navidad, cumpleaños, o el primer día de clases. Es necesario rescatar al niño que un día fuimos, ese niño que reía, que soñaba, que jugaba sin parar, porque él tiene el motor que necesitamos hoy para conectar con nuestro propósito en nuestra vida.

Quiero que tomes el tiempo que sea necesario y te conectes con Carlitos, Pamelita, Juanito, Claudita, y le pidas hablar de lo que esperaba para ti.

"TRABAJO DE AMOR"

Busca un cuaderno, y le llamarás tu ***"Cuaderno de Sanación"***, ahí escribirás algunos ejercicios que te daré para que trabajes en ti. En las próximas páginas te explico en detalle como sería un bello **"Cuaderno de Sanación"** ☺

Quiero que te transportes en el tiempo, toma tu lápiz y escribe, escribe lo que escribiría tu niña pensando en tu futuro. ¿Cuál era tu sueño? ¿Qué imaginabas? ¿Cuál era tu anhelo? No importa cuán loco te parezca hoy ese sueño.

Es muy probable que escribas que quieres volar, vivir en un castillo, viajar a la luna, casarte con un príncipe, vivir en la selva, viajar por todo el mundo, construir casas, ser doctora, escritora, mamá, ingeniero, o quizá tener una familia cálida dónde sentirte amada /o. Quiero que lo hagas para que conectes con la magia del sueño y del deseo. Tu mente necesita abrirse a nuevas posibilidades y vivir de una manera distinta.

Deja fluir tu imaginación y no te cuestiones, escribe, deja que tu niño, niña comience otra vez a soñar...

¿Tienes alguna idea del por qué no cumpliste tus sueños?

¿Tienes alguna idea del por qué no tuviste sueños?

¿Tienes alguna idea del por qué no recuerdas nada?

¿Tienes alguna idea del por qué no seguiste soñando?

Si no recuerdas nada, comienza de cero, piensa que tienes 8 años y una larga vida por delante. ***¿Qué te gustaría ser de grande?***

Escríbelo y verás el alivio que encontrarás al expresar lo que sientes.

No te preocupes si no lograr recordar nada de tu infancia ahora, es normal, a medida que vayas leyendo y pasen los días tu niño comenzará a mostrar señales de que quiere ser visto. ☺

Sea como sea, faltó confianza, fe en ti, amor. Faltó desarrollar el máximo de potencial que existía en tu interior. Tus padres no supieron hacerlo, tus abuelos tampoco con ellos y la historia se repite. Las Generaciones que nos precedieron, tenían menos herramientas de sanación y autoayuda que nosotros hoy en el presente.

En el momento de nuestra gestación, simbólicamente venimos como una "semillita" que se divide y subdivide hasta llegar a ser lo que somos hoy. ***Dentro de esta semillita viene el amor, la felicidad, la paz. No están fuera de nosotros, están en nuestro interior.***

Cuando una semilla no se cuida, no se riega, se seca y muere. Pero somos bendecidos con la vida y con todas las capacidades que tenemos para sobrevivir y adaptarnos a ella.

Nadie nunca antes nos dijo que nuestra capacidad de amar ***se desarrolla***, que la felicidad es la conexión con nuestro amor interior, y que cuando conectamos con el amor, sentimos felicidad y la felicidad nos trae paz.

Existen muchos autores en todo el mundo, que han trabajado sus heridas emocionales conectadas con su infancia. Es justo ahí donde se albergan las sensaciones que cada uno percibió. ***Finalmente, nuestras heridas emocionales están relacionadas a cómo yo viví una situación.***

Si hubo algún adulto que ayudó a contener momentos de angustia o desolación o, por el contrario, viví en un medio en donde se potenció mi dolor. Aún es tiempo de soñar, de cumplir nuestras metas, de romper la rutina y conectar con la magia de la alegría de vivir. No es posible que no riamos a carcajadas, no es posible no volver a soñar, son los sueños y propósitos de vida lo que nos regresan la motivación en nuestras vidas. ***NO TIENE SENTIDO VIVIR UNA VIDA SIN SENTIDO.***

Te comparto unos bellos dibujos que me hicieron llegar:

LA PAZ INTERIOR LLEGA CUANDO LOGRAS EQUILIBRAR Y CONTROLAR TUS EMOCIONES

Trabajando Con Tu Niño Interior

Vamos a comenzar de inmediato con un ejercicio. Te recomiendo que te compres un cuaderno, un lindo cuaderno con dibujos infantiles, con colores o caricaturas especialmente para ti ☺, ya que será para trabajar con tu niña, y niño interior y a los niños les gustan las cosas bellas y coloridas. Te sugiero pensar, que todos los trabajos los hace tu niña o niño interior, no te cuestiones, permítete vivir esta mágica experiencia.

No hagas estos trabajos en un computador, no es lo mismo que escribir con puño y letra, además que quedará un lindo registro de tu trabajo personal.

Ahora que ya tienes tu lindo **"Cuaderno de Sanación"** quiero que escribas lo siguiente:

Este cuaderno pertenece a__ (acá escribes tu nombre). Además, te sugiero escribir un "apodo bello" debes escribir algo que te guste y que te dignifique. Lamentablemente, con mucho cariño existen apodos que hicieron que tu autoestima no fuera buena.

Seguramente había un nombre o apodo que te gustaba de pequeña, úsalo y escríbelo.

Si no tuviste un lindo apodo y nadie te llamó con ternura, entonces escoge tú ahora un diminutivo, un apodo que te guste mucho y te haces llamar así. ☺

A mí me gustaba cuando mis abuelos paternos me llamaban "Meicita" y aún me llaman así.

Evita usar apodos como:

El guatón, la negra, la pava, la polla, tontín, negro feo, coné, el indio, la loca, loquilla, burrita, sapo, cuatro ojos, la bicha, el nerd, la mole, etc.

Son apodos que suenan bien, y quizás no se han dado con mala intención, pero en forma general y de manera inconsciente tienen un significado peyorativo. Ya que has elegido tu bello apodo, colocas la fecha de hoy, la ciudad y haz en la portada un dibujo.

Cualquier dibujo, una casa, un barco, el cielo, flores, mándalas, robots, súper héroes lo que quieras, pero debes pintarlo con mucha dedicación y amor.

En mi página de Facebook tengo dos, búscame con estos nombres: Sui Mei Chung Transgeneracional Evolutivo.

Sui Mei Chung
Sui Shanti formaciones de Autoayuda y Sanaciones Integrales.
Instagram: @suimeichung.
Email: transgeneracional@suimeichung.com

Cuando tengas lista la primera página envíame la foto si deseas que la publique en redes sociales. ☺

Basta tu lindo apodo o nombre en diminutivo y tu lindo dibujo bien colorido y pintado.

Así, aunque no lo creas estarás motivando a muchos a trabajar sus propias heridas, necesitamos valor y valentía para mirar nuestro interior y te enseñaré a sanar con amor, cuidando de no dañar más a ese niño, para que salga del fondo en donde todo es oscuro, a disfrutar de las bendiciones de la vida. Debemos apoyarnos positivamente, muchos adultos hoy en día se reúnen en fiestas o después de sus trabajos para hablar de lo mal que están. Y hasta se pelean por querer hablar desgracias...

Juntémonos para hablar del Alma, de sanación, de amor, de sueños cumplidos, positivismo, y comenzaremos a crear una bella vibración y mucha energía positiva.

Cuando sanas a tu niño interior, te sientes merecedor de las bondades de la vida, comprendes que tienes un lugar en la tierra y estás dispuesto a exigir lo que mereces en tus relaciones de pareja, familia, amistad, dinero y abundancia.

TRABAJO Nº 1
VAS A ESCRIBIR TUS SUEÑOS DE NIÑO ☺

Ese capitán de cohete o de nave espacial, la reina de un castillo, el superhéroe que volaba, la doctora de animales, el maravilloso mago, la cantante, la bailarina... etc.

Toma tu tiempo, y escribe...escribe, deja a ese niño dentro de ti que vuelva a soñar, lo necesitas y no te imaginas cuanto...

Si no recuerdas nada, piensa, siente, deja pasar unos minutos y vuelve a reconectar con tu interior, piensa como pensaría un niño y sueña, te sorprenderás de los maravillosos sueños que guarda tu niño. Puedes hacer algo maravilloso, deja que tu Alma te conecte en este instante y permite que llegue a ti un recuerdo de TU NIÑO, NIÑA, no trates de forzar nada, ¿Qué imagen viene a ti?

¿Es tú niño de 5, 4, 8, 12 años? Deja un momento atrás al adulto que eres hoy, e imagina que ahora tienes esa edad, y escribe tus sueños como si fueras un niño otra vez. ☺

Por cada sueño escrito, quiero que escribas si lo has cumplido o no. Si así fue, escribe como sucedió, si no lo has cumplido, escribe las razones del por qué crees que no lo has realizado.

No te sientas triste si no has cumplido tus sueños, lo maravilloso de la vida es que soñar es gratis y los sueños se cumplen (si verdaderamente lo crees).

No te lamentes o no estés triste si no lograste hacer este trabajo. Trátate con amor y paciencia, ya lo harás. ☺

A medidas que vayas leyendo e integrando esta maravillosa información sentirás el deseo de trabajar en ti.

Con esto hemos terminado el primer trabajo, te felicito vamos avanzando. ☺

Acá tengo 4 años, y estoy jugando con mi hermana Siu-Jen ¡a los disfraces!

NUESTRAS HERIDAS DE INFANCIA SIEMPRE NOS PASAN LA CUENTA

¿Sabías que las heridas de infancia
se heredan al igual que el apellido, color de ojos o cabello?
"Si un niño se te acerca y te entrega un celular de juguete,
tómalo y pretende que hablas…"
luego el niño lo tomará de regreso y se irá caminando
y conversando con su amigo "imaginario."

Hablar de las heridas de infancia es un tema "tabú" casi igual que hablar del dinero, política o religión. No existe nadie que tenga la verdad absoluta, pero si es un tema que incomoda, ¿Sabes por qué? **Porque para tener que sanar nuestras heridas de infancia significa aceptar que tus padres tienen alguna responsabilidad en ello y eso duele…**

Como adultos, aceptar esta verdad es aceptar que la idea de una infancia feliz fue una creación de nuestra mente, y eso significa aceptar también que todas nuestras creencias y estructuras mentales que cuidadosamente año a año fuiste colocando alrededor de tu corazón tendrán que caer, y todo lo que creíste fue muy bien guardado "bajo la alfombra", tendrá que salir de golpe y porrazo y no estás con ganas, fuerza, ni ánimo para volver a enfrentar tanto abandono, abusos, malos tratos…

Pero… ¿A qué crees que viniste a esta vida si no es a crecer, aprender y evolucionar?

¿Creíste que viniste de espectador, para observar como unos luchan a muerte por tener la razón, otras luchan por exigir sus derechos y otros simplemente se resignan a las humillaciones y malos tratos? ***¿Crees que solamente viniste a sufrir y a pagar deudas?***

Todos en un momento, somos "espectadores" pero tu bien sabes que en un momento u otro serás tú el protagonista de esta historia. Te has encargado toda una vida de **"complacer al resto"**, siempre habrá alguien a quien querremos complacer, en primer lugar, a la **Madre**. He visto en mis Terapias a personas que por complacer a sus madres no les basta con comprarles ropa, o un auto, le han comprado una casa, departamento en la playa y la madre no es feliz...

No hay como complacerla, existen otros que se desviven por complacer al padre, a los abuelos, tíos, profesores del colegio o Universidad, amigos, pero siempre hemos estado pendientes de dar lo mejor de nosotros mismos para que ese "alguien" se sienta feliz, nos acepte, nos valore y nos integre en su vida.

La madre nunca será feliz, si tampoco se ha dado el tiempo de sanar sus heridas de infancia.

Estamos pendiente del dolor "ajeno" el dolor de la amiga, los padres, y nos da consuelo saber que podemos aliviar en algún grado su malestar, pero mi pregunta es: **¿Hasta cuándo huyes de ti?**

El no querer ver tu realidad te hará seguir buscando "afuera" algo que está "en tu interior", y está bien complacer siempre a un "otro", como seres humanos sentimos inmensa satisfacción por el bienestar de otra persona, pero ten por seguro que cada día que pasa, tu herida se hace más y más profunda.

Todo lo que no has resuelto de tu infancia lo vivirás de nuevo en tu adolescencia y lo que no has resuelto en tu adolescencia lo revivirás en tu etapa adulta.

En algún momento tendrás que dar la cara y hacerte cargo de tus heridas eso sí, nadie se escapa.

Entonces nos hacemos expertos en bloquear nuestras memorias dolorosas y nos convencemos de que lo bloqueado es "sanado".

Cuando estudié el TRANSGENERACIONAL, toda mi vida comenzó a tener sentido y no solamente la mía sino, la de mi madre y nuestra relación.

Recuerdo exactamente el día en que surgió la necesidad de sanar mi infancia, pero de verdad. En mis Terapias veo siempre heridas de infancia, siempre, cada día, cada historia es digna de un drama ganadora de un "Oscar".

Conversando con Suilang, (de ella ya hablé en mi primer Libro, es mi Madrina, y colega en la actualidad) cuando llevábamos algunos meses realizando nuestro Taller **"Transgeneracional y La Importancia De Los Ancestros En Nuestra Vida",** un día al terminar uno de nuestros talleres, tuvimos una fuerte discusión. Teníamos grandes diferencias con respecto a ese día. Ella alegaba que yo le gritaba y no tenía paciencia y yo justificaba mi actuar, porque consideraba que ya lo habíamos hablado y ella no estaba haciendo lo planeado. Al mismo tiempo, ella se defendía diciendo que no estaba planeado de esa manera y yo alegaba que sí, luego se sentía humillada, reclamaba de mi parte mucha dureza, y en fin… terminamos las dos sobre todo yo, llorando como niñas desconsoladas…

Fue en ese momento que nos miramos y sentimos que había un tremendo trabajo que hacer. Fue así como comenzamos a trabajar intensamente en nosotras, recopilamos libros interesantísimos acerca de la infancia, heridas, niño interior, y comenzamos a vernos a nosotras mismas, a estudiarnos, a analizarnos, a identificar nuestras propias heridas y ese trabajo fue maravilloso y muy sanador. Este fue el momento más profundo de nuestro trabajo personal, ya que cada una, en distintos tiempos, habíamos trabajado ya en nuestra infancia.

Y fue así como nació nuestro segundo Taller ***"Sanando las heridas de Infancia con amor"*** que con mucho éxito lo dimos por muchas semanas seguidas.

Para nosotras el trabajar constantemente con las personas que nos consultan sus heridas de infancia, es trabajar en nosotras mismas (somos espejos).

Y esto hoy ya no tiene nada que ver con nuestros padres, es algo personal, una necesidad del Alma, así como lo sientes o lo has sentido tú, en más de alguna ocasión.

De niños nos sentimos agradecidos de tener un hogar, pero más aún de haber nacido. Este agradecimiento nos invita a honrar la vida, especialmente la de nuestros padres y ancestros. Sentimos que nuestro entorno es el ideal, pues no conocemos otro. Nos convencemos que vivir gritos, golpes, abusos y humillaciones forma parte de nuestro crecimiento y que es "normal", no nos parece extraño ni grave y esto se vuelve tan común que ya no nos afecta, por el contrario, comenzamos a repetir de adultos muchas de estas conductas que tanto daño nos hicieron, pero que olvidamos.

Es por eso que nos vemos actuando igual que papá o mamá y cuando tomamos consciencia de esto, nos duele el corazón el darnos cuenta que gritamos, ofendemos, y tratamos a nuestros niños exactamente igual como una vez fuimos tratados.

"Si los padres no trabajan en sus heridas de la infancia, sus hijos vivirán esa misma infancia dolorosa."

Puede ser que no tengas hijos, pero simbólicamente los tienes si tienes sobrinos, mascotas, en donde entregar tu amor se hace más fácil, porque con ellos no tienes la responsabilidad de "Criar" ni formar a adultos, solamente de dar y recibir amor cuando quieres o puedes.

Nuestros hijos son nuestro reflejo, en ellos nos vemos, con ellos probamos las formas de ser mejores padres, y cuando la rutina, la angustia, nuestras heridas afloran, volvemos a ser niños heridos y nos encontramos jugado un rol de adultos, pero somos niños heridos criando y cuidando a niños heridos, jugando a ser padres.

Me impresiona ver discutir a parejas, me ha tocado verlo en mis Terapias. Son dos niños heridos esperando que el "otro" atienda y cure sus heridas, y en ese círculo vicioso se pueden llevar años de una mala relación.

Es como ver a los mejores amiguitos del jardín infantil, que se abrazan, se idolatran, se cuidan, juegan y cuando discuten por algún juguete, celos, o alguna bobada, tenemos a los mejores amiguitos ofendiéndose, gritándose, separándose y ninguno quiere dar su brazo a torcer.

Los niños son celosos, egocéntricos porque no han desarrollado aún la capacidad de ver por el "otro" ni de pensar por el "otro". Y eso ocurre con las parejas cuando ninguno ha trabajado ni en su historia familiar ni en su infancia. Cada uno espera y exige de su pareja que le de amor, felicidad, tiempo, y en resumen todo lo que no recibieron de infancia y cada uno espera lo mismo del otro, agotando sus energías, frustrándose y **terminando una relación para muy luego volver a repetir el mismo patrón con la siguiente pareja.**

Llega un momento que el peso del dolor es invivible, puede ser que no recuerdes hoy la razón de tu tristeza, pero ya no tienes fuerzas ni ganas de vivir y te resignas a vivir en una vida sin pasión, desganada, desmotivada.

Se te hace imposible pensar en pasar un fin de semana con tus padres, o sientes que has llevado gran parte de tu vida tratando de complacerlos, o por el contrario has hecho todo lo contrario que ellos, pero si te fijas bien, estás pendiente de su opinión para bien o para mal. Y sigues en esa codependencia emocional que muchas veces ni sabes que existe, pero ahí está... ***"ES TIEMPO DE SANAR"***, esa inquietud de Alma, insomnio, dolores físicos, debes dejarlos ir, para eso se necesita "Querer Sanar" y eso se traduce en saber que debes enfrentar tus miedos, ir al pasado, retomar todo aquello que quedó pendiente o cerró mal, para darle una última mirada.

Tienes muchas herramientas que utilizar para tu crecimiento personal y sanación. Piensa que en la generación de tus padres nadie sabía lo que eran las emociones, las heridas de infancia, niño interior, espiritualidad, ni siquiera la posibilidad de sanar.

Estamos en una generación difícil "emocionalmente", con nuestros padres, jamás se nos dio la posibilidad de expresar nuestro sentir, ni de hablar, de exigir respeto, se nos estaba prohibido llorar o mostrar debilidad. No podíamos hablar de nuestras emociones, nunca nos enseñaron a conectar con nuestro sentir, con ellos O a tí, ¿sí?

¿Pudiste de niño decir?...

- Mamá no estoy de acuerdo en cómo me has golpeado, me haces daño y acepta que ahora no me quiera acercar a ti....

- Mamá, me hieres con tus fuertes palabras y gritos por favor ya basta.

- Papá, ¿Por qué no estás nunca en casa? ¿Sabías que te he extrañado demasiado?

- Papá, eres muy duro con mamá, por favor no la vuelvas a golpear que me partes mi corazón...

¿Por qué nunca me abrazas?

Lamentablemente existen infinidades de memorias muy dolorosas de las cuales, no pudimos decir nada y todo eso se guardó en nuestro interior y es nuestro "niño interior" quien tiene hoy ese sufrimiento.

Hoy los que somos padres volvemos a tener dificultad para expresar nuestras, emociones incluso con nuestros hijos. Ya nos es muy difícil expresarlo en nuestras relaciones de pareja. En un principio, nos entregamos a las caricias, a los abrazos, pero luego nuestras barreras emocionales vuelven a aparecer y nos resistimos a los abrazos, a los besos porque nos parece algo extraño (siendo que todos estamos desesperados por afecto y amor y todos nos creímos profundamente tiernos y amorosos) buscamos relaciones fugaces para no tener que entrar en nuestras sombras ni tener que lidiar una vez más con conflictos emocionales no resueltos, que se verán reflejados en nuestra relación de pareja sí o sí.

Lo maravilloso de este siglo es la híper comunicación. Podemos encontrar a primos lejanos y amigos de infancia por redes sociales y hablar con algún ser querido que está al otro lado del mundo, con videos y llamadas desde nuestro celular.

Nos sentimos evolucionados, porque sabemos lo que significan las emociones, vemos videos y audios de autoayuda, leemos libros de desarrollo personal y manejo de nuestras emociones y sin embargo para comunicarnos volvemos a tener los mismos conflictos y bloqueos que las generaciones precedentes.

Para expresar nuestras emociones hoy tenemos en nuestros teléfonos los ***"Emoticones, Emoji"***...

Donde debemos interpretar la tristeza del otro dependiendo de la carita de pena, o llanto desconsolado. Debemos saber que el "otro" sufre porque me envía un corazón partido o me ama porque me envío un corazón latiendo, ***pero no sabemos hablar ni menos expresar lo que realmente sentimos.***

Muchas relaciones de pareja han terminado por *"Whatsapp"*, nuestras heridas de abandono en la infancia han sido tan grandes y dolorosas que no soportamos ver que el "otro" recibe un mensaje mío y me ignore o, peor aún, lo recibe, lo ve y descaradamente me rechaza. Si yo he sufrido de rechazo y abandono en mi infancia, esto es algo que yo no podré soportar.

Nuestras heridas son tan grandes y profundas que no podemos reflexionar ni pensar con madurez, sino que estamos constantemente siendo niños heridos otra vez mostrando inseguridad, inmadurez y celos. Por ejemplo, no podemos pensar que nuestra pareja recibió una llamada telefónica, se distrajo, o se subió al auto, o algo por el estilo, sino que pensamos inmediatamente que nos engaña, que nos dejó de amar o no le importamos.

Es nuestra herida la que nos hace creer, que, si mi pareja no responde mi mensaje, ya me está "abandonando".

TU HERIDA ES LA GRIETA POR DONDE ENTRA LA LUZ

"El planeta no necesita más personas "exitosas".
El planeta necesita desesperadamente
más personas que cultiven la paz,
personas que ayuden a sanar y rehabilitar,
que narren historias y den amor en todas las formas posibles.

Necesita gente que viva de forma significativa
en sus lugares de origen,
con coraje moral, dispuestos a luchar por un mundo
más habitable y humano; y estas cualidades,
tienen muy poco que
ver con el éxito tal como lo entiende
nuestra cultura actual."

-Dalai Lama-

He elegido una hermosa historia para compartir contigo porque cuando la oí por primera vez me emocionó mucho. Sobre todo, porque me ayudó a comprender mucho de mí, de mi historia personal y de mi propósito en la vida.

De pequeña muchas veces me llevaron al Psicólogo, tuve dos intentos de suicidio en la adolescencia, y pasé varias veces por consultas Psicológicas y Psiquiátricas. Siempre me sentí un **"ente raro fuera de lo común"** la oveja negra descarriada, revoltosa, con cero manejo de mis emociones, desconectada de la realidad, de mi, de la espiritualidad de Dios, de todo en la tierra.

Me sentí siempre excluida, mi autoestima e inseguridad siempre fueron de lo peor, pero me creé una personalidad que ocultó por muchos años mi verdadera esencia.

Siempre sentí la necesidad de comprender la razón de existir, del porqué estábamos vivos y de porqué yo estaba acá en la tierra.

Muchos cuestionamientos iban y venían en mi mente sin respuestas, en mi búsqueda llegue a varios grupos de metafísica, rosacruz, reiki, buscando "encajar" y nunca lograba sentirme bien. El vacío y dolor que sentía dentro de mí era tan grande que nada lo llenaba.

Creí en un momento que sería otra persona quien llenaría este agujero profundo, que sería un "otro" que me haría feliz y exigía que así fuera y sólo lograba profundizar mi herida, porque nada ni nadie podría calmar mi angustia e insatisfacción.

Comencé a leer a Louise Hay, recuerdo que su libro **"Usted puede sanar su vida"** me impactó profundamente. La seguí en YouTube, y me consolaba oír sus meditaciones y leí todos sus libros. Pero después de un tiempo volvía el dolor, el agujero dentro de mi estaba más grande que antes y mi angustia desbordada.

Tuve que vivir fuertes acontecimientos de abandonos, violencia y rechazos, en mi vida para poder despertar. Pasé por casi todos los escritores de Autoayuda y de un Terapeuta a otro, para comprender, entender todo lo "malo" que estaba en mí.

Recuerdo que era tanta mi desvalorización que me creía buena para nada. Inútil y desgraciada por la vida, olvidada por Dios en la tierra y enojándome con él y la creación por haberse olvidado de mí. No tenía trabajo, estudios, dinero, pareja, y mi relación con mis padres siempre difícil, especialmente con mi madre.

No comprendía porque seguía viviendo.

Había vivido de todas las heridas que según yo una persona puede vivir y soportar. Me rehusaba a seguir yendo al Psiquiatra, no quería tomar más medicamentos y quedar dopada y dormida por la vida, ya había estado así muchas veces y era morir en vida, saber que debía enfrentar mis sombras y hacerme la "tonta por siempre" era algo que ya no quería seguir haciendo.

Admiraba a las personas que podían hablar de heridas emocionales, heridas de infancia y que lo hacían sin juicio, en paz, y felices. No podía comprender como había sido posible para ellos llegar a ese estado de sabiduría y plenitud, y era eso lo que me intrigaba... porque si **"ellos pudieron" ¿Por qué yo no?**

Fue así que, entre mucha lectura, trabajo personal, cursos de autoayuda, Terapias, fui comprendiendo muchas cosas, pero lo que realmente me ayudó a tomar fuerzas para sanar es saber que yo no soy **"Víctima"** de las circunstancias. Que, si bien he heredado muchas heridas, lealtades familiares, patrones, llegaba un momento, en que yo tomaba acción y elegía sanar, o seguía quejándome y haciendo que mi vida y existencia se resumieran en un lamento sin fin.

Tenía el sueño de ayudar, siempre tuve sensibilidad para comprender el dolor ajeno, pero también creí que una persona tan herida, como yo, sin estudios universitarios, con tan baja autoestima y tan poco amor propio no podía ayudar a nadie.

El impulso me lo dio el estudio del TRANSGENERACIONAL. **Comprendí que si yo no cambiaba mi realidad mi historia se iba a repetir a mis hijos y las futuras generaciones. Comprendí la responsabilidad que tenía conmigo misma y especialmente con mis hijos, y que tenía millones y millones de creencias que estaban limitando mi vida, mis relaciones de pareja, trabajo, dinero y éxito.**

Comencé a trabajar en cada una de ellas, en aprender de mis heridas, de las heridas de mis padres, de las heridas que he transmitido con mucho amor a mis hijos, el origen de las emociones, del por qué nos enfermamos, la causa de la depresión y la desconexión con la vida, la importancia de no decretarnos tontos, inútiles o de creer que, porque nací en una familia de clase media baja, mi vida debía ser exactamente igual a la de mis padres y ancestros.

Yo soy la responsable al 100% de todo lo que he vivido y viviré y bajo esta verdad, no tengo más opción que comenzar a cambiar mi vida. Yo era responsable de los abandonos que viví, de los engaños que sufrí, de los malos tratos a los que me sometí una vez que fui adulta.

Comprendí que mis creencias limitantes y mi vida en general me llevaron a creer que no merecía nada más de la vida y comencé a tomar consciencia, a despertar, y a compartir todos los conocimientos que llevaba conmigo. Quería que otros sanaran y comprendieran su existencia, así como yo estaba comprendiendo la mía, porque la paz que comenzaba a sentir cubría poco a poco el agujero interior que llevaba en lo más profundo de mi corazón.

"Fue ahí cuando mi corazón dejó de sangrar."

Con mucha inseguridad tomé los cursos de Reiki y luego Terapeuta Floral, sabía que quería ayudar, orientar y no me atrevía a decir que estaba estudiando este tipo de Terapias principalmente, porque yo tenía un pasado oscuro para quienes me conocían...mi familia principalmente, nuestro mayor desafío "la familia" ya que son los primeros en destruir nuestros sueños, pero no lo hacen por "maldad" sino para "ayudarnos" a que no nos tropecemos con sueños que jamás cumpliremos.

Cuando comencé el camino para ser Terapeuta tuve muchos cuestionamientos internos:

Yo y la idea de ayudar a otros a sanar era ridículo...
¿Yo con tantas heridas por sanar?
¿Yo con depresiones eternas?
¿Yo que he querido morir varias veces en mi vida?
¿Yo que he tenido toda la vida desencuentros y fuertes distanciamientos con mi madre?
¿Yo que siempre fui inestable emocionalmente?
¿Yo que no me atrevía a mirarme al espejo por miedo a ver mis sombras?

Yo y la idea de ayudar a otros a sanar era ridículo... Pero lo eran para mi entorno más cercano,pero no para mi ALMA.

Y si yo pude. Tú con mayor razón, puedes lograrlo. Hoy existen muchas herramientas y Terapias de sanación, muchos libros, audios, y ayuda que años atrás no existían y que para la época de nuestros padres era algo impensable.

En esos años hablar de emociones era de débiles y personas vulnerables, hoy hablar de emociones habla de personas valientes, que han dejado el victimismo de lado para tomar las riendas de sus vidas.

Me ha llevado años trabajar en mí, y seguiré haciéndolo porque la verdad es que siempre tendremos "algo" que sanar, SIEMPRE.

Es por eso que he escrito esta ***"TRILOGÍA DE AUTOAYUDA Y CRECIMIENTO PERSONAL DE LA NUEVA ERA"*** porque hoy es tiempo de Sanar, hoy es posible hacerlo, y he querido transmitir de manera fácil y sencilla todos los aprendizajes que encontrarás en mis 3 libros. **El estudio del TRANSGENERACIONAL es la base de nuestra sanación.**

LA HISTORIA DE QUIRÓN, EL SANADOR DE LOS DIOSES

"Son tus heridas que te convierten en sanadores de otros"
"Solo el médico herido puede curar"

Quirón, El Centauro Herido
(Mitología Griega)

Elegí compartir esta historia porque cuando la conocí me emocionó mucho. Tuve respuestas a lo que yo recién te acabo de comentar, de mis dudas acerca de cómo yo podría ayudar a sanar, si yo me sentía tan quebrada emocionalmente.

Solamente un Alma sufrida puede comprender el dolor del Alma del otro.

Quirón, héroe de la mitología griega. Nace de una historia turbia y dolorosa, crece en abandono y soledad, sin embargo, evoluciona, aprende y se nutre de conocimientos y entre muchos de tus talentos se destacó en el área de la medicina y la sanación. Su vida se torna triste y dolorosa y termina regalando su inmortalidad a Prometeo. **Esta es la razón por la que se conoce a Quirón como un sanador que podía curar cualquier herida menos la suya.**

La Historia comienza con el enamoramiento del Dios Cronos hacia Filira (hija de Océano y de Tetis). Cronos se obsesionó de su belleza y encantos, no paraba de cortejarla cada vez con más insistencia.

Filira sintiéndose acosada y perseguida por el dios Cronos pide a Zeus que la convierta en yegua para así distraer la atención de Cronos y lograr que él dejara de persuadirla y molestarla. No obstante Cronos se percata de esta petición y decide convertirse en caballo, para poder poseerla.

La historia se carga de violencia y drama en donde Filira, es abusada por Cronos y de este abuso nace QUIRÓN, mitad hombre y mitad caballo.

Filira tuvo un tortuoso embarazo y un parto doloroso. Maldijo durante meses lo que llevaba dentro de su vientre, y cargaba además con el dolor del abuso, y fuertes emociones de rechazo por la gestación. Su dolor y trauma más fuerte fue al dar a luz y darse cuenta que de ella había nacido una bestia como ella lo llamó.

Filira ya había rechazado a Quirón durante todos los meses de embarazo y ella se negó a darle de amamantar y a criarlo, porque además de recordarle su sufrimiento, se negaba a tener por hijo a esta bestia fruto de un abuso y decide abandonarlo.

Apolo sabía todo lo ocurrido, todos conocían la historia y él siente lástima por este Centauro recién nacido y abandonado que finalmente, no había tenido la culpa de existir. Lo llena un sentimiento de ternura al verlo solo, desprotegido, y decide adoptarlo y quedarse con él.

Quirón crece agradecido de los cuidados y bondades de Apolo durante su infancia y se esmera en ser siempre el mejor, en no molestar, no causar inconvenientes y, por el contrario, siempre sintió el deseo de servir y ayudar.

El Dios Apolo se encarga de entregar a Quirón, conocimientos de la vida, medicina, ciencias curativas, preparación de medicamentos y hierbas medicinales, lo instruyó en el desarrollo de la espiritualidad, lo que lo llevó a ser un experto en estas áreas, que le permitió a Quirón dar alivio y sanación a muchos, logrando tener sus propios discípulos y seguidores. Era amigo de amigos, querido y respetado por todos.

La historia cuenta que los Centauros eran buenos para divertirse, correr por los campos y muy amantes de la diversión y la buena vida. Les gustaba juntarse en grupos y beber sin parar, cosa que no hacía Quirón ya que era muy distinto, había adquirido madurez a muy temprana edad y gracias a todos sus conocimientos se distinguía del resto, siendo él, el guía y maestro de muchos.

Una tarde en una junta de Centauros, comienzan a beber y a discutir. Llega Hércules y termina peleando con los Centauros y comienza a herirlos y éstos comienzan a caer en el abismo y a morir. Esto llega a oídos de Quirón, quien sin dudarlo llega al lugar del conflicto, decidido a detener la violencia y entre tanto movimiento, drama y peleas, Quirón es herido con una Flecha envenenada con la sangre de Hidra que Hércules lanzó.

Quirón es gravemente herido en una de sus patas.

Esta profunda herida activa en Quirón su herida más oculta y más profunda que es el abandono y mal trato de su madre. Este dolor activa en él la necesidad de cargar con heridas ajenas, para así encontrar alivio en sus dolores. Envolver su Alma en sufrimientos ajenos, calmaba su angustia y sufrimientos internos.

"El tener que ocuparse de heridas ajenas, hace que olvides tu propio dolor". Al mismo tiempo que al sanar a otros sanas también algo en ti.

Quirón se hace experto en el sufrimiento de los otros,ya que su propio sufrimiento era tan grande que le permitía ver al resto con empatía y amor.

Sabía exactamente lo que significada sentirse abandonado, rechazado, ignorado, sabía cómo se sentía la angustia, el desamor y la tristeza profunda.

Esto le proporcionó una sabiduría y crecimiento espiritual en comparación al resto, lo que lo convirtió en el "sanador" y "curador herido" por tener la capacidad de hacer suyo el sufrimiento de los otros. ***Fue experto en dar ayuda, orientación y sanación de heridas a sus pares, sabía cómo dar sanación al Alma, aunque él no pudiera sanar sus propias heridas.***

Quirón había nacido "inmortal" gracias a la unión de ambos Dioses. Pero esta cualidad no lo excluía del dolor, sólo de la muerte, lo que lo condenaba a vivir toda su vida cargando sus profundas heridas. Su dolor lo hizo más fuerte y sabio aún, haciéndolo desarrollar cualidades y virtudes convirtiéndolo en el ***"Sanador más grande de la Mitología Griega".***

El dolor nos hace crecer, nos da la empatía para comprender a quiénes nos rodean. Es aunque nos cueste comprenderlo, una forma de evolucionar. Sin duda, todo lo que has vivido en tu vida, te ha hecho ser una persona que ha querido sentir paz interior, sanarse, y ayudar a otros en su sanación. Quizás hoy no seas un Terapeuta, pero sabes oír a quien lo requiere, porque has sentido la necesidad de ser oído y sabes como eso calma y sana nuestra Alma cuando así ha sido.

Todo tenemos heridas profundas que quizás no sanarán por completo, y nuestra misión es integrar ese dolor y transmutarlo en amor.

El aprendizaje de Quirón: "Ayudar y recibir ayuda"

Hércules no soportaba ver sufrir a su amigo Quirón y culpable por el "accidente" se propuso encontrar a la Muerte para liberarlo del dolor. (Ya que los Dioses poseen vida eterna, están condenados a vivir en el dolor, si esto sucede)

Fue así como Hércules encontró a **Prometeo,** quien era un Dios que estaba encadenado por Zeus, en castigo por haber dado a conocer el fuego a los hombres de la tierra. Cada día un águila devoraba sus entrañas, y durante la madrugada al regenerar su cuerpo volvía a regresar el águila para devorar nuevamente el cuerpo de Prometeo. Esta tortura terminaría solamente si alguien se apiadase de él y cediera su vida y aceptase morir en su lugar. Quirón tomo su lugar muriendo y al mismo tiempo liberando a Prometeo del castigo.

Este acto de amor fue recompensado por Zeus, quien en su honor colocó en los cielos la constelación de Sagitario, aunque otras fuentes hacen referencia a la constelación de Centauro.

Aprendemos de esta historia que muchas cosas que en un principio parecen ser una desgracia, terminan como una bendición. (Un nacimiento no deseado, un abandono, una injusticia). Vale la pena vivir nuestra vida y descubrir la bendición que cada uno trae consigo escondida, a través del dolor y del sufrimiento.

Nuestro dolor se apacigua cuando nos acercamos al otro. Siempre hay alguien que sufre más que uno y siempre hay algo que podemos hacer para aliviar su dolor. Cuando alguien va en busca de la sanación, acude a un sanador o Terapeuta, ambos están en dolor. Uno más que el otro, pero al expresar el dolor se produce la sanación de ambos.

En esta historia Prometeo sana su dolor al ser Quirón, quien da su vida, y al mismo tiempo, Quirón deja su dolor de abandono, rechazo, y el dolor crónico de su pierna al ser herida, gracias a que pasa a otro plano superior de la muerte.

Seguro has oído la palabra ***"Quirófano"*** la raíz de esta palabra viene de Quirón, tiene como significado el que procura el bien del otro, el que tiene la capacidad de curar, con las manos, el dolor ajeno.

Para las personas que nos dedicamos a trabajar en sanar nuestras heridas, y ayudar a aliviar el dolor del otro por medio de la comprensión, y la toma de consciencia, se produce lo que dijo Carl Jung:

"Todo Sanador es También un paciente." ☺

Todos tenemos una herida intima, tan dolorosa que tratamos de esconder a los demás y a nosotros mismos. La herida de "Quirón" nos permite entrar en las heridas del otro y comprender el sufrimiento ajeno calmando su dolor.

TÚ sanas, yo sano, todos "S A N A M O S".

LA FELICIDAD DEPENDE DE TI

Crecemos pensando que algún día un príncipe montado en un caballo blanco vendrá a buscarnos para llevarnos lejos del dolor y "hacernos felices", otros piensan que debemos ir a meditar al otro lado del mundo para encontrar la felicidad, algunos creen que es cuestión de suerte y que fueron simplemente "desafortunados", los hay quienes piensan que para ser felices hay que despojarse del dinero y la abundancia… otorgamos muchas veces y de manera inconsciente la responsabilidad de nuestra felicidad a nuestros padres, hijos y pareja, ignorando completamente que nuestra vida es nuestra RESPONSABILIDAD.

Si pasas tu vida culpando al resto, a tu exterior y a las circunstancias de tu infelicidad, vivirás buscando aquello que te falta en lugares en donde la felicidad no existe. La felicidad es UN ESTADO MENTAL, es también una opción en donde renuncias al victimismo y pasas de víctima al empoderamiento de tu vida.

La felicidad no depende de lo que tienes, sino de lo que eres. Está en ti, vive en tus sueños, revive cuando sanas tu pasado, tus heridas de infancia, cuando aceptas e integras a tus padres, tus elecciones de vida, y cuando te perdonas, la felicidad despierta dentro de ti, cuando eres prioridad en tu vida, cuando te haces respetar, amar, oír, cuando dejas de exigirte tanto y renuncias a mendigar por atención, amor y tiempo.

Nadie te hará feliz si no logras sentir felicidad en tu corazón. No hay un lugar en donde encontrarás la felicidad, si no eres feliz hoy, dónde vayas esa emoción te seguirá.

Es lo que me ocurrió a mí. Por años culpé al mundo, a mis padres a mis parejas, al tiempo, al país. A los años de haber vivido en China, finalmente llegué a vivir a Japón, huyendo de mis demonios personales en búsqueda de la anhelada "felicidad", la cual encontré solamente cuando regresé a Chile, después de años de vivir en el extranjero (Francia, China, Japón) y me di cuenta que siempre estuvo en mí. Me reconecté con la energía de la felicidad, de conocerme, aceptarme, perdonarme, y solamente sucedió **CUANDO ELEGÍ SANAR.**

¿QUÉ SON LAS HERIDAS EMOCIONALES?

Las heridas emocionales son el precio que todos tenemos que pagar para ser independientes.

-Haruki Murakami-
Escritor, prosista, lingüista, ensayista, profesor y novelista

Cuando alguien me preguntaba acerca de mi trabajo y yo les decía que trabajaba en analizar los Árboles Genealógicos, para encontrar el origen de nuestros conflictos, muchos me decían:

¿Y para qué molestar a los muertos?

Cuando alguien viene a mis Terapias (siempre vienen cuando ya no aguantan más el dolor, cuando sus heridas están insoportables, cuando ya la angustia los consume, ahí es cuando piden una hora...) siempre vienen por un tema presente, al que yo le llamo "La guinda de la torta", porque finalmente, ese problema por el que vienen es "la gota que derramó el vaso" pero, no es el origen de sus conflictos, es atrás...más atrás en donde se creó el dolor y la angustia.

Las personas se sorprenden cuando les pregunto por su infancia. Algunos muy rápidamente responden "mi infancia la mejor de todas", y se ponen a la defensiva, diciendo: "lo que pasó ya" o mucho peor:

Me dicen "gracias a la dureza y disciplina que recibí es que hoy soy (un niño muy herido)" un adulto responsable...

Y están en lo cierto. No podemos cambiar el pasado ni pretender que nada ocurrió como tampoco sirve "bloquear" los recuerdos dolorosos porque bloquear no es sanar. Pero lo que sí se puede hacer, y por amor a ti y a tu estabilidad emocional, es cambiar la visión de lo ocurrido, ir al momento, al dolor, liberarlo, llorarlo, integrarlo en ti para que esta angustia disminuya. Podemos permitir que todo lo sucedido, ocupe menos lugar en nuestra Alma y deje espacio para nuevas emociones.

El dolor, nos detiene, nos inmoviliza y nos mantiene viviendo en el pasado, en un pasado triste que no nos deja avanzar.

Durante todo el período de nuestra infancia vamos acumulando memorias y vivencias dolorosas y como no somos capaces de vernos, de comprender lo que sucede tomamos estos "dolores", y los "guardamos en una caja oscura y profunda"... **Nuestro subconsciente.**

Es ahí donde todos sin excepción vamos guardando nuestras heridas, que, al no ser vistas, sanadas en el momento adecuado transmutan en "Traumas".

Entonces me creo una especie de **"escudo de protección"** para tapar mis heridas y ahora tengo Traumas. Que finalmente es lo mismo, pero más ambiguo. **He guardado tantos dolores y heridas que ya no sé qué es lo que duele, pero duele.** Los traumas son heridas abiertas que no han cicatrizado y estamos llenos de pequeños y grandes traumas.

Es increíble como nuestros "escudos" nos hacen ser personas ajenas a nuestras emociones. Cuando alguien tiene heridas o traumas y ha vivido toda una vida creyendo que ha sanado, suele decir frases como ésta:

- A mí no me importa que mi padre nos haya abandonado

- Agradezco que mi madre haya sido dura y me haya educado con golpes, gracias a eso hoy soy quien soy.

- Tengo por superado la ausencia de mi madre o la muerte de mi padre.

Hablamos con la mente, desde lo racional, porque hemos dejado a nuestro corazón atrapado dentro de una coraza de hierro que le permite apenas latir. Lo más triste de todo es, que, junto con encarcelar a nuestro sensible corazón, hemos encerrado también a nuestro **niño interior.**

Vamos a dar un ejemplo muy común:

Una niña que crece sin padre, porque éste la dejó, porque falleció, porque el padre trabajaba mucho, o porque el padre simplemente la ignoraba y no se ocupaba de ella. Imaginemos que la pequeña fue criada por su madre y sus abuelos maternos, aparentemente ella creció sin sentir la ausencia de su padre. Esta niña puede crecer y sentir que "no tiene heridas de infancia", que por el contrario tiene muy asumido la carencia de un padre en su vida, sin embargo, va a presentar las secuelas de esta ausencia en algún momento de su vida.

¿Cómo y cuándo?

Un 95% de los casos será en sus relaciones de pareja. El otro porcentaje se ve en las relaciones de trabajo, con sus jefes o autoridades, donde por cualquier razón, va a entrar en conflicto con sus jefes en busca de "límites", fuerza, poder, que es lo que representa el padre energéticamente hablando.

Cuando esta niña se convierte en mujer, de manera inconsciente va a buscar a su "padre" en sus parejas, lo podemos ver fácilmente en mi primer libro que habla del **TRANSGENERACIONAL,** en donde vemos que la hija se casa con un hombre que tiene el mismo nombre de su padre, o la letra inicial, ejemplo, la pareja de llama Juan, y el padre José.

O luego cuando vemos las fechas nos damos cuenta que están muy cerca las fechas de cumpleaños, o son "dobles" del padre o madre ausente.

Esta mujer busca a su padre y quiere que su pareja le dé todo lo que el padre no le dio. Buscará protección, amor excesivo, buscará controlarlo, celarlo, quererlo todo para ella, pero aún si así fuera, para ella no sería suficiente. ***Nada de lo que le dé su pareja será suficiente.*** Nada ni nadie llenará ese vacío, esa angustia que trae en su pecho y corazón.

La carencia de amor y la herida de abandono crecerán, y esta mujer terminará soportando todo con tal de que no la dejen. Soportará desde violencia verbal, abusos, malos tratos, infidelidades, y la relación se volverá tóxica, violenta, y tendrá dificultad para poder liberarse de ese dolor y de terminar con la relación. Soportará todo para no tener que revivir su dolor de ausencia y abandono de infancia que ha producido la ausencia de papá.

El adulto que se siente herido, está dominado por el niño interior que ha sufrido, se niega volver a revivir el dolor de la infancia y hará cualquier cosa en el presente, para evitar encontrarse con sus sombras.

Es tiempo de "sanar" de recibir y aceptar todo el amor que de alguna manera no nos fue dado correctamente, es tiempo de vivir una vida plena y en armonía, es posible, no importa la edad que tengas, pero si por el contrario aún te permites cargar contigo al niño sufrido, herido, triste, y en soledad nada de lo que hagas calmará tu dolor ni te dará la contención que necesitas, nada ni nadie excepto tú.

Es por esta razón, que es importante reconocer, aceptar, amar a nuestro niño interior, para dar paso a un camino de luz que nos guiará al reencuentro con nuestra Alma. Hoy, ya ha pasado mucho tiempo, hoy eres tú el adulto responsable de tu vida, ya de adultos somos los únicos que podemos recobrar la felicidad y devolvernos las ganas de vivir.

ERES RESPONSABLE HASTA DEL POLVO QUE HAY EN TU MESA

"Si sufres es por ti, si te sientes feliz es por ti,
si te sientes dichoso es por ti.
Nadie más es responsable de cómo te sientes,
sólo Tú y nadie más que Tú.
Tú eres el infierno y el cielo también."

- Osho-

No solo eres responsable de lo que haces sino de lo que no haces, de lo que no defiendes y de lo que callas.

Muchas veces en mi vida sentí mi pecho oprimido, palpitaciones rápidas, angustias, ganas de morir, y sólo ahí tomaba consciencia de que quería y necesitaba sanar. Luego cuando el malestar se iba, me olvidaba de estas ganas de "sanar".

Con el tiempo ya había aprendido a aguantar el dolor, a despertar cada mañana con una "pata de elefante aplastando mi pecho", porque textualmente era así, cada despertar era con un dolor tan grande que oprimía mi pecho y mi corazón.

Recuerdo que estaba viviendo en Bordeaux, comencé con todos los síntomas de crisis de pánico, dolor, angustia, piernas desfallecer, extremidades adoloridas y sin fuerzas y una **pata de elefante apretando mi pecho y dejándome sin respiración.**

Mi hijo Diego tenía casi dos años de edad. Llamé al padre de mi hijo, le dije que estaba teniendo un ataque al corazón y que parece que me iba a morir y él me dijo, no es verdad no estarías hablando así, tranquilízate y cálmate que ya te vas a sentir mejor...

De verdad estaba en un cuadro emocional grave, no tenía fuerzas ni para respirar, apenas cogí a mi hijito, lo abrigué, entre llanto y llanto comenzó a llorar él y así llorando los dos bajamos las escaleras, y nos fuimos caminando a un centro médico. El camino se me hizo eterno, recuerdo que hacía mucho frío, yo llevaba el carro de bebé, apenas por las calles porque no tenía fuerzas y lo único que pensaba en ese momento era llegar lo más rápido al centro médico, porque no quería que me diera un ataque al corazón en plena calle, sin nadie que me pudiera ayudar y que mi hijo quedara solo sentado en el coche de bebé.

Esa mañana, el frio calaba mis huesos, nuestras caras estaban congeladas por el aire frío y seco, a cada rato yo detenía el coche de bebé para cubrir la carita de Diego y él no paraba de llorar y yo tampoco.

No podía respirar bien por la presión que hacía contra mi pecho esa "**pata de elefante**" y como yo lloraba me ahogaba más. No sabía cómo tenía fuerzas para seguir caminando, pero luego me acordaba que quizás me iba a morir y no deseaba hacerlo en la calle, menos con todo el frío.

Había una suave neblina, el frío, el viento que justamente iba en nuestra contra, me impedía seguir el camino de manera fluida hasta que llegue a la Cruz Roja, creo que así se llamaba. Con mi pésimo francés de ese momento, ahogada, llorando, congelada, con mi hijo en brazos, trataba de explicar que era yo la que debía ser ingresada y no Dieguito, ya que cualquiera se hubiese confundido al vernos a los dos en esas condiciones.

Recuerdo que dije varias veces y en un pobre francés, **"me estoy muriendo, me estoy muriendo, tengo dolor en mi pecho"**. Me ingresaron, tomaron a mi hijo y se lo llevaron a la misma habitación, pero estaba en una esquina con una enfermera, mientras a mi rápidamente me hicieron todo tipo de exámenes de sangre, electro, revisar presión, corazón, etc.

En ese momento en que 3 personas se ocupaban de mí, yo me sentí calmada. Luego a la hora llega un Doctor con los resultados de los exámenes.

El doctor hablaba español con un acento de películas de amor, muy muy francés. Yo estaba preparada a oír lo peor.

Estaba paciente y más calmada esperando la lista de medicamentos y que me internaran porque lo más seguro es que debían realizar una operación al corazón, por tanto, dolor en mi pecho.

- *Doctor: "usted no tiene nada"...*

- *No es posible doctor, seguro se equivocó de exámenes, revise bien.*

- *Doctor: "usted no tiene problemas de presión, ni de sangre, ni con sus extremidades, y su corazón está en perfecto estado de salud".* ***Solamente sufrió una crisis de angustia.***

Me quedé una hora más mientras mi hijo se paseaba por la habitación y jugaba con su osito de peluche. Estaba desesperanzada, no podría comprender lo que me estaba sucediendo. Luego me dijeron que ya estaba en perfectas condiciones y que me fuera. Antes de irme entra el doctor y me dice:

- ¿Qué haces acá? ¿Trabajas?

- Si en casa, cuidando a mi hijo.

- Doctor: ¿Y qué más?

- Nada más.

- Doctor: ¿Tienes familia, amigos?

- A nadie, sólo mi marido y nosotros. No tengo amigos, no conozco a nadie.

- Debes hacer algo distinto, algo que ames, o esta crisis volverá. Estás estresada y agobiada.

Y me fui de regreso a casa caminando con más frío, más congelada, triste, me sentía absolutamente sola, vacía, sufrida, y pensando en lo terrible y deprimente que era mi vida. Sentía que nadie me apoyaba, que nadie lo había hecho nunca, que Dios me había abandonado una vez más y me sentía solamente con ganas de desaparecer y morir por lo injusto de la vida.

Ahora cuando miro hacia atrás, exactamente en ese momento año 2004, puedo ver cómo era mi mente, mis creencias, mis limitaciones, mi victimismo. Mi autoestima tan baja y tan poco amor propio que aún sabiendo que "estaba muriendo" porqué fui al centro médico, porque realmente lo creía, me daba lo mismo morir y abandonar y dejar en este mundo a mi hijo. Ahora lo pienso y lo analizo de esa manera, en ese momento cuando me sentí así de mal, estaba completamente desconectada de mi Alma, mente y espíritu. ***Estaba dormida en la inercia…***

Solamente me importaba mi dolor y no el daño que le causaba a mi hijo, con mi infelicidad y mi amargura.

Inconscientemente quería que me abrieran el corazón para que mi marido, y familia en Chile supieran que sufría, porque buscaba desconsoladamente consuelo y amor. Creía que era "alguien" ajeno a mí quien me daría el amor, la paz, la armonía y motivación que necesitaba para cambiar mi realidad y mi vida entera.

"Dale a alguien toda la responsabilidad sobre su vida, y saldrá corriendo."

-Carl Gustav Jung-

Durante mucho tiempo cuando oía, leía que yo era responsable de mi vida lo encontraba injusto, me sentía víctima de la vida y el mundo. Mis pensamientos y creencias eran tan limitantes que creía que mi amargura y dolor serían acabados cuando encontrara al mejor hombre y marido, o al mejor psicólogo o Terapeuta del mundo. ***Creía que "alguien" debía sanarme.***

Antes no me gustaba oír la palabra "Víctima", no podía aceptar que me dijeran que dejara de "victimizarme. Al mismo tiempo que detestaba a las personas que se "victimizaban", me repelan, es algo que me incomodaba y ahora ya sé el por qué. Me victimicé por tantos años, y lo viví tan mal, que cuando me encuentro una víctima en mi camino, trato de avanzar lo más rápido del mundo ya que una víctima busca siempre un "aliado". La víctima busca a alguien que escuche sus lamentaciones y que al mismo tiempo la compadezca, así ya son dos que se creen el cuento de que Dios las ha abandonado y que son víctimas de las desgracias del mundo.

"Cuídate de las VÍCTIMAS "están en todas partes… "Hay que cuidarse de las Víctimas, son muy peligrosas. Alguien que se queja de lo malo que fueron con ella (él), está buscando un aliado, no está buscando arreglar su situación.

Una víctima nos arrastra a su estado.
Hace que todos sean culpables.
Todos los que no "solidarizan" con su estado son "malos".
Una víctima es muy peligrosa; daña a todos".

-Bert Hellinger-

SANARÁS CUANDO DECIDAS HACERLO…

Y esta es la única verdad. Veremos en este libro las consecuencias de cada herida, de cómo se forma una herida, y el tipo de personalidad que podemos llegar a desarrollar gracias a cargar una o más heridas como parte de nuestra identidad. Pero solamente podemos comenzar a sanar cuando asumo que hoy como adulto, mi vida me pertenece, y la tomo absolutamente con todo lo que corresponde. Con mis alegrías y abusos, fracasos y triunfos, desgracias y sueños, con lo bueno y lo malo, con mis luces y sombras.

Tomar y reconocer mi vida solamente con lo "bueno" olvidando o bloqueando todo lo que me hiere, lo único que conseguiré es agrandar la angustia de mi corazón, sentirme perdida en esta vida, desconectada de la alergia de vivir, y suma y sigue con síntomas físicos, tiroides, dolores de huesos, cuello, espalda, ataques de colon, hígado, gastritis, problemas pulmonares, garganta, alergias, o ataques de pánico.

Los síntomas y enfermedades según la visión Transgeneracional y Biodescodificación nos hablan de conflictos no resueltos en el pasado, generaciones anteriores o de mi infancia, o todo lo nombrado anteriormente.

Llega un momento en que ya el dolor es tan grande, que no podemos resistirlo más. Vivir ya es doloroso, es por eso los ahogos, y el dolor justamente en nuestro pecho, con la sensación que nos duele el Alma o el corazón.

Recuerdo exactamente el momento en que mi Alma, me habló. Esa voz que todos hemos oído más de alguna vez en nuestras vidas. Es esa voz de la consciencia que nos guía, que aparece cuando nuestra mente renuncia a seguir viviendo, es cuando nuestra Alma toma por unos minutos el control de nuestra existencia.

Había nacido mi segundo hijo, en el año 2007, estábamos viviendo en Shenzhen, una ciudad en China en la provincia de Guang Dong.

La angustia de vivir era más dolorosa que la felicidad de tener a mis dos hijos vivos y sanos, así de mal y de desconectada me sentía. Seguramente te ha sucedido, es terrible tener la sensación de que ni tú misma valores tu vida, que te resignas a que sucediera cualquier cosa y que ojalá murieras en un accidente, así no cargarías con la culpa de que luego les dijeran a tus niños que su madre se suicidó.

Nadie está libre de pensamientos pesimistas, o destructivos, absolutamente nadie, y he comprendido que aceptarlos, es aceptar nuestra humanidad, es aceptar nuestra verdad y **la verdad "nos hará libres"**.

Libres para decidir por nuestra vida, de decidir de qué lado de la vida escoges vivir, de la mediocridad, o la abundancia, del pesimismo o el optimismo, de la tragedia o el aprendizaje, pero nosotros somos los que finalmente decidimos la vida, y no otra persona.

Ese pensamiento que dice que sea lo que Dios quiera, nos habla de sentirnos ajenos y de visita en esta vida y eso es una gran mentira. **"Dios nos quiere felices, plenos y abundantes".**

Deja de pensar y creer "que esta vida es lo que te tocó". Eso es dejar absolutamente toda nuestra vida a la suerte y voluntad de otro ser. Dios te quiere feliz, sano, en armonía con tu vida. Si tú no decides que quieres hacer con tu vida, entonces "alguien" decidirá por ti.

Y si te fijas, quizás llevas años esperando que alguien te sane, y has aceptado de la vida, lo que la vida te dé... es decir poco y nada.

La vida da a quien se "da" la oportunidad de vivir, la vida da al que se ama, al que se respeta al que pide de corazón.

"Pide y se te dará".

El camino de la sanación es un camino que decides hacer, sabiendo que será largo, agotador, muchas veces solitario, y que dolerá. Es un camino para Almas valientes cansadas de sufrir y que no se resignan a vivir una vida llena de amargura y fracasos.

Es un camino que te llevará a descubrir **quien** eres realmente, ¿Ya te lo has preguntado?

No eres el ingeniero comercial, no eres la profesora, ni la estudiante de veterinaria, no eres lo que te hicieron creer, eres mucho más. Tu verdadera esencia está detrás de la máscara que te has puesto para vivir en un mundo de niños heridos, dejando tus títulos de lado, tus estudios, tus creencias, tus miedos, se encuentra tu verdadero YO, YO SOY.

No te frustres ni sigas sufriendo porque "**socialmente no existes**", hasta hace poco, si no tenías un diploma de ciertas Universidades, o cierta cantidad de estudios, no eras nadie...la Vida es la mejor Universidad, tiene cupos ilimitados, puedes entrar a la edad que quieras y si congelas tu aprendizaje te vuelve aceptar si así lo deseas.

Lo único que el costo es cada vez más alto, una vez que entras, sales y vuelves a entrar, una vez que estudias de la vida, aprendes, y luego te retiras y regresas a vivir como una víctima, la vida te envía de regalo obstáculos cada vez más fuertes y dolorosos. Te envía directamente a ti, y jamás se equivoca en enviar exactamente tus heridas que has dejado sin ver ni resolver. Te envía las "pruebas" que dejaste a medias y bloqueadas.

La Universidad de la Vida sigue a quienes han querido ingresar para sanar y no te suelta hasta que sanes.

La Vida es paciente, puede esperar años, siglos y generaciones para que te gradúes de tus conflictos y sufrimientos para que finalmente sanes y los trasciendas.

Una vez que vas sanando, esta hermosa y sabia **Universidad de la Vida** te pide de "asistente". Como has hecho tan buen trabajo te seduce para que trabajes como su "partner", ayudante y guía, y la Vida nuevamente comienza a guiar tu camino, pero tú decides.

Te envía a personas, cursos, talleres, formaciones para que vayas creciendo, así como situaciones difíciles de tu vida con el sólo propósito de crecer, evolucionar, ampliar tu nivel de consciencia.

Una vez que decides "sanar" el Universo confabula a tu favor, siempre, siempre.

Solamente podrás tomar las riendas de tu vida cuando aceptes y comprendas que TODO, absolutamente TODO, es 100% tu responsabilidad. Esa es la manera de pensar que debes tener, así piensa una mente renovada que está dispuesta a superar sus miedos, conflictos y dolores de toda una vida.

Es así como piensa un Alma que evoluciona y si no piensas así, esta es la manera que debes interpretar todo lo que te sucede.

Comprendo que no es fácil y que existe resistencia de tu parte por pensar que hasta el señor de la panadería que te atendió mal, tú tienes responsabilidad.

No hablo de culpa, hablo de responsabilidad, lo que significa que todo lo que tú has hecho, o no hecho son las consecuencias que vives en el día de hoy.

Todo lo que estás viviendo hoy, es el resultado de estos dos últimos años de tu trabajo personal y laboral.

Si deseas saber cómo será tu futuro te invito a "revisar" todo lo que estás haciendo hoy por cambiar tu vida.

No hay magia, es "acción y reacción". Todo lo que haces tiene una consecuencia y con respecto a tu vida, tus dolores y tus heridas sólo tú tienes la responsabilidad de sanar, y dejar de "culpar" al resto por tu vida.

No es la culpa de tu madre, tu padre, ni de tus abuelos, no es que "ellos" te hayan abandonado, tu pareja, o Dios se haya olvidado de ti, hoy por hoy tú eres la única persona que puede abandonarse.

Eres tú **quien** se ha desconectado de tu propia Alma, de la alegría de vivir. Vamos a ir comprendiendo paso a paso un poco más de cómo ir "soltando" tantas memorias dolorosas, tantos resentimientos, tanta amargura.

TODOS TENEMOS UN NIÑO INTERIOR A QUIEN SANAR

Cuando hablamos del niño interior, no necesariamente es un niño de menos de 2 o 4 años. Existe dentro de cada uno tres etapas en las cuales se puede identificar con más claridad al niño herido que llevamos dentro.

Te enseñaré un trabajo maravilloso que debes realizar para lograr identificar a tu niño herido.

Debes confiar en tu Alma, que es **quien** te guiará en este encuentro.

Trabajo conectando con mi niño herido

Procura estar en un lugar donde puedas estar tranquilo, donde no haya ruidos molestos, o esté la TV prendida, etc.

En este espacio que has escogido, es mucho mejor si colocas música de relajación a tu gusto, prender una velita o aromatizar tu espacio para hacerlo más íntimo y agradable.

Puedes estar sentado, de pie o acostado, según te sea más cómodo.

Comienza por cerrar tus ojos, a respirar suave y lento hasta calmar toda respiración agitada.

Visualiza que con cada respiración inhalas luz, paz, armonía y que exhalas miedos, angustias, tristezas. Hazlo un par de veces y luego con los ojos cerrados visualiza frente a ti una puerta negra de metal.

Esta puerta negra de metal es la puerta a tu subconsciente, toma la manilla, y verás que hay una escalera caracol, levemente iluminada.

Baja suavemente por estas escaleras, en 10, 9, 8, 7, 6, 5,4, 3, 2, 1, 0.

Ahí en esta habitación hay alguien que espera por ti.

Deja que tu mente te traiga inmediatamente a tu niña, tu niño interior. Deja que esa primera imagen llegue a ti. ¿Te ves?

Quizás veas una fotografía tuya, o te veas sentado en una cama, sillón, detrás de una escalera, debajo de una mesa.

¿Dónde te ves? No te estreses en tratar de imaginar o forzar a tu inconsciente, esa imagen tuya llegará a ti. Espera... espera que ya viene.

- Si por cualquier razón no logras visualizar, siente quizás un chispazo, una sola imagen tuya de niño/a bastará para realizar este trabajo.

- Una vez que te has encontrado, quiero que te acerques a tu niño, despacio y lo veas, míralo/a, seguramente se siente solo/a, ¿Qué edad tiene?

- Tu mente te lo dirá, 5, 9, 12, años. Quiero que llames a tu niña, niño por su nombre y le pidas perdón por haberla olvidado por tantos años. Dile que la amas, que nunca más la dejarás sola. Que hoy tú te harás cargo de ella/él.

- Luego que ya te has encontrado, sabes tu edad, toma a tu niña, niño/a en tus brazos y sube por la misma escalera que has bajado.

- Al llegar arriba, cierra la puerta negra detrás de ti. Toma a tu niño y mágicamente se encogerá al tamaño de tus manos.

- Sin abrir los ojos, quiero que te concentres en la edad que tiene tu niño/a y trates de recordar que sucedía contigo a esa edad.

_ ¿Tus padres se acababan de separar?

_ ¿Viviste un cambio de colegio?

_ ¿El nacimiento de tu hermanito?

_ ¿La muerte de tu mascota?

_ ¿Fuiste víctima de abuso?

_ ¿Fuiste muy maltratado?

_ ¿El fallecimiento de algún familiar?

_ Verás que fácil es, no trates de manipular la situación.

Ese niño, niña es hoy **quien** necesita más amor que nadie. Coloca tus manos en tu corazón y deja a tu niña en tu interior dentro de ti.

Trabajo a realizar:

Todos los días, por lo menos 5 minutos dedícalos a sanar a tu niño herido/a. Recuerda la imagen que recibiste, coloca tus manos en tu corazón y comienza a decirte frases como:

_ Mi niña/o, te amo, tranquila/o acá estoy.

_ Mi niña/o hermosa/o, no temas, no te dejaré sola/o.

_ Mi niño/o precioso/o, te amo, no hay nada que temer, yo me hago cargo.

Verás cómo este simple ejercicio calmará tu angustia y comenzarás a desarrollar el amor que existe en ti y que por no saber cómo expresarlo no ha podido salir.

Muchas veces por miedo nos bloqueamos, increíblemente el miedo a lo desconocido no nos deja avanzar, incluso el miedo a sanar... estamos tan acostumbrados a sufrir, a estar mal que no podemos imaginar cómo sería vivir lo contario.

El **miedo** que sueles tener está asociado a tu inseguridad, a sentir que no tienes el control de tu vida, que temes quedar en ridículo y que se burlen de ti. El miedo es el miedo a equivocarse, a sentir que no eres lo suficientemente bueno para alguien, o que no cumples las expectativas de o que se espera de ti.

"Hazlo, y si te da Miedo, hazlo con Miedo, pero HAZLO."

No dejes que tus miedos, ocupen el lugar de tus sueños.

Comunícate con tus miedos, escribe en tu cuaderno de "Sanación" a que le temes, y verás que tus miedos se han generado en tu infancia y que hoy de adultos no hay nada que temer. ☺

He descubierto, he comprobado y he recomendado que el trabajo con el niño interior es sumamente útil para curar las heridas del pasado. No siempre conectamos con los sentimientos del asustado pequeño que llevamos dentro, déjate guiar por lo que sientas en el momento en que te conectes con tu pequeño. **Tu niño interior necesita saber que tú lo amas. Puedes pasar horas perdiendo tu tiempo en redes sociales, viendo una película, y tu niño necesita demasiado amor, palabras dulces y cálidas, no se lo niegues más.**

El miedo también es una emoción heredada. Para vencer el miedo sólo debes trabajar en tu amor propio y en tu seguridad, creer y sentir que ya posees todo para comenzar a ser feliz y que tu camino a la sanación ya ha comenzado cuando decides dejar atrás el victimismo, y decides tomar las riendas de tu vida.

"Si miras dentro de tu propio corazón,
y no encuentras nada malo allí,
¿De qué tienes que preocuparte?
¿Qué hay que temer?
-Confucio-
"El miedo es tan profundo como lo permite la mente."

-Proverbio japonés-

SI SIENTES QUE TU VIDA ES UNA LUCHA... ENTONCES SAL DE TU PAPEL DE VÍCTIMA

"Dale a alguien toda la responsabilidad sobre su vida, y saldrá corriendo."

-Carl Gustav Jung-

En lo personal me costó, años asumir y aceptar que la mayor parte del tiempo yo vivía como víctima de las circunstancias y la vida. Solamente cuando el dolor y la desconexión con mi propia Alma fueron tan profundos fue cuando desperté, y comprendí que la única manera de poder comenzar a sanar era darme cuenta de que yo era 100% responsable de mi vida, de mis actos, de mi entorno. Integrar esta nueva "creencia", comenzar a ver la vida desde otra mirada fue una tormenta interna que removió hasta la última célula de mi cuerpo, que trajo la paz a mi Alma, mente y corazón.

A continuación, te daré a conocer algunas frases para que veas y reconozcas cuando has estado viviendo como víctima sufrida de tu propia vida. ☺

1) Te gusta llamar la atención del resto

No pierdes oportunidad de lamentarte de lo mal que va tu vida, buscando consuelo y contención. Sabes perfectamente como parecer "víctima" y el "pobrecito" hablando de penurias, abandonos, mala suerte...

2) El Mundo en tu contra

En cada situación te vas a sentir "afectado" y "atacado" para que el "otro" sienta compasión de ti.

Todos te acatan, si participas de un curso de idiomas sentirás que todos estaban en tu contra, en una clase de baile, "todos estaban en tu contra", en una fiesta "todos estaban en tu contra".

3) Dar vuelta la conversación

Cuando no están hablando de ti, y sientes que te ignoran, sabes perfectamente cómo dar "vuelta la conversación" para que una reunión o plática con un conocido o amigo, quedes siempre de "tema de conversación" y sigas como víctima, el desfavorecido, el olvidado, el pobrecito de ti.

4) Buscas Culpables

Ya sea en una conversación cotidiana, en el trabajo, reunión de familia, o amigos, además de sentirte "atacado", buscarás "culpables" justificando todo lo malo que te sucede, tus padres, el presidente de tu país, la religión, los padres de tu pareja, tu pareja, el clima, etc. El victima siempre necesita un culpable a **quien** cargar con la no responsabilidad de su vida.

5) Experto en manipulación emocional

La víctima sabe colocar su expresión, de víctima, los ojos, la mirada, los hombros caídos, la voz para victimizarse completamente y así lograr lo que desea. Principalmente busca compañía y un aliado, una persona que lo esté compadeciendo.

También usará frases como:

"No importa que me quede sola, pero si quieres anda y ve…

"No importa que me duela la espalda, si quieres no vengas a verme. Si me dejas me muero."

6) Demuestra excesiva atención por la gente

En este caso las víctimas "se desviven" por el "otro", llegan a hacer cosas imprevistas, fuera de lo común y hasta sacrificadas con tal de recibir aprobación, pero siempre con una intención oculta.

"No da puntada sin hilo" espera que le den lo mismo y más. Luego se victimizan "sacando en cara" frases como:

¿Y todo lo que yo hice por ti y ahora te vas?

¿Acaso alguien habría hecho lo que yo hice por ti?

Tú sabes que eres el amor de mi vida, el aire que respiro.

7) Aman el Juicio

Las víctimas son personas intolerantes y muy juiciosas, les gusta hablar del resto de las personas siempre de una manera crítica y negativa. Ama lo tóxico.

8) Mentiras y Quejas

La víctima se miente a sí misma y miente al resto, cree que hace todo por cambiar y sanar y hace creer al resto que hace hasta lo imposible por cambiar su realidad, sanar sus heridas y reconectar con la alegría de vivir.

La víctima se queja de todo, del sol, del aire, de lo bueno, de lo malo, de la playa, del campo de la ciudad, siempre tendrá una queja a "flor de piel".

9) No Merecimiento

Cada vez que puede la víctima va a demostrar que él o ella no pueden hacer tal cosa, que si estuviera sin dolor lo haría, que comenzará cuando tenga dinero, aplazan lo que tienen que hacer y finalmente no lo hacen, (el lunes comienzo...)

La victima debe trabajar a fondo sus heridas de infancia, rechazos y abandonos que la hacen sentir que "no merece" nada de la vida, incluso menos si es algo bueno, simplemente siente que no lo merece y saboteará su vida hasta en algunos casos enfermar gravemente.

10) Miedo a la Responsabilidad

Finalmente, la víctima teme a tener el control de su vida. Tiene miedo a "ser libre", ser víctima es como una **adicción**. Le acomoda culpar a la vida y a los que lo rodean de su vida, sus enfermedades y sus desgracias porque de esta manera no asume ninguna responsabilidad.

La víctima no quiere saber ni aceptar que su vida es completamente su responsabilidad ya que eso significaría modificar absolutamente su vida, sus creencias, cuestionar su existencia entera.

Cuestionar su elección laboral, sus parejas, su relación con sus padres y el entorno, es cambiar de la noche a la mañana, es una nueva manera de vivir, de pensar y de actuar.

La sanación no es algo que hagas de a poco en un día, ni en semanas, es un proceso largo de transformación interior que te llevará a modificar toda tu vida y lo que te rodea.

11) Las Víctimas son personas "Realistas"

Increíblemente esta palabra dice algo que no es verdad, REAL, pero la "realidad" depende de cómo lo quieras creer tú.

Si no haces nada por cambiar tu vida, es **"real"** que seguirás exactamente igual a cómo estás ahora o quizás peor.

Si te mueves, haces que las cosas pasen y asumes que tu vida es 100% tu responsabilidad es una "Realidad" que todo cambiará y mejorará para ti.

Las personas que no asumen su vida como su propia responsabilidad y que culpan al mundo entero por su desgracia son **"Realistas"**, cada vez que alguien a su alrededor les comentará que hará algún negocio nuevo, por ejemplo, esta persona dirá:

*- No es que no quiera que te vaya bien, pero hay que ser "**realista**" estamos en crisis.*

*- Me alegro que estés en pareja, pero hay que ser "**realista**" el amor dura un tiempo, disfruta lo que dure …*

*- Supe que te quieres comprar un auto nuevo, no quiero ser negativo, soy "**realista**", y te digo que mejor no compres un auto nuevo porque vas a tentar a los ladrones y te lo pueden robar. En estos momentos hay muchos robos de autos.*

Podría dar infinitos ejemplos de frases de personas Víctimas que creen que ser ***"realistas"*** es ser positivo. Esconden gran negatividad, pesimismo, poca fe, miedos e inseguridades que los hacen finalmente seguir en su zona de confort sufriendo sus mismos temores de siempre.

Cuando decides renunciar a ser víctima del mundo
es cuando das el primer paso a la sanación.
"Dejar ir" Enseña que hay que dejar de proyectar la culpa en los demás.
Tomamos consciencia de que todas nuestras proyecciones al final se
vuelven contra nosotros y, si las liberamos, nos liberamos.
Este es el gran secreto para hallar la felicidad aquí en la Tierra."

-Enric Corbera, prólogo del libro "Dejar ir"-

Ingeniero Técnico Industrial, Naturópata y Licenciado en Psicología
https://www.enriccorbera.es/instituto/biografia-enric-corbera

EL DESPERTAR

"Si tu madre no sabía cómo amarse a sí misma,
o tu padre no sabía cómo amarse a sí mismo,
sería imposible para ellos enseñarte cómo amarte a ti mismo.
Estaban haciendo lo mejor que podían
con lo que se les había enseñado de niños."
- Louise L. Hay-
"El mayor día de tu vida y la mía es cuando tomamos
responsabilidad total de nuestras actitudes.
Ese es el día en que realmente crecemos."
-John C. Maxwell-

Vas a tomar tu "Cuaderno de Sanación", y vas a escribir exactamente como es tu vida, luego de cada frase que escribas, deberás escribir que sabes que eres 100% responsable de lo que estás viviendo. Quizás te cueste aceptar lo que escribas, pero solamente podemos sanar y cambiar nuestra vida cuando asumimos que es lo que debemos o necesitamos mejorar en nosotros.

Al principio será duro, habrá mucha negación mental, pero sigue adelante, hazlo, aunque no te lo creas, pero hazlo.

Este trabajo te ayudará mucho a comenzar a soltar creencias que están relacionadas al victimismo y no merecimiento.

Cuando comienzas a aceptar que eres responsable absolutamente todo lo que vives y haces, podrás ir sanando tus heridas y de dejarlas ir sin resentimientos ni rencor. Este trabajo es para "despertar y salir de tu papel de víctima". Acá te doy algunos ejemplos:

En lo laboral:

- Trabajo donde no me gusta y gano poco dinero

- *"Trabajo donde trabajo porque yo quiero y soy 100% responsable de esto".*

En lo sentimental:

- Estoy sola hace más de un año, y sin pareja.

- *"Estoy sola hace más de un año porque yo lo quiero así y soy 100% responsable de esto."*

Amistad:

- No tengo amigos, me siento sola.

- *"Estoy sin amigos porque yo lo he querido y esto es 100% mi responsabilidad."*

Relaciones familiares:

- Mi hijo no me habla, no podemos comunicar.

- *"Tengo mala relación con mi hijo, y esto es 100% mi responsabilidad"*

Vas a estar "luchando" con tu consciente e inconsciente todo el tiempo, no te detengas, no te rindas, haz todas las frases que quieras y lo más importante es reconocer que ***eres 100% responsable de todo.***

Es también para romper las estructuras mentales que te han hecho creer que debes buscar culpables por tener una vida sufrida, carente, y que no estás a gusto.

Más arriba mencioné el no merecimiento, lo hablaré en detalle porque es un patrón de conducta que heredamos por nuestras heridas de infancia.

No sigas creyendo que eres víctima de las circunstancias y de la vida, deja de estar quejándote porque las cosas no van como las quieres, y cambia tu mente a una mente que evoluciona, crece y sana. Esa mente te dice que eres simplemente 100% RESPONSABLE DE TODO LO QUE SUCEDE EN TU VIDA.

Acá estoy con mis hermanas Siu-Jen y Ailien Quim-Fa.

TODOS LLEVAMOS DENTRO AL NIÑO QUE UN DÍA F UIMOS

¿La recuerdas?
Ella aún está ahí, dentro de ti...
Esperando.
¡DÉJALA SALIR!

Cuesta creer, y aceptar que de adultos nuestras heridas son el reflejo de emociones y traumas del pasado, sobre todo porque quienes las causaron fueron los adultos que estaban a nuestro cargo. Nadie quiere poner en evidencia a sus padres, tíos o abuelos y preferimos "tapar" nuestras heridas pretendiendo que jamás nunca algo sucedió. Pero lo que debemos comprender para poder dar el primer paso a la sanación es que no existe consciencia del daño o de las heridas que heredamos ni mucho menos de las que transmitimos especialmente con mucho amor a nuestros niños.

Ahora con este libro vamos despertando un poco más nuestra consciencia, sabemos que lo que nos sucede en la infancia nos afecta tanto positiva como negativamente.

En la generación de nuestros padres, abuelos o bisabuelos, apenas se hablaba de lo que eran "emociones o sentimientos" hablar de estos temas era tabú, algo prohibido, nadie lo podrá explicar y mucho menos era permitido para mujeres, hombres o niños. Nadie se podía imaginar que los padres causaban heridas a sus hijos, o que el niño por sufrir algún tipo de lejanía con sus padres podría desarrollar grandes heridas de abandono y rechazo que luego se reflejarían en la etapa adulta.

Expresar sus dolores, sufrimientos o llorar era considerado un acto de debilidad que solamente les estaba permitido a las mujeres, y tristemente ni a los niños se les permitía llorar... Crecimos en una sociedad que juzgaba y castigaba aquél que pudiera sentirse herido vulnerable o dañado. El más fuerte siempre había dominado y se le era temido, hoy sabemos que la fuerza y la rabia esconden grandes frustraciones e inseguridades.

"No permitas que tus heridas te transformen en alguien en quien no eres."

- Paulo Coelho-

Llega un momento de nuestras vidas en que nos sentimos "ajenos" a nosotros mismos. Nos damos cuenta que apenas nos conocemos porque nos vemos actuar de manera irracional y descontrolada que sale de nuestra forma "normal" de ser y de actuar.

A medida que pasa el tiempo estos arrebatos, histeria y mal humor comienzan a dominar nuestra vida, y lo cotidiano se nos hace una lucha entre la razón y la histeria.

Si te has visto, aunque sea una vez, completamente desbordada en tus emociones, llorando desconsolada, sintiéndote perdida y abandonada, no te asustes más. NO te critiques o trates de buscar una razón lógica para este tipo de situaciones. Estas crisis emocionales no tienen que ver con tu presente, ni tienen relación a la edad que tienes hoy, simplemente porque estos ataques y pérdida de control son las heridas de ***"Tu niña interior"***, no sabe cómo actuar, como reaccionar, lleva años siendo olvidada, ignorada, dolida, y busca desesperadamente consuelo y contención. Esta niña no se ha sentido amada, comprendida, escuchada, es por eso su desconsuelo.

Seguramente has conocido o lidiado con personas adultas que en una discusión o conflictos actúan como niños o adolescentes incomprendidos y enrabiados. Es muy probable que tú hayas actuado así y que alguien te lo haya dicho y esto te haya afectado mucho, ya que finalmente te has dado cuenta que es una triste verdad.

Incluso puedes ver actitudes infantiles de egoísmo, celos o que emiten voces hablando como niños, cuando se sienten perdidos o angustiados.

Fue la falta de amor, cuidados y alimento afectivo lo que hizo que esta persona siga atrapada en esta edad emocional esperando ser vistas, atendidas, amadas.

Si yo he sufrido abandonos que han marcado mi vida a la edad de 5 años, parte de mi ser guardará esta edad emocional y cuando yo de adulto me sienta nuevamente abandonada y herida, será mi niña de 5 años en desconsuelo la que busca contención, y no la adulta de 44 años.

Nos quedamos atrapados emocionalmente en la edad en la que nos hizo falta amor...

Cada etapa de nuestra vida requiere de cuidados especiales, atenciones distintas, pero por siempre mucho amor y ternura. Si lo mínimo de esto no nos fue dado de pequeños iremos generando una angustia en nuestro interior que se sitúa en el centro de nuestro corazón y que a medida que pasan los años, el "agujero" se hace cada vez más grande y la angustia cada vez más insoportable.

Escondemos nuestras heridas porque de pequeños nos dimos cuenta que nadie podía cubrirlas ni sanarlas. Para evitar el dolor las "escondemos o bloqueamos" en nuestro subconsciente y nuestra mente se convence de que estas heridas ya no existen. Pero el hecho de haberlas "bloqueado" no significa que nuestras heridas hayan sanado o desaparecido. Todo lo contrario, crecen, se vuelven más sensibles y están a flor de piel buscando salir para ser curadas y sanadas. Nuestra Alma guarda el recuerdo del dolor y queda grabada en nuestra memoria celular la edad exacta cuando sufrimos un recuerdo doloroso.

En Terapia, cuando estoy atendiendo a una persona, luego de analizar su Árbol Genealógico, es increíble cómo puedo llegar a la edad misma cuando ocurrió un evento doloroso .Por medio de una meditación consciente el consultante llega a su subconsciente y podemos encontrar al niño que fue herido, y con esta experiencia comenzamos el trabajo de la sanación.

Esto explica, que cuando de adultos terminamos una relación de pareja y nos invade el susto, la impotencia, la angustia y el dolor del abandono, no eres realmente tú como adulta la que está desbordada en estas emociones, es la niña de 3, 11, o 14 años la que vuelve con esta vivencia del presente a revivir heridas de la infancia que han quedado abiertas. Recordemos que estamos **"llenos de programas"**, heredados de nuestras familias, y las heridas de infancia son también ***"programas que se transmiten de una generación a otra con el objetivo de ser sanadas"***.

Cuando de adulto vivo una experiencia de "abandono", no solamente sufro por esta experiencia, sino al mismo tiempo se **"Activan"** todos los "programas" del pasado en donde yo he sufrido abandono. Y es así como no solamente lloro por el abandono de la pareja actual, mi Alma revive el abandono del padre, la abuela, la madre, la muerte de un ser querido, la pérdida de una mascota, etc.

Dentro de la "estructura familiar", padres e hijos, es necesario poder mantener un mínimo de equilibrio emocional para el desarrollo normal de un niño. Si durante la infancia hay carencias emocionales, violencia física, verbal o emocional, el niño va acumulando memorias dolorosas, vacíos existenciales, angustias que con el paso de los años se acrecientan.

Nos volvemos expertos en ***"bloquear"*** vivencias de nuestra infancia, nuestra mente nos protege de tal manera que nos permite seguir creciendo y avanzando en esta vida, pero lo bloqueado no es sanar.

Es como el cuento de la ***"Princesa y el frijol"***

Había una princesa que en el momento de dormir se acuesta y no puede conciliar el sueño porque siente que hay un "frijol" bajo su colchón. Estaba tan cansada, que prefirió ir en busca de otro colchón para colocarlo encima del que ya tenía para no sentir el frijol.

Una vez que se acuesta sobre el segundo colchón, sigue sintiendo el frijol, y la princesa, muy cansada, prefiere ir en busca de otro colchón y lo coloca sobre los otros dos. La hermosa princesa no conseguía dormir... va en busca de un cuarto colchón...

Finalmente, después de 7 colchones ya no era el frijol lo que le quitaba el sueño, sino el "Saber que bajo los 7 colchones seguía estando el frijol". Esto es lo que muchas veces nos sucede, sabemos que sanar implica ir hacia el pasado, hacía atrás y no queremos regresar para así evitar el dolor, angustias, miedos y preferimos seguir tapando poco a poco nuestras heridas emocionales, dejamos la familia, el país, podemos ir al otro extremo del mundo, pero nuestras heridas "siguen ahí", viviendo en nosotros, nos incomodan, están pendientes y la vida se encargará de enviarte constantemente situaciones para que "recuerdes" que tiene conflictos por resolver.

Existen ciertos roles que los padres deben desarrollar y entregar durante la infancia para nuestro equilibrio emocional. Cuando esto no se cumple comienza el desequilibrio.

"Si los padres no trabajan en sus heridas de infancia,
sus hijos vivirán la misma historia dolorosa."
"Si quieres entender más a tus padres,
haz que hablen sobre su propia infancia; y si escuchas con compasión,
aprenderás de donde vienen sus miedos y patrones rígidos."

-Louise Hay-

Escritora y oradora americana pionera en el ámbito del desarrollo personal y trabajo con la autoestima y niño interior. Autora de los libros:
"Usted puede sanar su vida."
"Afirmaciones positivas", "Tú puedes sanar tu cuerpo."

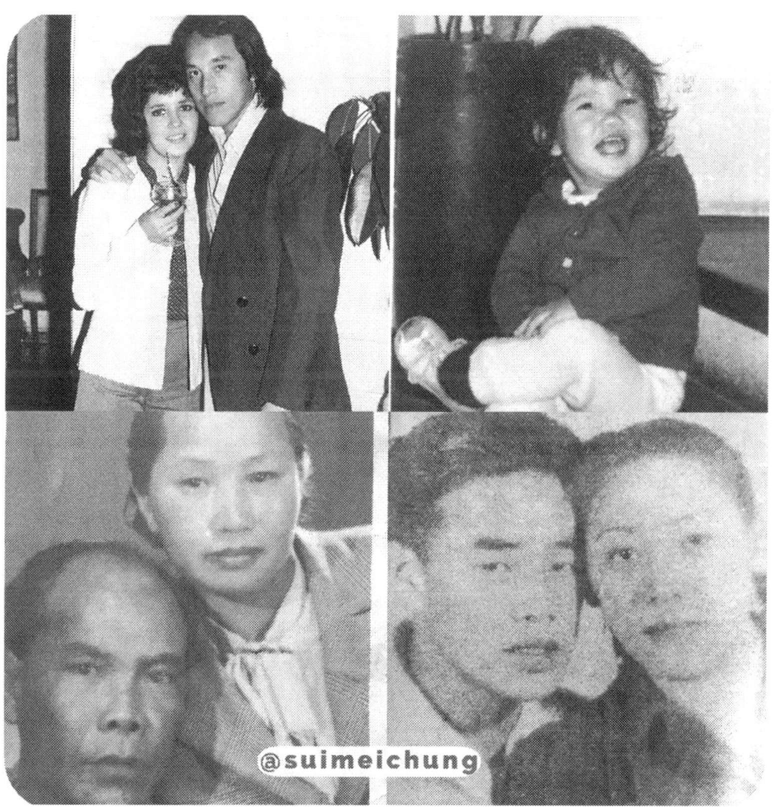

En el cuadro superior están mis padres Mony y Koc-ji. Abajo mis abuelos Paternos,Chung Wa Kay y Yong Tay, a la derecha mis Bisabuelos Paternos Ramón Chung y María Isabel Wong.

NUESTROS PADRES EN LA INFANCIA

"Honrar a los padres significa tomarlos tales como son,
y honrar la vida significa tomarla y amarla tal como es:
con el principio y el final, con la salud y
la enfermedad, con la inocencia y la culpa."

-Bert Hellinger-
Filosofo, Teólogo Alemán "Padre de las Constelaciones familiares"
16 dic. 1925 – 20 sep. 2019

Ya lo has comprendido, las heridas emocionales se heredan de nuestros padres y ellos de los suyos. Heredamos y generamos heridas emocionales desde el momento de nuestra gestación.

Ahora haré un breve resumen de la importancia emocional que tienen nuestros padres en nuestra vida. Lo hablo en forma sencilla, para que puedas tener una idea, hay muchas cosas más, muchos valores, virtudes, recursos, en este caso yo me concentré en lo más básico para que se entienda con claridad. ☺

La Madre:

Nuestra madre cuando somos pequeños es la encargada de entregar el máximo de cariño y amor, mucho afecto de piel, abrazos, besos, caricias. Es nuestro referente más importante en nuestra vida, es **quien** nos debe mirar fijamente a los ojos y nosotros sentir todo su amor y calor maternal.

Nuestra Madre es quien debe llenarnos de tiernas y dulces palabras como:

- Eres mi niña hermosa.

- Eres mi niño más bello.

- Eres los ojos de mamá.

- Mi niña te amo con toda mi Alma, eres lo más importante para mí.

- Hijo eres inteligente, guapo, bello, te amo.

- Hija, eres preciosa, muy inteligente, gracias por ser como eres.

- Hijo, no temas, yo estoy contigo, no te dejaré mi niño no llores, mamá está acá a tu lado.

Será por lo que nuestra Madre nos entrega, la relación con nosotros mismos, nuestra autoestima. Nos amaremos mucho o poco, según lo hayamos sentido o recibido de mamá. Desarrollaremos nuestro amor propio basado en lo que nos fue entregado en nuestra infancia.

Según el amor y afecto que hayamos recibido de mamá, será nuestra capacidad de recibir y pedir amor.

Si de adultos nuestras relaciones de pareja no funcionan, y me doy cuenta que estoy en una relación en donde no se me valora, no me hago respetar, y no me aman, ya sabrás que es el vínculo con tu madre principalmente el que debes sanar.

Esto no significa de ninguna manera que la carencia de amor del padre no nos afecte.

Podemos generar fuertes heridas emocionales cuando de pequeños nuestra madre no nos permite el contacto o vínculo con el padre. También cuando nos ha hecho creer y sentir que nuestro padre es malo, no nos ama, y ha estado constantemente hablando mal del padre en nuestra presencia, cuando destruye la imagen del padre al niño.

Muchas de las adicciones tienen relación a conflictos no resueltos con la madre.

"Una persona se convierte en toxicómana,
cuando la madre le decía de pequeño:
Lo que viene del padre no vale nada.
Toma tan solo de mí."

-Bert Hellinger-

Es importante pensar que reconocer que tenemos heridas de infancia no es una crítica a nuestros padres, ellos hicieron lo que pudieron, con las herramientas que tuvieron.

Pensar ahora de adulto que "tú no lo hubieses hecho" significa que tú en su lugar (Madre) no hubieses actuado como ella actuó, o no hubieses hecho lo que ella (tú Madre) hizo.

Esto significa que si tú fueses ella (tu madre) hubieses tenido los padres que ella tuvo, (tus abuelos maternos) hubieses vivido la infancia que ella tuvo, hubieses vivido todo lo que ella vivió, hubieses tenido como pareja (a tu padre) y que hoy tú serías ella (tu madre) y tú no hubieses nacido.

Es por esa razón que cuando decides "Sanar" es un acto de amor hacía ti, dejando atrás lo que mamá hizo o dejó de hacer. El vivir en el rencor o resentimiento solamente lograrás vivir en amargura y tristeza hasta que decidas soltar el peso de lo que te está bloqueando en esta vida.

Según Bert Hellinger (Padre de las Constelaciones familiares) que trabajó a fondo el tema de las heridas emocionales, la importancia de conocer nuestra historia familiar para poder sanar, y sobre todo "tomar" (agradecer) a mamá y papá por lo que hicieron, por lo que nos fue dado.

"Sin madre no hay pareja. Para los que buscan pareja sin encontrarla, primero tomar a la madre. Es inútil trabajar sobre la relación de pareja mientras uno de los dos no esté en armonía con la madre."

-Bert Hellinger-

"El que está en conexión con la madre brilla,
tiene una expresión de alegría y es amado por otros,
eso se nota fácilmente,o por el contrario,
cuando uno viene y dice que no está feliz,
entonces yo pregunto por su madre, por su relación con su madre."

-Bert Hellinger-

El Padre:

Nuestro padre cuando somos pequeños es el encargado de brindarnos apoyo, seguridad, fuerza, empuje. Nos entregará la energía para ir por nuestras metas sin miedo y con confianza.

Es nuestro padre **quien** nos debe decir frases como:

- *Vamos hija, sé que puedes, creo en ti.*

- *Hijo, ve, anda, lo lograrás.*

- *Hijos, no se preocupen, papá está a cargo.*

- Hija, no temas, todo saldrá bien.

- Hijo, vuelve a intentarlo, ahora lo conseguirás.

- Hijos, los amo, amo a su madre.

- Hijo, estoy muy orgulloso de ti.

- Hija, gracias por ser como eres.

- Hijo, confía en mí, acá estoy.

***De acuerdo a lo recibido por nuestro padre será nuestra seguridad y confianza en nosotros mismos.* La confianza y seguridad entregada por nuestro padre será lo que reflejaremos a lo largo de nuestra vida.**

Nuestro padre desarrollará en nosotros nuestra capacidad de dar y entregar amor.

Entonces si de adulto tienes dificultad para amar, dar amor, ***sabrás que hay temas pendientes a sanar con papá***. Pero todo está relacionado, al igual que en la Ley del Universo "Dar y Recibir", finalmente no voy a poder ser capaz de "Dar amor" (enseñanza del padre), si siento que no lo he recibido o no he aprendido a desarrollarlo en mí (enseñanza de la madre).

Sanar nuestras heridas de infancia es algo que todos deberíamos hacer para tener un desarrollo emocional sano. Muchas personas sienten que solamente están heridos con papá, pero también hay mamá en nuestras heridas y viceversa.

"Lo que cuenta es que reconozcas con amor aquello que de tu padre tienes.
Así siempre puedes mantenerte en el amor.
Y que al mismo tiempo te dediques a tu vida y a tu vocación especial."

-Bert Hellinger-

No te aflijas si leyendo estas líneas sientes un vacío en tu corazón, o quizás desolación, o hasta angustia. Es normal, te puedo decir que el 99% de las personas no hemos recibido de nuestros padres emocionalmente lo que necesitábamos. Así como nuestros padres tampoco lo recibieron de los suyos (y nuestros abuelos aún menos de sus padres).

Incluso aquellas personas que sienten que han tenido todo resuelto en su infancia, están en carencias emocionales, y probablemente más profundas que las tuyas ya que ellos aún no reconocen el vacío que existe dentro de ellos.

Muchos padres son "**amigos**" de sus hijos, muchos padres se convierten en "hijos" de sus hijos, y esto confunde gravemente la relación y el vínculo familiar, ya que los hijos asumen responsabilidades que no les corresponden y al mismo tiempo escuchan, y participan de situaciones que no les incumben, generando grandes vacíos existenciales, porque **cuando un "hijo" se convierte en "padre", ya pierde simbólicamente al suyo.**

En estos casos y lo he visto mucho, por ejemplo, la hija que asume un rol de adulta a temprana edad, en la que su madre se convierte simbólicamente en su hija, esta niña, ya está cumpliendo un "Rol de Madre" (deja de ser hija para convertirse en madre de su madre), si tiene hermanos, estos hermanitos se convertirán simbólicamente también en sus hijos, y su padre pasa a ser "simbólicamente su marido" vivirá angustias, presiones, miedos que serán sobredimensionados por no tener la madurez emocional de resolverlos.

Como consecuencia puede tener dificultades emocionales como:

_ *Podría no sentir deseos ni ganas de tener hijos.*

_ *Podría enfermar de algún órgano reproductor, así evitará tener hijos.*

_Podría ser pareja de un hombre estéril, elegirá a parejas extranjeras o casadas, así y de esta manera se asegurará de estar "sola" ya que de pequeña supo lo que es estar a cargo de una familia y no lo quiere volver a vivir. También tiene una "Lealtad" ciega a sus padres en dónde no se permite mantener una relación de pareja estable, para así evitar "abandonarlos".

Todo esto es de manera inconsciente, no es algo que lo decida a consciencia.

En mi primer libro de esta Trilogía de Autoayuda y Crecimiento Personal de la Nueva Era, **"Tus Ancestros Quieren Que Sanes"** explico en detalle como funciona nuestro **inconsciente** y cómo es que estamos sometidos a repetir patrones, lealtades y heridas de nuestro clan.

Quisiera aclarar que el deseo inconsciente de no tener hijos, es una "solución" a nuestro Árbol Genealógico para no seguir sufriendo o repitiendo dolores de nuestros ancestros, principalmente heridas de infancia.

Así tal como estás ahora:

- Casada, separada, abundante, en carencia, sola, rica, pobre…

Es una "solución" a lo que se vivió en el pasado. Es decir, si tus ancestros han vivido matrimonios infelices, tu puedes por "Lealtad" repetir el mismo patrón o reparar el daño y para eso hoy tú estás "sola sin pareja". De esta manera "evitas" sufrir engaños, abusos, infelicidad.

Existen muchas razones del por qué una mujer de manera "inconsciente" no quisiera tener hijos. Imaginemos que tu abuela tuvo 10 hijos, tres abortos, en su generación no había agua caliente y debía lavar kilos de ropa con agua fría, había carencias económicas, y que la abuela enferma y fallece. Quedan 10 hijos pequeños sin madre, imaginemos también que el padre al verse solo, y con necesidad de trabajar para alimentar a 10 hijos, dejó tres hijos con una hermana, dos con su madre, otros dos con una madrina, etc., acá tenemos a 10 niños que además de sufrir la pérdida de su madre, son separados entre ellos, sufren de no ver al padre, a sus hermanos y además en la infancia debieron trabajar duramente, fueron mal tratados y algunos abusados. Todo lo que en ese momento se vivió, cada emoción no se borra, se **"transmite a las siguientes generaciones"**, y la información "inconsciente" que tú recibes es algo así:

- Ser madre es muy sacrificado, se sufre mucho, se trabaja mucho y la madre muere joven.

Lo que se transmite y queda en el inconsciente familiar, es el dolor vivido, las memorias dolorosas que no han sido sanadas.

Muchas veces nuestro inconsciente tiene muy claro que necesitamos para estar "bien", y va a usar todas las herramientas que sean necesarias para "ayudarnos a no repetir" lo que de niños nuestros ancestros vivieron como dolor.

Así tal como estás ahora, soltera, casada, con o sin hijos, rica o pobre, es lo mejor que te puede ocurrir de acuerdo a todo lo vivido por ti principalmente en tu infancia o lo que ha sido heredado por tus ancestros. Es decir, si has sufrido de niña, abusos, malos tratos, violencia, de adulta no querrás que tus hijos pasen por lo mismo y de manera inconsciente evitarás que esto ocurra y una de las soluciones puede ser no tener hijos.

Con respecto a Lealtades familiares, lo hablo y lo explico en detalle en mi primer libro ***"Tus Ancestros Quieren Que Sanes".***

"Las exigencias de los padres van en contra de la vida, del deseo de evolucionar, de ser creativo. Sólo podemos evolucionar gracias a que nuestros padres han sido imperfectos.
Las dificultades son la fuente de la fuerza que nos hace actuar y evolucionar.
Por lo tanto,
¡Dichosos los que han tenido padres imperfectos!

- Bert Hellinger-

"Una persona solo puede encontrar su felicidad, estando en paz con ambos padres."

-Bert Hellinger-

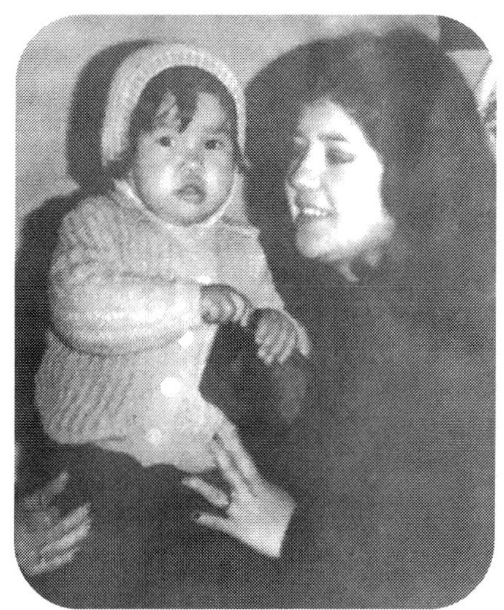

En esta fotografía estoy con mi madre "Mony" su nombre es Rebeca Verónica Bustos Mora. Siempre la han llamado Mony.

En esta fotografía estamos con nuestra madre, y mis hermanas, Siu-Jen y Ailien Quim-fa.

Acá estoy con mi padre Koc-Ji Chung Wong y mi Hermana Siu-jen ☺

NUESTRO CORAZÓN ES UN ÓRGANO INTELIGENTE ☺

"Un corazón agradecido,
ama lo que recibe,
un corazón sabio, ama lo que da."

Últimos estudios ya lo han comprobado y para la ciencia esto no es un misterio. El corazón es un órgano extremadamente inteligente.

Annie Marquier, matemática, investigadora y escritora, nos da a conocer que nuestro corazón tiene 40.000 neuronas y consta con una amplia red de neurotransmisores que lo convierten en una maravillosa extensión de nuestro cerebro. Es más, nuestro corazón posee el campo electromagnético más potente de todos los órganos del cuerpo, **5.000 veces más intenso que el del cerebro.**

No por nada hablamos de ***"corazonada"***, nuestro corazón siente y piensa de manera independiente de nuestro cerebro y es extremadamente sensible a nuestros pensamientos, a nuestras emociones, a la manera de hablar, de expresarnos y de actuar. Toda nuestra existencia y vivencias quedan grabadas en nuestro corazón, es por eso que los dolores del Alma se sienten justo ***"en el centro de nuestro pecho o en el corazón".***

El Alma duele, y mientras sigamos negando la realidad de sanar nuestras emociones seguiremos arrastrando
los dolores emocionales, que luego se convertirán en síntomas físicos,
y si no atendemos nuestras heridas, éstas
se convertirán en enfermedades.

-Sui Mei Chung-

Podemos desarrollar nuestra inteligencia emocional, trabajando en nosotros mismos, en darnos los cuidados y respeto a nuestra propia vida, desarrollamos el amor cuando nos preocupamos en dar lo mejor, pero también cuando aprendemos a recibir cariño, atención y cuidados. ***Tenemos más dificultad en recibir que en dar.***

Por mucho tiempo se nos hizo creer que pensar en nosotros como seres individuales era mal visto, se nos acostumbró a creer que debíamos dejarnos siempre en último lugar y no atender a nuestras necesidades ni deseos sino correr a atender las necesidades del otro, y nadie puede dar lo que no tiene, es por eso el gran desequilibrio. Pedimos amor y corremos detrás del "otro" para que nos dé "ese amor" y jamás vamos a lograr llenar el vacío de nuestra Alma, si no somos nosotros los primeros en llenarnos de amor, de amarnos de verdad, de aceptarnos tal cual somos.

Creemos que nuestra mente dirige nuestro cuerpo y en parte es así, pero más fuerte que nuestra mente es nuestro corazón y hemos visto cómo podemos paralizarnos de la pena, miedos o angustias y hasta enfermar gravemente a causa de heridas emocionales no resueltas.

Si nuestro corazón es el órgano más inteligente que poseemos, es vital cuidarlo con máxima atención, amor, y dedicación. Dependerá de cómo nos tratemos y nos hagamos tratar nuestra estabilidad emocional.

"Es difícil que alguien te rompa el corazón.
Casi siempre eres tú quien lo rompe mientras
Tratas de meterlo a la fuerza donde bien sabes que no cabe."

- Alejandro Jodorowsky-
Escritor, Cineasta y Tarólogo chileno creador de la Psicomagia. Psicoterapeuta que trabaja con la Psicogenealogía. Autor del libro "Psicomagia", "Metagenealogía"

TODO ES PERFECTO NADA ES AL AZAR

"Quien se aferra a una religión, teme caer al infierno, quien se acerca a la espiritualidad, ya ha salido de él."

Dicen que mucho antes de nacer cada Alma, decidió venir a la Tierra a vivir la experiencia terrenal, en la "Tercera dimensión". Cada Alma, seleccionó cuidadosamente cada experiencia que deseaba vivir en esta nueva encarnación.

Todos tenemos distintos propósitos y metas en esta vida. Algunos previos a nacer han elegido por ejemplo trabajar el abandono, desapego, aprender a amar en pareja, a amarse, a trabajar la fe, etc. A veces duele creerlo, duele aceptarlo, entramos en negación y nos fundimos en nuestras heridas sin comprender que hemos venido por un propósito de vida, el cual a medida que pasan los años se va develando frente a nuestros ojos y cuando tomamos consciencia de nuestra existencia y de la responsabilidad de nuestra vida, comenzamos a comprender el sentido de esta.

Fuimos libres de escoger nuestro aprendizaje, para algunos fue el amor propio, para otros trabajar la autoestima, experimentar la abundancia, la riqueza material, el éxito, la humildad, la sabiduría.

Todos por mucho tiempo hemos sido víctimas del dolor y nos sentimos víctima de la vida y del mundo. Detestamos la palabra "Victimismo", porque de manera inconsciente nos afecta, la verdad duele... esto es una manera inmadura de querer ver nuestra realidad, buscar culpables de nuestra vida y de lo que estamos viviendo es más fácil que asumir nuestra propia vida, porque eso significa hacernos responsable hasta del aire que respiramos.

Si hubiésemos tenido el padre que queríamos, la madre que queríamos, hoy no estaríamos leyendo este libro y tampoco estarías despertando tu consciencia.

Absolutamente todo lo vivido, las alegrías, penas, gracias y desgracias nos han dado las fuerzas para buscar un destino mejor, los padres que hemos elegido nos han mostrado el camino para superarnos y superarlos. Esa es la idea de le evolución, ser cada vez mejor a nivel de empatía, amor, contención.

El amor de la creación, de la perfección existe en un plano superior y en dimensiones elevadas es justo ahí en ese espacio en donde se reparten los roles a interpretar en la tierra. Algunos se encuentran en esta dimensión y eligen ser hermanos, la elección de la familia, religión, emociones, nacionalidad está previamente elegida con el objetivo de despertar en nosotros capacidades y recursos gracias a lo recibido por nuestras familias.

Es decir, si estás en carencia, tienes conflictos con el dinero, ten por seguro que habrás nacido en una familia con creencias limitantes en relación al dinero:

_ *El dinero separa a la familia.*

_ *El dinero es sucio etc. etc.*

_ *Es malo querer tener dinero.*

_ *El dinero no hace la felicidad.*

Es por esta razón que has de nacer en una familia opuesta a tus creencias, así te verás en la obligación de trabajar tus ambiciones, fe, autoestima, para revertir la carencia y miseria. Tus padres, abuelos y bisabuelos los has elegido entre muchas opciones, porque son solamente ellos los que despertarán en ti un nuevo cambio de consciencia.

Una vez en la tierra previos a bajar ya hemos decidido quienes serán nuestros amigos de infancia, adolescencia, pareja, amigos. También se han asignado los roles y el trabajo perfecto a realizar.

Existen muchos ejemplos, desde el doctor que te operó del corazón, o quien te hizo la vida imposible en la enseñanza media o que te llevó la persona que te llevo a urgencias en el momento de nacer.

Lo que quiero explicar es que nadie está acá por azar, ni por equivocación.

No estás obligado a creer todo lo que digo. Existen muchos libros y escritores que hablan de estos temas, de reencarnar, Alma, elección de nuestros padres, herencias Transgeneracionales, epigenética, karma, etc. Es normal que tengas tus propias creencias, si algo no te hace sentido, te pido amorosamente leer y seguir avanzando ☺ no te detengas.

Si quieres aprender más acerca de la Espiritualidad, de la responsabilidad de nuestra vida y de cómo dejar atrás el victimismo, te recomiendo los siguientes libros:

"Un Curso de Milagros Fácil" de Alan Cohen.

"Decide de Nuevo" de Marta Salvat.

"La Desaparición del Universo" de Gary Renard.

Nada, **absolutamente nada es casual** en esta vida, nada ni nadie. Hay libre albedrío. Es cierto que cada uno tiene un papel a interpretar en la tierra, pero no hay guión, nada definitivo. **"Estamos programados a repetir la historia de nuestros ancestros, pero no obligados a vivir de igual manera**".

Nada, ningún acontecimiento, sufrimiento, es en vano. Todo se ha cumplido de acuerdo a lo establecido previamente y es eso lo que debes integrar para comenzar a fluir y a liberar tu corazón y Alma de tanto dolor.

Por muy difícil que te sea aceptar desde la lógica de tu mente, tu Alma sabe lo que ya ha elegido. Nuestra Alma siente alivio cuando la dejamos actuar, cuando interactuamos con nosotros mismos, y somos capaces de amarnos y respetarnos por sobre todas las cosas. Cuando interiormente nos cuestionamos sentimos que una voz interior, suave pero segura nos guía y muchas veces nos muestra el camino a seguir. Es la voz de nuestra Alma quien nos guía y orienta, debemos confiar en nuestro instinto, ser capaces de soltar los juicios al resto y a nosotros mismos para poder actuar en coherencia con lo que realmente pensamos y sentimos.

No intentes tratar de recodar nada, ni en tratar de imaginar los pactos o contratos que tu Alma hizo previos a venir a la tierra. Solo deja que todo fluya, y por cada situación que estés viviendo la manera de reflexionar es la siguiente:

_ ***¿Qué es lo que debo aprender de esta situación?***

_ ***¿Qué es lo que me pide la vida de hacer y de actuar?***

_ ***¿Para qué estoy viviendo esto en este momento?***

_ ***¿Cómo actuaría el "Amor" en mi lugar?***

Enfocarnos en la solución es la respuesta para buscar salir de los conflictos que tenemos en el presente.

No juzgues pensando que algo es bueno o es malo, todo es perfecto tal cual es, perfecto para nuestra evolución y crecimiento personal.

Si deseas ahondar más acerca de "acuerdos y contratos de Almas", te recomiendo estos libros maravillosos que te ayudarán a tener más conocimientos y compresión de los temas que estoy hablando:

"El libro de los espíritus" de Allan Kardec.

"El Plan de tu Alma", de Robert A. Schwartz.

"El libro Tibetano de los Muertos", Alice A. Bailey.

"Somos seres de luz viviendo una experiencia humana."

Tú no tienes un Alma, es tu Alma quien posee un cuerpo.

Mucho se habla hoy de la Espiritualidad. Algunos se confunden y sienten que son desleales a su religión si opta por un camino espiritual.

En mi caso personal toda mi familia es católica, fui Bautizada, hice mi Primera Comunión, luego la Confirmación y ahora comprendo que todos en mi familia son católicos, más por tradición que por creencias, por lo menos yo.

Mi familia paterna era de China, mis bisabuelos llegaron a comienzos de siglo a Chile, aún mi abuelo paterno está vivo con 90 años y cuando le he preguntado porqué eran católicos, me dijo, simplemente porque sí, todos los eran.

En un momento decidí dejar de temer a un Dios castigador, no me hacía sentido el haber nacido en el pecado y que mis hijos también tuvieran el mismo destino. Poco a poco las cosas comenzaron a parecerme injustas, limitantes. Me di cuenta que todas las religiones finalmente me limitaban, me forzaban a creer en algunas cosas y desechar otras, en dejar de hacer o comenzar a hacer más por obligación que por convicción y fue cuando comencé a conocerme a trabajar en mí, que decidí que yo era mi religión. "Yo soy mi TEMPLO".

La religión de manera sutil nos infunde miedo. Nos dice que un ser superior a nosotros nos vigila y que es un Dios castigador. Debemos pedir a "santos" que intercedan por nosotros. **La espiritualidad te pide liberarte de tus miedos, nos dice que "somos hijos del Creador" que el padre está en nosotros, que DIOS es todo, Universo, COSMO, tu y yo. No te dice de pedir a alguien que interceda por ti, ya que DIOS vive en ti.**

No te estoy pidiendo que me creas, que cambies tus creencias, acepta lo que sientas, debes integrar y el resto déjalo ir.

Una de las leyes del Universo nos habla de la "Ley de Generación" o ley de géneros, que en pocas palabras nos habla de las energías femeninas y masculinas, las que se necesitan entre sí para la CREACIÓN. El masculino es MENTE, lo femenino es EMOCIÓN y el hijo es la CREACIÓN, estamos todos conectados, ambas energías se necesitan para evolucionar. La energía masculina es lo lógico, la fuerza, el empuje, las metas, mi proyección, el empoderamiento, la energía fuego, el sol, mientras que la energía femenina es todo lo contrario, es la luna, la ternura, la contención, la emoción, los sueños, y cuando quiero "Crear" algo primero debe ser una idea en mi Mente (Energía Masculina, Padre) y esa idea debo acogerla, amarla, sentirla para llevarla a cabo (Energía Femenina, Madre) y cuando uno ambas energías doy fruto a mi

CREACIÓN. Por lo tanto, acá se forma la TRINIDAD, "Padre, Madre, Hijo".

Es cierto que por generaciones se negó la fuerza y energía femenina y se negó las cualidades de la mujer en todos los ámbitos, laboral, social, familiar. Vivimos por siglos es un extremo (Machismo, violencia de género) incluso la misma iglesia negaba la existencia de la "Madre" (energía femenina), no hay Papisas, ni sacerdotas, y claramente una de las frases que todos conocemos dice así: "En nombre del Padre, del Hijo y del Espíritu Santo", ignorando a la madre. Algo curioso, pero cierto. Yo no quiero causar polémica, solo transmito algo que ha sucedido por generaciones.

Lo cierto es que, en mi experiencia personal, me lo cuestioné todo, de ser católica a muchas tendencias religiosa, en un momento negué la existencia de Dios y me llame así misma ATEA, hasta que comencé este viaje personal, de autonococimiento, de aprender a amarme, a comprender mi vida, mi historia, y desde que todo lo comprendí desde la mirada del Transgeneracional, todo comenzó ha hacerme sentido en mi vida.

Me reconcilié conmigo, con la persona que más conflictos existenciales tenía, luego con mis padres, la vida, mi entorno y me reencontré con Dios. Lo sentí en cada momento, en mis pensamientos, en mis elecciones de vida, en ti, en todos, y es así, Dios, es todo, y está en todas partes.

UNA PRUEBA DE FE

Vivimos una experiencia muy fuerte muy traumática y dolorosa en noviembre del 2004. Vivíamos mi marido, mi hijo mayor Diego (en ese momento mi hijo de dos años y 10 meses de edad) y yo en Francia. Habíamos viajado a Chile. A los días de llegar a Chile, de un momento a otro mi hijo comenzó a tener su ojito izquierdo levemente inflamado, pensamos que era una picazón de zancudo. Recuerdo que pasamos la noche, él se levanta porque quería ir al baño y cuando lo vi, casi me desmayé del susto y del espanto no podía creer lo que estaba viendo...

Más de la mitad de su carita estaba completamente inflamada, deformada, y hervía en fiebre, sin exagerar la película del hombre elefante era nada a como mi hijo tenía su pequeño rostro

Corrimos a la clínica y comenzó la pesadilla. Exámenes de sangre, todos en la clínica corrían por su vida, le inyectaban antibióticos, medicamentos para la fiebre, me parecía estar viendo una película en vivo en pantalla gigante, en donde todos parecían asustados, agitados, mi niño llorando desconsolado y mi marido y yo perdidos entre doctores y enfermeros que corrían por salvar la vida de nuestro hijo. Todo parecía ir en cámara rápida, en blanco y negro, cuando se nos acerca un doctor y comienza a interrogarnos.

Si habíamos estado en un lugar contaminado, si habíamos bebido algo tóxico, si mi hijo estaba resfriado, con sinusitis, o alguien enfermo en la familia, el asunto es que a todas las preguntas la respuesta era no. Nadie podía comprender lo que ocurría ni la gravedad en que esto había llegado. Le diagnosticaron celulitis orbitaria, una inflamación grave producida por una bacteria, pero, aún así, lo peligroso y grave no tenía sentido.

Cuando el doctor terminó de hablar, yo estaba en crisis, no podía llorar, mi corazón estaba oprimido, veía a mi pequeñito en una camilla atendido por varios enfermeros, doctores y lleno de agujas, para exámenes de sangre y al mismo tiempo inyectándole antibióticos.

Pregunté al doctor:

- ¿Por favor dígame, mi hijo se va a sanar, se va a salvar?

- ¿Es grave?

Yo veía el rostro de todos y no quería creer lo que percibía, mucho malestar y angustia.

El doctor me dijo: estamos haciendo todo lo posible...

Esa respuesta me dejó peor, y volví a insistir y el volvió a decirme lo mismo y luego lo tomé fuertemente de los brazos, lo miré a los ojos con voz fuerte y dolida le dije:

- ¿Mi hijo va a sobrevivir?

Y él me dijo mirándome fijamente a los ojos:

- "Lo que tiene su hijo es muy grave, tiene más de la mitad de la sangre de todo su cuerpo contaminada, la obstrucción e infección está en todo su rostro y muy probablemente este avanzando a su cabeza y cerebro."

Es muy probable que quede con pérdida de la vista, daño cerebral o que no pueda sobrevivir...

En ese momento sentí un hielo que me paralizó, y como diez baldes de agua congelada que caía desde mi cabeza por todo mi cuerpo. No podía creer lo que estaba oyendo. No podía aceptar lo que estaba viviendo, el día anterior estaba todo bien, y en horas ya mi hijo estaba grave, con diagnósticos terribles y con muy pocas esperanzas de vida.

Fue un hijo muy deseado, viví un embarazo maravilloso, todo había sido increíble y esto era un "castigo".

No podía llorar, me endurecí, creo que fue la protección de mi subconsciente, sentía que si me derrumbaba o lloraba era aceptar esa realidad y simplemente yo me negaba a aceptar lo que estábamos viviendo. **"Negué la realidad".**

Desde ese momento sentí una muy extraña sensación, fue como ver todo mi entorno como en una película o como un video juego en 4D en el cual yo miraba todo desde el exterior, el presente perdió su brillo, todo mi entorno se volvió opaco, los colores de la gente, sus ropas, las murallas, el cielo el sol, estaban oscuros y tristes, mis oídos se ensordecieron, mi apetito se perdió al igual que el sueño.

La sensación era como estar dentro de un cuerpo mecánico de robot, que se movía de un lado a otro sin Alma, sin corazón, no podía creer lo que estaba viviendo y había decidido cambiar esta realidad, pero no sabía cómo hacerlo.

Recuerdo de ir a la Sala de Oraciones que tienen en las clínicas y hospitales. No había nadie, era de madrugada, ahí sola lloré, lloré desconsoladamente, ahogada en mi llanto. Pedía al cielo una explicación. Le hablé a Dios en voz alta, fuerte llena de rabia y desolación. Lo insulté, le dije mil cosas, siempre yo había actuado bien, ¿Por qué me estaba enviando esta prueba? ¿Por qué no era yo la que estaba ahí en la UTI?, le ofrecí mi vida a cambio de la de mi hijo, encontraba todo injusto y cruel.

Recordé que hacía años que no rezaba, que luego de haber querido terminar con mi vida no creía en nada ni en nadie, le pregunté a Dios, si él estaba enojado conmigo, por qué me enviaba este dolor tan grande y no me había dado la oportunidad de retractarme de mis errores. Creí que por no haber seguido en la religión me había castigado, por no haberme casado por la iglesia y hasta por no haber bautizado a mi hijo.

No podía comprender que era lo tan grave o mi gran falta para recibir un castigo así. Siempre había oído que "Dios castiga, pero no a palos", y sentía que lo que estaba viviendo era un castigo de Dios.

Familiares y amigos se unieron en cadenas de oraciones, las visitas al hospital eran diarias, pero nadie podía entrar a ver a Diego, solamente los padres. Nadie hablaba nada, no había nada que decir, el dolor era inmenso y el sufrimiento irracional. Mi marido vivía su dolor en silencio, estaba mi suegra y ellos aislados tratando de encontrar paz, las horas se hacían eternas, cada doctor, cada visita médica nos alertaba de una nueva información.

Y yo por mi parte, seguía indignada con Dios, si ya yo había cometido errores en el pasado y ya no había como remediarlos, le comuniqué a Dios en una de mis conversaciones con él, que ya había perdido toda mi fe en Él, que no le iba a perdonar lo que nos estaba haciendo vivir.

En la habitación del hospital dónde estaba Diego, había máquinas de todo tipo, controlando la presión, respiración, suero, antibióticos. Ya no había un espacio de piel en donde no lo hubieran pinchado o sacado sangre. Durante el día y la noche iba una enfermera cada dos horas a tomar muestras de sangre. Estas se analizaban inmediatamente para controlar la bacteria e infección.

Durante dos días estuve como "Alma en pena", no podía pensar con claridad, solamente estaba día y noche en la habitación de mi hijo sin poder tocarlo ya que estaba conectado a máquinas y cables por todas partes.

El miedo más grande era que todo su cuerpo y su sangre se infectaran y que la infección pasara a su cerebro, como era muy pequeñito aún tenía todas las conexiones nasales internas abiertas. El doctor nos explicó que era como un laberinto interno, que la infección estaba avanzando por todas esas cavidades y que por ahora sólo podían tratar de detener la infección y que dado la gravedad no era posible operar aún.

Al tercer día sentí como un rayo de luz que atravesó mi corazón. Fue como si una flecha hubiese entrado en mi corazón y Alma y me hizo despertar. Sentí una corriente de electricidad en todo mi cuerpo, comencé rápidamente a mirar a mi entorno, vi a mi pequeño en cama, completamente entregado a lo que viniera, sin fuerzas y abandonado y corrí a su lado, yo había estado en un estado de shock, invadida por la tristeza y desolación, frente a lo que estaba sucediendo, comprendí mágicamente que yo estaba sufriendo por mí, por mi pérdida, por mi dolor y no por lo que estaba viviendo mi querido hijo y reaccioné. La crisis me hizo "Despertar".

Sentí que algo poderoso se apoderaba de mi voz, mi mirada, mi vida y comencé a actuar, a sentir de manera completamente distinta a como lo había estado haciendo.

Busqué como acomodarme entre tanto cable en la cama del hospital, maquinas, sábanas, suero, catéter, logré estar más cerca de mi hijo, su carita completamente transformada, con sus ojitos cerrados solamente me podía oír.

No podía acariciarlo por los parches, agujas y moretones que tenía en su piel de niño. Entre tanta droga y medicamento comencé a hablarle suavemente...

- Hijo mi amor, Dieguito, soy tu mamá, tu madre Sui Mei, ¿Me escuchas?...

Nada, seguía dormido, continué con fe, con amor, con ganas de que me escuchara cuando de repente su carita gira hacía mí y me sonríe. ☺

Comencé a darle palabras de esperanza, le decía que lo amaba, que íbamos a salir de esta situación. Le transmití calma, amor, mucho amor.

Comencé a hablarle mentalmente y para mi impresión, Diego me oía. Sabía que estaba ahí, yo, su padre, todos. Le contaba cuentos, le daba los saludos de sus abuelos, tías, primitos, y no paraba de decirle que íbamos a salir que esto iba a pasar.

No dudé desde ese primer momento ni por un segundo que Diego se iba a recuperar y sin secuelas.

No sé por qué ni cómo, pero comencé a trabajar la **"visualización curativa"**, ahora sé que ese es el nombre, pero en ese momento conscientemente no lo sabía, lo imaginaba sano, jugando en el parque de siempre con su mejor amiga "Luna", recordé nítidamente nuestra vida en Francia, sus conversaciones, sus besos, abrazos, su cabello perfumado y lleno de rizos, lo recordaba alegre, cantando, jugando, y de repente mágicamente, muy suavemente Diego gira su cabecita hacia mí, con sus ojitos cerrados me pregunta:

- Mamá, ¿Cuándo voy a salir de aquí?

- Cuando comiences a abrir tus ojitos.

- ¿Y cuándo será eso?

- "Muy rápido, solamente debes querer ver nuevamente, imagina como era todo antes, como mirabas, todo, los juegos, tu osito de peluche, el parque, películas, ¿Lo recuerdas?"

- Sí, me acuerdo, ¿Y si lo pienso, me va a ayudar a ver y a salir de aquí?

- Sí, así es, te lo prometo que así será.

Reaccioné a mi forma de actuar. Estuve 3 días discutiendo con DIOS, y pidiéndole explicaciones y estaba completamente perdida.

Estábamos en el mes de diciembre, le prometí a Diego que íbamos a salir de ahí antes de Navidad. Durante todos los días por más de un mes, estuvimos visualizando, hablando, imaginando solamente su sanación. Le inventaba Cuentos de Navidad muy llamativos con muchos detalles para que su imaginación creciera y se llenara de una nueva vibración. Diego ama la música, de pequeño mostró gran talento, y mi padre durante todo el tiempo que mi hijo estuvo hospitalizado le cantó canciones con su guitarra.

Las semanas en el hospital fueron eternas. Estar en Urgencia y la UTI infantil es lo más fuerte y triste que me ha tocado vivir. Oír llantos de niños, de padres, ver correr a doctores y enfermeros, es algo muy angustiante, en medio de todo ese escenario, estábamos ahí, al lado de nuestro hijo, hablando de fe, de sanación, de sueños, de milagros.

Y el milagro ocurrió... luego de haber superado una importante cirugía Diego fue dado de alta. Había perdido tanto peso, que parecía una pluma, el haber estado más de un mes en cama, lo había debilitado en todos sus músculos, recuerdo que no lograba ponerse de pie. Parecía de lana, pero estaba ahí, completamente sanito, con sus dos ojitos en perfecto estado, sin ningún daño cerebral, ni secuelas. **Era un milagro su sanación.**

Comencé a agradecer en el mismo lugar, cada vez que los resultados de sangre iban saliendo mejor, agradecía la vida, era un milagro despertar y ver que Diego también había amanecido, agradecía la ayuda, el lugar todo ¿Y sabes qué?, en el momento de comprar nuestros pasajes a Chile, nos ofrecieron un Seguro Catastrófico. Jamás lo habíamos tomado y esa vez algo nos dijo de hacerlo. Nosotros como familia teníamos un mínimo de ingresos y esa vez, nos acordamos del Seguro y pagó absolutamente todos los gastos de hospitalización de nuestro hijo, que fueron millones y millones de pesos en la Clínica Las Condes.

Una vez que todo esto había ocurrido, me cuestioné todo, la vida, mi vida, mi existencia, nuestra existencia, durante todos los días en la Clínica, viviendo el dolor y la incertidumbre de la vida de mi hijo, sentí que no habíamos estado solos. Se le hicieron varios scanner, exámenes, y desde esa fuerza que sentí en que todo era posible, todo comenzó a iluminarse, mientras más fe sentía, mejor iba resultando todo, muchas veces me encontré hablando con Dios, y le decía que nos ayudara, que la sangre se limpiara, el ojito comenzara a sanar, y cuando comenzamos a ver poco a poco buenos resultados yo agradecía y comencé a sentir que Dios me oía. Lo sentía dentro de mí, en mi Diego, en la familia, en la habitación, en los doctores, en el aire, en todas partes y mi rabia se convirtió en amor.

Comprendí que no necesitaba ir a un lugar específico para sentirme cerca de Dios, comprendí que no necesitaba intermediarios para pedir por la vida de mi hijo y tampoco para agradecerle. La comunicación con Él era directa.

Comencé a sentir y a creer que había algo inmenso más grande de lo que pudiera imaginar que velaba por nosotros, era una presencia omnipresente, fuerte, una energía que se sentía en todo mi cuerpo, en todo el entorno. Y creí, creí todo lo intangible, todo lo que habíamos vivido en la Clínica era energía pura, el amor y cuidados de los profesionales, personal de aseo, familiares y amigos era energía Divina de Dios. Dios estaba ahí, en el espacio y lugar, en cada uno de nosotros.

Muchos cuestionamientos llegaron a mi mente, la vida era mucho más que vivir para luego morir, había un sentido, un propósito y yo quería descubrir el mío. Supe que lo vivido tenía una explicación, tardé años en encontrar la respuesta, pero lo que sí supe de inmediato era que mi fe había estado perdida, yo estaba tan absolutamente desconectada de mi misma, que también lo estaba de mi hijo y las personas que amaba.

Necesité vivir esta prueba máxima que removió hasta la última célula de mi cuerpo para descubrir y aceptar que la vida era todo lo contrario a lo que yo creía. **Nadie nos castiga, nadie nos abandona, somos nosotros mismos quienes nos abandonamos al dolor, y al olvido de una vida digna y amorosa.** Mi fe estaba perdida, mi vida también lo estaba y esto era lo que yo necesitaba para reaccionar. **Despertamos nuestra consciencia a través del dolor.**

Con los años cuando descubrí el TRANSGENERACIONAL, toda mi vida tuvo sentido.

En mi primer libro *"Tus Ancestros Quieren Que Sanes"* explico en detalle cómo ir identificando patrones y lealtades familiares. Ahora te explicaré lo que comprendí años después de lo vivido con mi hijo.

El abuelo paterno de mi hijo, fallece, él se suicida un 3 de febrero de 1980.

Diego nace un 2 de febrero, es doble por fecha de defunción de mi suegro, y cae gravemente enfermo casi a la misma edad que mi marido queda sin su padre.

Analizando fechas, buscando respuestas di con mucha información, claramente esto era un **Síndrome Aniversario,** (fechas y acontecimientos que se repiten en una misma familia) Diego era el resultado de la fe, del amor, un guerrero máximo, venció a la muerte pese a todas las negativas que tenía. En la generación de mis suegros hubo mucho desamor, se perdió la fe absoluta, hubo muchas injusticias, y por muchas razones esa generación se negó a creer en Dios, y se reveló contra todo tipo de creencias especialmente religiosas y espirituales.

Yo siento que entre muchas cosas que esto Transgeneracionalmente significa, lo que rescato en primera instancia, es el reencuentro con la fe, la muerte del abuelo de mi hijo prácticamente en la misma fecha de nacimiento de Diego, habla de un nacimiento simbólico. En donde hubo tanta carencia de amor, el amor estaba colmando nuestras vidas, en donde hubo tanta lejanía de la fe y la Espiritualidad ahora nos encontrábamos agradeciendo a Dios, Universo, la energía, la vida estaba tomando otro sentido, y con los años cada vez todo iba teniendo más y más sentido.

Comparto esta historia, porque simboliza para mí la fe, la esperanza, creer en lo intangible, en lo que no vemos, pero que existe. Con esto y después de todo lo vivido yo todo lo creí posible. Los milagros sí existen y eso está comprobado.

Creo en la vida después de la vida, somos energía y la energía se transforma y no muere, toda nuestra esencia una vez que dejamos nuestro cuerpo físico, queda en este espacio. Es así como se traspasa la información de una generación a otra, necesitamos un cuerpo físico para canalizar esta energía y poder darle vida, acción y movimiento.

Comencé a leer los libros de ***Brian Weiss***, los recomiendo todos, para mí el haberlos leído después de lo vivido con mi hijo me dio mucha comprensión de la vida, de toda nuestra existencia. Él hablaba que nuestra Alma no muere, que transita, evoluciona y que vuelve a la vida, reencarnamos y volvemos a estar con nuestros seres queridos. Acá van los tres primeros libros que devoré casi al instante:

"Muchas vidas muchos maestros", "Lazos de Amor" y "A través del tiempo".

El haber integrado esta información ha sido esencial para poder sanar mis heridas, es por eso que hoy lo comparto contigo.

"Los acuerdos entre las Almas son compromisos
para el crecimiento del Alma en conjunción con otra.

De esta manera, emprendemos el viaje hacia un estado de consciencia y apertura total que los místicos denominan "iluminación".

No pretendo convencerte, ni obligarte a creer en nada. Yo sólo hablo de mi experiencia, de lo que he leído, vivido, de lo que creo y me hace sentido, lo que he comprobado en mis muchas Terapias, cursos y formaciones que he realizado y he asistido. Todos los estudios que he tomado hablan de lo mismo, reencarnación, evolución, espiritualidad.

Te Recomiendo también los libros "Fe" y "Sanación del Alma" de Lain García Calvo (Autor del Best Seller La voz de tu Alma).

Encontré en YouTube este video que me gusta mucho, y quisiera compartirlo contigo, habla del "Acuerdo de Almas".☺

Te lo recuerdo, no estás obligado a creer en nada, toma lo que sientas te sirve y lo que no te hace sentido lo dejas ir.

ACUERDO DE ALMAS

Dicen que antes de nacer, en un espacio infinito, en dónde se encuentran las Almas, Maestros ascendidos, Ángeles, Arcángeles, Serafines, Guardianes Celestiales, existe un momento en donde las Almas se reúnen. Lo hacen para llegar a un ***"Acuerdo o Contrato De Almas"***, en donde se estudian todos los escenarios posibles previos a nuestro nacimiento y reencarnación en la vida, con la finalidad de elegir los lazos familiares, relaciones y vínculos en la tierra, se seleccionarán las lecciones que deben aprender y enseñar, y dependiendo de lo que se necesite integrar a nuestra Alma, serán las vivencias que debemos experimentar para evolucionar, crecer y conectar con nuestra espiritualidad y con nosotros mismos.

Estos "Contratos" son la razón por la cual muchas veces sentimos una extraña conexión con otras personas, una sensación de haberlos conocido "antes" en "otra vida", y seguro es así, y podemos quedar con la sensación de nostalgia por lo vivido y compartido en esta vida, nuestras Almas no comparten un mismo propósito solamente nos hemos cruzado por alguna razón que no podemos comprender de manera inmediata, y ningún encuentro es casual. Todas las personas con las que compartimos, aunque sea un mínimo de tiempo, es porque previo a nacer ya lo habíamos acordado así.

El sentirnos abandonados, humillados, injustamente tratados, fue un "Acuerdo de Almas", y todo sucede tal como debía de ser, perfectamente para nuestra evolución y crecimiento espiritual.

El que nuestra pareja nos deje, el no sentirnos amados es un "acuerdo", necesitábamos aprender a amarnos, a recibir amor, a trabajar el perdón, la empatía, a trabajar nuestra abundancia y prosperidad. Hemos elegido nuestro Árbol Genealógico, nuestra familia, nuestros padres, y todo lo que nos acontece en nuestra vida.

Con cada persona que hemos conocido, compartido algún momento de nuestra existencia, forma parte del "Contrato de Almas", donde hemos decidido venir a aprender en la tierra y en donde previo a cumplir nuestra experiencia en esta vida, ya tenemos claro el rol que jugará cada uno.

Los acuerdos entre las Almas son compromisos a favor de nuestro Crecimiento Espiritual entre nuestra Alma y las Almas en la tierra.

Una vez que ocupamos el cuerpo físico, comienza un viaje de consciencia y apertura de mente en donde debemos comenzar un camino de autoconocimiento, basado en lealtades familiares, creencias, deudas pendientes, conflictos no resueltos que hayamos dejado en el pasado.

ELEGIMOS A NUESTROS PADRES ANTES DE NACER

Según una teoría ancestral Kundalini retomada por el maestro yoghi Bhajan, los bebés eligen a sus padres antes de nacer.

> ***"Si quieres entender más a tus padres, haz que hablen sobre su propia infancia, y si escuchas con compasión, aprenderás de dónde vienen sus miedos y patrones rígidos."***

Cuestiónalo, dúdalo, niégalo, créelo, revuélcate de la rabia, de la impresión, o de impotencia si lo deseas, pero es una "teoría" que tiene mucho sentido.

Y por favor, No pares de leer, esto te interesará mucho. ☺

Según esta Teoría nos indica que nuestro nacimiento y vida en la tierra no es accidental. Según la mirada del Transgeneracional concuerda con lo mismo. Ninguna vida llega por azar, incluyendo a aquellas vidas que son inesperadas, accidentales, o hijos no deseados.

Existen dicen "Acuerdos de Alma" antes de bajar a la tierra ya estaba decidido, elegimos a nuestros padres justamente porque ellos nos llevaran por el camino en búsqueda de la Sanación.

Cada Alma, tiene su propio proceso evolutivo y cada una debe tener experiencias de vida que harán despertar su consciencia hacia la iluminación.

En este proceso en el que todo es perfecto, es como elegimos a nuestros padres.

En un mismo acto de amor, aún más profundo ellos han elegido a los suyos y ha sido un proceso más difícil que el nuestro ya que el conocimiento que tenemos hoy acerca de las emociones, el amor, el respeto, eran conceptos que muy pocas veces se consideraban en generaciones pasadas. Es más, solamente pensar en la generación de nuestros padres podemos verificar que hablar de **Amor**, no existía, de emociones y el manejo de las emociones mucho menos. Hoy tenemos una infinidad de herramientas para trabajar a nuestro favor, y una de ellas es la comprensión de nuestra existencia como un regalo divino y maravilloso que se nos fue entregado.

Es por eso que todo forma parte de un autoconocimiento, a medida que vamos sanando, es porque hemos tocado fondo con alguna experiencia que nos ha hecho despertar y ver las cosas desde una mirada más amorosa y comprensiva.

El perdón llega luego de la toma de consciencia y de la comprensión de experiencias vividas que son propias y de la comprensión de la existencia de nuestros padres con sus proyectos de vida.

Nuestra Alma, de acuerdo al aprendizaje que desea adquirir en esta existencia, será energéticamente como se vinculará con sus progenitores. Luego de la unión íntima de los padres todo el proceso evolutivo comienza a correr…

Cada uno en un propio proceso de evolución debe llegar a comprender este acto de amor, en el cual hemos elegido a nuestros padres.

Son ellos, con sus creencias, con sus talentos, virtudes, aciertos y desaciertos que ***son perfectos para lo que nuestra Alma necesita experimentar en la tierra***. En otras vidas pudimos jugar el rol de hermanos, nietos y abuelos o incluso el rol de la persona que nos hizo sufrir, que nos abandonó y mal trató. Todos tenemos varios aprendizajes que integrar en nuestra consciencia, nuestra Alma, ya sabe todo lo que nos tocará vivir, es por eso que nuestros padres nos hacen trabajar el amor propio, la fuerza interior, la seguridad, el abandono, el perdón, para encontrar el justo equilibrio para nosotros y futuras generaciones dado que todo debe evolucionar.

No soy experta en nada, ni dueña de la verdad absoluta. Solamente quiero explicar de una manera más clara y sencilla cómo es la "Teoría" de que los hijos eligen a sus padres. Teoría que yo comparto al 100%, pero tú eres libre de elegir qué haces con esta información.

Imagina lo siguiente, sigue esta historia:

Estás en ese espacio infinito en dónde se reúnen todas las Almas previas a vivir una experiencia terrenal.

Entre las lecciones que tienes por aprender son las siguientes:

_ *Trabajar autoestima.*

_ *Trabajar el abandono.*

_ *Trabajar la Espiritualidad.*

_ *Trabajar tu amor propio.*

_ *Trabajar el valor personal.*

_ *Trabajar la abundancia y prosperidad.*

_ *Trabajar la Tolerancia y el juicio.*

Tu libre albedrío te hace reflexionar y analizar qué aprendizaje es el que quieres tener en esta vida.

Imaginemos que hay 3 parejas, que van a reencarnar como Mamá y Papá. Las opciones que tienes son las siguientes:

Padres nº1: Trabajarás las opciones: 2 y 4

Padres nº2: Trabajarás las opciones: 1,2, y 5

Padres nº3: Trabajarás las opciones: 1,2,3,4, y 6.

Imaginemos que, de las 3 Parejas, tú analizaste el aprendizaje con cada uno de ellos y decidiste elegir a ***los padres nº3***, con la opción de venir a trabajar:

_ *Trabajar autoestima.*

_ *Trabajar el abandono.*

_ *Trabajar la Espiritualidad.*

_ *Trabajar tu amor propio.*

"Madre, perdóname por fundirte con mis recuerdos, por no distinguir que eres un ser espiritual que amorosamente se prestó a la obra de teatro que protagonizamos en la Tierra."

Trabajar la abundancia y prosperidad.

Has elegido venir a trabajar varios temas en esta vida. Debes cumplir tu propósito para adquirir el aprendizaje, integrarlo y luego entregarlo. (Crecimiento y Evolución)

Por lo tanto, los padres que has elegido son "Almas" que harán el rol de Mamá y Papá acá en la tierra y que se encargarán de cumplir por amor a ti su parte del contrato de manera íntegra.

Los progenitores que has elegido interpretarán de manera perfecta sus roles, encargándose fielmente de que tu cumplas con el aprendizaje que te propusiste.

Todo es perfecto, en la vida y el Universo no hay equivocaciones, y tu vida no es un accidente, es un milagro, es tiempo de sanar, de liberar emociones que nos enferman, y elegir "Sanar", porque es una opción.

O me quedo sufriendo en mi rol de víctima sintiendo que la vida es injusta, que nadie me quiere, nadie me ama ni me valora, o tomo en mis manos mi vida, y hago con este regalo que fue de mis padres lo mejor de mi paso por la tierra.

MI VERDUGO MI MAESTRO

En lo personal, me tomó años de trabajo personal, de crisis existenciales, de negación, el poder comprender que aquellas personas que nos hicieron daño eran mis "Maestros". Mi Alma encontraba sentido, es por eso que insistía en querer saber y no desechaba lo que estaba aprendiendo, pero mi mente y ego se negaba a integrar esta información.

Es cierto que todos estamos en la tierra para "aprender", para crecer espiritualmente y evolucionar, por lo tanto, en esta tierra donde todos somos "iguales" si yo tengo mis Maestros, yo también soy Maestro de otros. Frente a la conocida frase ***"Somos espejos los unos a los otros"***, comprendí que efectivamente lo que me afecta ver del otro es lo que yo no puedo ver o sanar en mí y es justamente ese aprendizaje el que debo integrar.

Aprendemos, y enseñamos, enseñamos y aprendemos, la cadena no termina, dejamos de aprender cuando detenemos nuestro conocimiento y nos estancamos creyendo que no hay nada más que aprender ni sanar.

Esto es absolutamente falso, yo al igual que tú elegí sanar, y en esa elección me he caído, he renunciado y he vuelto a elegir el camino de la sanación.

Los llamados "Verdugos" en nuestra vida, se prestan gracias a un gran pacto de amor previo a reencarnar. Nos enseñaran a poner límites, a valorarnos, a respetarnos, a amarnos, a cruzar el umbral del miedo para lograr nuestras metas en la vida.

En la elección de ***"Roles a interpretar en la tierra"***, las Almas más evolucionadas son las que se prestan para jugar el rol de "Verdugos", porque en la tierra no será fácil el tener que realizar dicha misión. Serán juzgados, criticados, excluidos, y para muchos serán siempre "los malos de la película". Encontrarás Maestros (verdugos) en tu círculo más cercano, padres, hermanos, familia, amigos. ***Estas Almas son capaces de sacrificarse, de recibir tu rechazo, miedo, y desamor a cambio de tu propia evolución y despertar de tu consciencia espiritual.***

Sin duda llegues a sentir que odias a tal persona, pero en otra dimensión es tu mejor aliado, una de las Almas que más te ama que acepta vivir esta experiencia por amor a ti. Estos Maestros co-crearán situaciones de vida de manera que se expanda tu conocimiento a un nivel superior, te empuja a crecer, a ver las cosas desde otra mirada, te obliga a salir de tu zona de confort, del victimismo.

La vida es sin duda la "Mejor Universidad", en un momento somos aprendices, luego maestros, y en la vida todo es cíclico, luego de ser maestros volvemos a aprender, y a recordar lo que ya habíamos aprendido".

"Todos somos maestros y alumnos en esta vida.
Pregúntate: ¿Qué vine a aprender aquí y qué vine a enseñar?"

- Louise hay-

¿Quiénes son estos Villanos de Nuestra Vida?

Pueden ser personas que experimenten situaciones cortas como experiencias dolorosas por años. ***Se presentan mucho como progenitores o nuestras parejas amorosas.***

Los villanos en nuestra vida desaparecen cuando cumplen su misión. Cuando ya tomas consciencia e integres lo que viniste a aprender ellos siguen su camino y en algunas oportunidades se transforman hasta en amigos, pero no es lo que suele suceder.

"Cuida tus actos, porque se convertirán en tus hábitos. Cuida tus hábitos, porque se convertirán en tu destino."

"Madre, perdóname por fundirte con mis recuerdos, por no distinguir que eres un ser espiritual que amorosamente se prestó a la obra de teatro que protagonizamos en la Tierra."

TODOS SOMOS MAESTROS, TODOS SOMOS ESPEJOS.

Cuando decidimos que queremos sanar, comienza un gran trabajo personal. Se necesita integrar nuevos aprendizajes, aprender a cambiar nuestra forma de pensar, comenzar a dejar la crítica y el juicio y comenzar a sentirnos Almas que buscan la armonía y la paz, porque de una u otra manera, todos buscamos tener **PAZ** y tranquilidad. ☺

Es necesario comprender que el cambio para encontrar nuestro equilibrio comienza y termina en uno, en nosotros mismos.

Te compartiré ***LA LEY DEL ESPEJO***, es esencial poder comprenderla para conocer mejor a quiénes nos rodean y al mismo tiempo, comprender más de nuestro comportamiento y forma de actuar.

Son 4 las Leyes del Espejo, muy simples, pero a veces nos dificulta comprenderla porque nos cuesta aceptar que finalmente somos nosotros los responsables de nuestra propia vida, de nuestras heridas y de nuestra sanación.

Para aprender y reflexionar. ☺

Esta ley nos invita a hacernos cargo de nuestra vida. A una nueva forma de pensar.

Primera Ley del Espejo

Todo lo que molesta, irrita, enoja o quiera cambiar del otro, está dentro de mí.

Esta ley algunas veces genera confusión, la razón es porque pensamos que si detesto la mentira en el otro y es lo que estoy viendo, no acepto que yo sea una persona mentirosa.

La reflexión frente a esta ley es la siguiente:

"Me molesta que la gente mienta", no significa necesariamente que tu "mientas" a la gente, piensa en qué ámbito de tu vida tú te estás mintiendo a ti misma, quizás estás en una relación de pareja en la que no deseas estar y te estás **"mintiendo"**, quizás estás estudiando una carrera que no amas, y ahí también te estás **"mintiendo"**.

"Me molesta que la gente robe", no significa necesariamente que tu "robes", míralo simbólicamente, puedes estar "robando tu tiempo" en hacer cosas que no quieres hacer, te "robas" el derecho de disfrutar, de ser feliz, es así como se aplica esta ley y es la manera en que la debes analizar.

Segunda Ley del Espejo

Todo lo que me critica, combate o juzga el otro, si me molesta o me hiere, está reprimido en mí y me toca trabajarlo. Siempre lo que te trae el otro será para tu propio crecimiento.

Tercera Ley del Espejo

Todo lo que el otro me critica, juzga o quiere cambiar en mí, sin que a mí me afecte, le pertenece a él. Todo lo que el otro te critica, recrimina y quiere que cambies, es en parte su propia proyección en ti; sus propios miedos, frustraciones, deseos y fracasos.

Cuarta Ley del Espejo

Todo lo que me gusta del otro, lo que amo en él, también está dentro de mí.

Reconozco mis cualidades en los otros.

Trabajo Personal a Realizar

En tu "Cuaderno de Sanación", haz una lista con los ***"Verdugos de tu vida"***, es un trabajo de autoconocimiento, y sanación personal.

Escribe la historia de vida que compartieron y busca el aprendizaje, siempre lo hay (siempre hay algo que debes aprender).

Ver lo que te molesta del otro te servirá a conocerte más a ti mismo.

Así como lo acabamos de ver en las 4 leyes del espejo.

Si una persona te miente, busca en tu vida en qué te estás mintiendo, quizás estás en una relación que no quieres estar, quizás estás trabajando o estudiando algo que no quieres, pero debes encontrar **"Esa mentira" que no aceptas ver en ti.**

El hacer este trabajo te ayudará a ver y comprender situaciones de vida que antes no podías asimilar. Seguro hoy has aprendido mucho de estas experiencias y ves la vida de una manera distinta.

Cuando te veas dentro de situaciones conflictivas, dolorosas en donde en un primer momento no puedas ver con claridad el aprendizaje oculto que trae un momento de crisis, mira y piensa en tus "Verdugos" y dale las gracias por cumplir la parte de su contrato. ☺

En la comprensión de nuestra vida se encuentra la Llave para la **"sanación"** de nuestra Alma.

"Sabremos que nos hemos liberado del dolor, cuando lo que tanto nos incomodaba del otro deje de molestarnos y la experiencia que nos generaba sufrimiento deja de repetirse."

"Conocer a los otros es sabiduría,
Conocerse a sí mismo es iluminación"

- Lao Tzu-

"LAS CUATRO LEYES DE LA ESPIRITUALIDAD"

Ahora te compartiré este sabio conocimiento vital para integrar en tu vida para poder hacerte cargo de tus emociones y trabajar en ellas.

La Primera Ley dice

La persona que llega es la persona correcta.

Esta frase lo abarca todo, nadie llega a nuestra vida por casualidad y nadie ni nadie es un accidente. Todos somos "espejos" los unos a los otros y siempre habrá algo que aprender o enseñar.

La Segunda Ley dice

Lo que sucede es la única cosa que podía haber sucedido.

Todo lo que estamos viviendo es justamente lo que nos toca vivir. Nadie pasa por momentos o circunstancias de vida que no pueda superar. Lo que sucedió es lo único que pudo haber sucedido, estaba ya determinado y forma parte de nuestro crecimiento personal. Todo es perfecto, aunque nuestro ego y mente se nieguen a aceptarlo.

La Tercera Ley dice

En cualquier momento que comience es el momento correcto.

El mejor momento para comenzar algo es hoy. No lo fue ayer ni lo será mañana. Todo ocurre en el momento preciso.

La Cuarta Ley dice

Cuando algo termina, termina.

Aprender a cerrar ciclos en nuestra vida nos permite seguir avanzando. Mientras me niegue a cerrar o a terminar vínculos, duelos, relaciones de pareja, trabajo, no estoy permitiendo que lo "nuevo" llegue a mi vida.

Todo lo vivido nos deja una nueva experiencia y nos ayuda a generar los cambios que necesitamos para evolucionar.

DIME QUÉ HERIDA TIENES Y TE DIRÉ QUIEN ERES

Hoy de adultos, sanar nuestras heridas es absolutamente nuestra responsabilidad. Debemos parar de creer que éstas sanarán con el paso del tiempo, que será papá o mamá quienes la sanarán, y mucho menos una pareja o un hijo. Nuestras heridas son nuestra responsabilidad.

RECUERDA:

"Sanarás Cuando Decidas Hacerlo"

No importa que tan buena creas o sientas que fue la relación con tus padres, tú tienes de igual manera heridas que sanar. Siempre las hay, a eso hemos venido a la tierra, a sanar, a aprender a evolucionar, a dar y a recibir amor.

Solamente quiero que pienses en la generación de tus padres, en la generación de tus abuelos, o bisabuelos. Hablar de emociones era tabú, algo inexistente, vergonzoso que develaba cierta vulnerabilidad y debilidad. Nadie quería ser juzgado, excluido por enfrentar sus sombras, sus heridas o exigir justicia cuando se era maltratado.

Simplemente todo se aceptaba, se creía que la vida era muy dura, dolorosa, que estábamos destinados a vivir bajo programas carentes de amor, desarmonía, tristezas y amarguras y se creía que las heridas y traumas emocionales simplemente eran parte de nuestra vida que no tenían sanación. Por lo tanto con el pasar de los años se bloqueaban.

Hoy es común hablar de nuestras emociones, hace más de dos décadas que las personas se resisten cada vez más a tomar pastillas y medicamentos para poder controlar o bloquear sus emociones, hoy las personas quieren **"comprender"**, porque no logran salir de un estado depresivo, de codependencia, o de abusos.

Hoy las personas quieren *"saber"* el origen de sus miedos, el origen de sus conflictos, hoy todos queremos identificar cuáles son nuestras heridas, reconocerlas para luego trabajar en ellas.

Hoy las personas sienten la *"necesidad"* de empatizar con el otro para comprender sus comportamientos y actitudes. Hoy queremos tener una vida en armonía, en paz y si nuestro corazón sigue herido, estaremos hiriendo a quienes más amamos y principalmente a nosotros mismos. Hoy estamos en una nueva ERA. Una era que nos exige DESPERTAR, y lo estamos viendo en nuestro interior, en nuestros hogares, familia, sociedad, país, necesitamos mejorar, actuar para generar los cambios que deseamos ver en nuestra vida.

Todo el mundo quiere sanar, pero sanar implica "salir" de tu "cueva" para enfrentar todo aquello a lo que has huido por años. La sanación es una **"Transformación"** de nuestro interior que se reflejará en nuestro exterior. **Si ya estás dispuesto a mirar tu interior, reconocer tus heridas ya estás "Sanando".** ☺

A continuación, aprenderás las 5 heridas principales que todos tenemos en mayor o menor grado. Sabrás identificar qué herida es la que tienes que sanar, qué heridas les pertenecen a tus padres, pareja, hijos y amigos, y serás más compasivo y comprensivo cuando reconozcas en ellos sus heridas de infancia. **Detrás de cada adulto, hay un niño interior herido.**

Desde la Mirada del TRANSGENERACIONAL, se habla de "Programas" todas las experiencias que nos tocará vivir, y las heridas de infancia son parte de "Programas del Árbol Genealógico", que se activarán en distintos momentos de nuestra vida.

Eso significa que en la infancia pueden tener una herida, luego en la adolescencia otra y para la etapa adulta otra, o todas las anteriores si no has trabajado en ti.

HERIDA DEL RECHAZO

- Cuando voy a entrar a una sala de clases, o a un lugar donde asistan varias personas, me gusta siempre sentarme al final del salón, en algunos casos en 1ra fila.

- Prefiero pasar desapercibido, sin embargo, si alguien me ignora, se activa mi herida del rechazo. Temo a ser ignorado ...

- Siempre he jugado solo, de pequeño podía pasar horas entreteniéndome conmigo mismo y mis amigos imaginarios.

- Cuando grande quiero ir a la luna, sé que puedo volar.

- De grande me gustaría trabajar en los aviones, ser Auxiliar de Vuelo o Piloto.

- Me angustia la idea de que me estén mirando, prefiero siempre esconderme detrás de algún compañero o amigo en clases.

- Cuando juego a los vaqueros, me hago el muerto, y cuando estoy en las piscinas me gusta jugar a que floto en el agua, así como si estuviera muerto.

- En varios momentos de la vida he sufrido crisis de pánico.

- Me molesta cuando quiero hablar y no me miran a los ojos, pero cuando me miran me sonrojo con facilidad, no sé qué decir, no sé qué hacer.

- Reconozco que suelo perder el control, me enojo con facilidad.

- A momentos me quiero morir, desaparecer.

- Siempre huyo de situaciones conflictivas.

- Soy extremadamente perfeccionista.

- No soy bueno para nada, me odio.

- Sé lo que quiero, pero no me atrevo a decirlo por miedo a molestar.

- Me doy cuenta que temo al rechazo, me da miedo dar mi opinión, expresar mis emociones por temor a ser ignorado, enjuiciado, rechazado.

- Me cuesta terminar lo que comienzo, prefiero estar solo.

- Cuando algo no me sale como a mí me gusta, tiendo a decirme insultos y a recriminarme con facilidad.

- Sé que debo trabajar mi autoestima y amor propio.

- Me angustia estar en una relación de pareja, temo a que me dejen.

- Me cuesta creer que alguien pueda amarme.

- Tengo muy pocos amigos, no me gusta trabajar o estar en grupos de muchas personas.

- Soy de las personas que "se siente y ofende con facilidad".

- "No me gusta estar en lugares con mucha gente."

- "Soy experto en huir de conversaciones que sé, serán conflictivas."

Te comparto este video dónde hablo de Autosanación .

¿TE HAS IDENTIFICADO CON ALGUNA DE ESTAS FRASES?

De ser así, una de tus heridas es del "*Rechazo*".

Esta herida esconde varios tipos de caracteres y personalidades:

Reservado / Tímido / Solitario / Temeroso / Cohibido
Retraído / Introvertido

Insociable / Silencioso / Huidizo

Esta persona huye de todo, especialmente ante un momento de conflictos **"Desaparece", ¿Conoces a alguien?**

¿CÓMO SE GENERA LA HERIDA DEL RECHAZO?

Esta herida se genera en el momento de la gestación, pero también se puede generar en la primera infancia (después de haber nacido).

El niño o la persona que desarrolla la herida del Rechazo siente que es un ***estorbo***, que su presencia molesta al resto, que su vida es insignificante, que no vale nada, de un lenguaje "simbólico silencioso", inconscientemente y con mucho amor los padres, y familia transmitimos heridas a nuestros hijos y a nuestra descendencia.

El niño o niña rechazado escucha o siente lo siguiente:

_ ***"No te quiero conmigo"***

_ ***"No te quiero a mi lado" "vete de aquí"***

_ ***"Me estorbas"***

Como lo hemos visto en mi primer libro en donde hablo del "*TRANSGENERACIONAL*", todos nuestros conflictos no resueltos, son heredados y las heridas emocionales también lo son.

La Herida del rechazo se genera principalmente en los meses de gestación. ***Si los padres han sido muy jóvenes, si se sienten perdidos y ambos o uno de ellos se cuestiona la vida del feto.*** Puede haber conversaciones y/o discusiones a causa de un aborto, y todo esto es transmitido al futuro bebé que graba un programa de ***"no ser un hijo deseado"***, poco importa si el bebé luego de nacer o a los meses de la gestación es muy esperado por los padres ya que lo que la información que recibió los primeros días o meses de gestación es lo que se graba como **"programa"** y es lo que afectará al individuo una vez nacido.

Durante los meses de gestación, el bebé puede ser ***"escondido"*** por la madre durante algunas semanas o meses, por miedo a enfrentar un embarazo no deseado por sus padres, puede haber sido rechazado por sus suegros, o por el padre generando además del sentimiento de no ser un hijo no deseado, el ***"No merecimiento"***.

El ***"No merecimiento"*** tal como la palabra lo indica es **NO MERECER**, es el programa que se graba sintiendo que no merece un lugar en este mundo.

_ ***No merece vivir, No merece ser feliz, No merece el amor, No merece el dinero***

_ ***No merece estar en paz, No merece ser abundante***

_ ***No merece un buen trabajo...***

Y la lista podría ser eterna. Si ya esta Alma en gestación recibe la información de que no llega en un buen momento, que es un estorbo, que está complicando la existencia de sus padres o familiares, este niño al sentir que ***no merece el amor de sus padres,***

siente que no merece nada en la vida. Si ya sus mayores y principales referentes son sus padres y éstos no le dan lo que necesita (aunque haya sido solamente un par de pensamientos durante la gestación) siente que no merece vivir.

En resumen, siente que no merece nada de la vida.

A este tipo de personas les costará creer que alguien se enamore de ellos, de que son considerados o que pueden ser importantes para un otro y reafirmando su miedo más grande, atraerán hacia ellos justamente personas que los rechacen o les hagan sentir inferiores. Carecen de mucha confianza en sí mismos lo que potencian sus problemas de autoestima.

De niño será retraído, incluso puede ser de estatura baja, o delgado, ya que tiene la "orden" ***inconsciente de no "molestar"*** y de no hacerse notar ni ver. Así de esta manera se asegura de no incomodar al resto ***haciéndose casi invisible.*** Es curioso en este caso, porque en muchas ocasiones las personas ***"no los verán"***, pueden estar en un grupo de personas, y habrá gente que jamás se percatará de la existencia de esta persona que sufre la herida del rechazo. A mi me ha ocurrido esto, en cursos, o Talleres, voy saludando a todos, y justo a esta persona con la "Herida del Rechazo", que teme no ser vista, **¡Yo no la veo!**

Esta herida los hace sentir no **"bienvenido"**, sienten que no merecen las cosas de la vida, incluso tan simples como celebrar un cumpleaños. Se incomodan si la celebración es para ellos, o de pequeños el estar rodeado de amiguitos, familiares, cantando la canción del cumpleaños feliz es algo que verdaderamente los angustia. No les gusta sentirse observados, menos ser la atención de todos en un momento. Sienten de manera inconsciente que al ser "vistos" la gente los rechazará. Al mismo tiempo el dolor de haber sentido el "rechazo" de uno o ambos progenitores ha sido tan extremadamente doloroso, que, en el transcurso de su vida, van a intentar **evitar** a toda costa volver a sentir esta herida.

Podrían tener intentos de suicidios, lidiar largo tiempo con problemas de autoestima e inseguridad, miedos, angustias, crisis de pánico, ser una persona tímida retraída que temerá exponer sus ideas en público, porque tendrá miedo de ser "rechazado". Buscará "sabotear" sus relaciones de pareja ya que así evitará que su pareja por alguna razón lo rechace, prefiere él dejar antes de ser dejado.

En el área laboral, podría tener muchos talentos, pero ganar un sueldo muy bajo ya que se sentirá agradecido por haber sido contratado, porque dentro de su subconsciente se siente no valorado, y cree que nadie más lo podría contratar. Les cuesta creer y asumir que tienen talentos o son buenos en algún área laboral. Lo mismo ocurre en relación al dinero, lo juega, lo pierde, o se hace estafar, ya que finalmente siente que tampoco merece la abundancia, ni menos la prosperidad.

El niño con esta herida será muy duro para tratarse así mismo, cuando algo no le resulte se insultará y castigará por haber fallado. Si esta herida no se trata ni sana en la infancia tendremos a adultos extremadamente autoexigentes, muy duros del trato con ellos mismos, ya se habrán acostumbrado a la soledad, les gusta su espacio en "solo", pero sin embargo quieren tener a una pareja y sentirse muy unido a ella. Puedes tener todas o algunas de estas características y ya sabrás que esta es una de las heridas que debes trabajar.

La persona con esta herida tiene la tendencia de ser **HERMÉTICO** ha aprendido a protegerse de ser dañado o rechazado y se crea un mundo imaginario en donde se siente a salvo. No deja a entrar a nadie en esta ***"caja herméticamente cerrada"***, suelen tener muy pocos amigos íntimos, y son los mismos amigos de infancia que de adultos.

Sueñan con encontrar a alguien que quiera vivir con ellos dentro de esta "caja herméticamente cerrada" o burbuja, y con el pasar de los años se vuelven poco tolerantes, no les gusta compartir su espacio, sienten resistencia de invitar a gente a sus hogares, y cuando lo hacen es a un muy reducido número de personas. Son personas silenciosas, muy pensativas, tienen un mundo interior grande, pero muy escondido, se guardan todas sus emociones, les cuesta expresar lo que piensan o sienten.

En RRSS (redes sociales) suelen ser casi invisibles, no publican fotos ni estados, porque temen no ser vistos, a que no le den "me gusta" en sus publicaciones, o peor que alguien diga "no me gusta" a alguna de sus publicaciones, esto los hiere profundamente.

Tampoco comentan por la misma razón, temen al "ridículo" a algún comentario de vuelta que pudiera por alguna razón hacerlos sentir mal.

Tienen muy pocos amigos por *FB*, no aceptan invitaciones de personas que no conocen pueden sentirse fácilmente acosados por alguien que les escriba por privado o insista en ser su amigo virtual.

No les gusta aparecer en fotos, videos, detestan las video llamadas, prefieren el anonimato.

En sus *perfiles* algunos incluso evitan poner su foto o colocan una muy antigua que no cambian jamás.

En los Chat de los teléfonos, es el que nunca va a responder una pregunta grupal. Temerá ser el primero en escribir y de hecho no lo hará, es demasiado el dolor de sentir que nadie responderá a su saludo, por lo que evita escribir cualquier cosa en el chat del teléfono.

Ejemplo:

Si tienen un chat de estudios y alguien en el grupo saluda: Hola a todos ☺ comienzan a responder:

Hola, saludos, excelente día, ¿Cómo amanecieron? La persona con esta herida simplemente no va a responder. Sus compañeros del chat, pueden hasta pensar que nadie ha incluido a este "amigo" (el rechazado) ya no que no ven, no escribe, no opina, no existe simbólicamente.

Imaginemos que el grupo del chat está organizando una comida, todos opinan que llevar, en qué lugar se celebrará, que horarios, etc., la persona con la herida del "Rechazo" no se siente incluida ni invitada. Siente que hacen planes sin él. Los amigos o compañeros comienzan a organizarse con los autos, las recogidas... y la persona con esta herida sufre en silencio, ve con tristeza y dolor como pasa la vida frente a sus ojos y teme interferir, hacerse ver, o dar su opinión.☹

SIENTO QUE NO "ENCAJO"

_ ¿Has sentido alguna vez que estás en el lugar equivocado?

_ ¿En la familia equivocada?

_ ¿Y que por más que pasa el tiempo esa sensación en vez de disminuir crece?

_ ¿Tienes la costumbre de "pedir disculpas por todo?

_ ¿Te sientes culpable con facilidad?

_ ¿Has pensado alguna vez incluso que eres adoptado?

Ya que hemos visto y estudiado las heridas que se generan en la infancia, estos sentimientos están muy relacionados a la herida del ***RECHAZO***.

En mi primer libro, *"Tus Ancestros Quieren Que Sanes"*, explico lo que es el "*Proyecto Sentido Gestacional*". Se considera proyecto sentido al período que consta 9 meses antes de la gestación hasta los 3 años de edad. En mi libro lo explico en detalle dando ejemplos muy claros en donde puedes comprender la importancia de las emociones que nos son heredadas y transmitidas en nuestra gestación.

Muchos de nosotros no fuimos esperados, planificados ni deseados. Eso no significa que nuestros padres no nos amen, simplemente que *"nacimos cuando nuestros padres no nos esperaban"*. En algunos casos los padres les han dicho a sus hijos:

Hice todo para abortarte y naciste igual.

Te compartiré algunos de los pensamientos que están relacionados con generar la herida del Rechazo.

_ *El "conchito" (haciendo referencia al último hijo que no esperaban y nació por accidente)".*

_ *No sé en qué estaba pensando cuando quedé embarazada de ti No sé por qué me metí en esto... (ser madre / padre).*

_ *Eres el hijo del panadero (o carnicero, cuando lo hacen sentir que no es igual a sus hermanos).*

_ *Fuiste un accidente.*

_ *Naciste de sorpresa.*

_ *O simplemente lo está comparando constantemente de manera despectiva con sus hermanos, primos o amiguitos.*

Muchas veces existe inconsciencia de saber que *"Absolutamente todo lo que nuestros padres vivieron o sintieron en nuestra gestación lo absorbemos como esponjas al 100%"*.

También podemos generar esta herida cuando nuestros padres **dicen** o **piensan** lo siguiente en el momento en que se enteran que viene un bebé en camino:

_ *¿Y si aborto sin decirle a nadie?*

_ *No estoy preparado para tener un hijo, quiero que abortemos.*

_ *Llega en muy mal momento... ¿Qué haremos ahora?*

_ *Vamos a tener que apretarnos el cinturón, esto no estaba en mis planes...*

_ *¿Es broma? No te creo...*

_ *Me dijiste que no podías tener hijos...*

_ *Esto queda hasta acá, te dejo o me quiero hace cargo de este hijo, dudo que sea mío.*

_ *Es lo peor que nos puede pasar ahora...*

_ *Esto cambia todos nuestros planes...*

_ *¿Estás segura de que estás embarazada? Esperemos unos días, quizás lo pierdas...*

_ *Que desgracia...*

_ *Justo ahora que me quería separar, quedas embarazada, que tragedia...*

_ *Me quisiste amarrar con este hijo, pero no lo vas a lograr.*

_ *Hazte cargo sola, yo te dije que no quería un hijo.*

Luego a las semanas o meses, si los padres cambian de opinión, ya no importa, la herida ya se generó y muy profundamente.

En algunos casos los padres tienden a ser sobreprotectores con estos hijos... no desean que descubran, o sepan que alguna vez no fueron deseados, incluso pueden ser los "hijos preferidos", y es por esta razón que el adulto que llega a Terapia está confundido, ha recibido una fuerte información en el momento de su gestación, pero ha vivido otra realidad y por eso les cuesta ver o asumir que al final de todo, han sido hijos no deseados.

Hay madres que reconocen:

_ La verdad este hijo fue deseado por mí, no mi marido... Para el niño la información que más recibe es la misma, ***hijo no deseado.***

Cuando una mujer ha tenido muchas pérdidas, la información que recae al niño que finalmente nace es la misma, los padres esperaban al bebé que perdieron.

Todo en nuestra vida desde la mirada del ***Transgeneracional*** son ***"Programas".***

Estamos programados,
no destinados a vivir una vida que no merecemos.
Si cambias tu programación, puedes cambiar completamente tu destino.

-Laín García Calvo-

Esto significa que todas las heridas de infancia forman parte de esta programación. Hablamos de tener "Un programa de abandono, un programa de rechazo, un programa de mal trato" etc. Y como un programa, éste se puede **ACTIVAR** en cualquier momento de nuestra vida. Es decir, podemos vivir del **"Programa**

del Rechazo" gran parte de nuestra vida y de repente algo sucede en mi vida que se me activa el **"Programa de Abandono"**. Cada programa se puede presentar en mayor o menor intensidad.

Podemos haber vivido y recibido la información de que alguno de nuestros padres no deseaba tener un hijo y si embargo yo sufro más de la herida de traición que rechazo.

Nada dentro del análisis del Transgeneracional ni heridas de infancia es absoluto, todos tenemos las 5 heridas emocionales y pasamos en distintos momentos de nuestra vida de una herida a otra, siendo siempre una más fuerte, nuestra ***Máscara*** que se representa por nuestro carácter y forma de ser.

NUESTRAS CREENCIAS CREAN NUESTRA REALIDAD

Lo que pienso se manifiesta... si me creo una nulidad, las personas cercanas a mí me lo harán saber y sentir. Te rodearás constantemente de personas que te muestren tus miedos más profundos y tus heridas más sensibles ya que la vida simplemente quiere que las veas, para que las sanes para poder crecer y madurar emocionalmente.

Todas tus creencias negativas acerca de ti, son los "programas" que se han grabado en tu gestación e infancia y que con el pasar de los años se van "activando estos programas" en cualquier momento de tu existencia, y hoy te ves en la obligación de cortar la programación para poder cambiar y sanar tu vida.

Las personas con estas heridas, suelen ser solitarias, evitan el tumulto o reuniones sociales, no se sienten cómodas. Les afecta sentirse observados, ya que sienten que las personas los observan para enjuiciarlos o atacarlos. Prefieren pasar desapercibidos.

Por miedo a la posibilidad de sentir rechazo, **"rechazan"** muchas oportunidades de amor, trabajo, familia.

Sin embargo, es muy común ver a este tipo de personas rodeadas de personalidades más fuertes y seguras, con una gran autoestima.

Si vemos en un niño que sufre de esta herida, debemos asumir que viene de sus padres, y sus padres lo han heredado de los suyos y así sucesivamente. No se trata de buscar culpables, pues no los hay.

No podemos culpar a nuestros padres por habernos transmitido la sensación de sentirnos inferiores, tener serios problemas de autoestima, ya que ellos no tenían absolutamente ninguna herramienta de cómo poder desarrollar una buena autoestima en ellos, por lo que es imposible esperar que pudieran habernos enseñado a cómo amarnos, si ellos no han sabido como amarse a ellos mismos.

La persona con la herida del "Rechazo" sufre de muy baja autoestima, lo que es heredado de uno o ambos padres que sufren del mismo conflicto.

Esto es una "cadena", ya que estos padres no supieron dar a sus hijos algo que ellos tampoco recibieron de sus padres.

Cuando se tiene consciencia de esta herida, aceptarás que has tenido problemas con aceptarte a ti mismo, de amarte a ti mismo, porque tú al igual que tus padres no han sabido hacerlo.

Para tener la capacidad de "sanar "nuestras heridas de infancia, o heridas emocionales, debes asumir que no serán tus padres, abuelos, o alguien externo quien las sanará por ti. Hoy en este presente y ya de adulto, eres "tú" quien puede sanarlas. Es necesario "desarrollar" en ti la capacidad de amar, contenerte, para cerrar heridas del pasado.

Estas personas que son "Retraídas" por diferentes conflictos de su vida van a querer "desaparecer" real o simbólicamente. Pueden tener constantes pensamientos destructivos cuando la herida ha sido muy profunda, o simplemente huirán de conflictos o discusiones por miedo a ser rechazados. Es por eso que este tipo de personas huye "antes" de los problemas, así se evita tener que sufrir su herida si es rechazado.

Si alguna vez has sentido las ganas de desaparecer, morir, o suicidarte quiero decirte en primer lugar que no te castigues más. **No es a ti a quien quieres matar sino a la herida que cargas.**

Imaginemos que hay una fiesta en tu vecindario en donde todos han sido invitados menos tú. Como todos tus amigos asisten, ni siquiera sabes cómo pero finalmente llegas a esa fiesta en donde nadie te esperaba.

Indudablemente vas a sentir las miradas acusadoras de todos en donde "nadie te esperaba" pero llegaste...

El sentimiento de malestar es inmenso, es más grande que tu propia Alma, es una sensación de angustia que te invade de pies a cabeza.

Sientes y te das cuenta que no te incluyen en ese momento y tú vas a querer pasar "desapercibido", casi "inadvertido" para no molestar.

Vas a querer ocupar un mínimo de espacio y lugar para no entorpecer al resto:

No quieres ser visto y te encargarás de comunicar lo mínimo posible, así nadie se dará cuenta que has llegado y así evitarás que alguien te pida retirarte de aquel lugar.

Con esto evades el sentirte "rechazado".

Es muy probable que no quieras comer ni beber nada, aunque quieras. La razón es muy simple, no te sientes con "derecho" a pedir o disfrutar algo que no estaba pensando para ti.

No te sientes merecedor de lo bueno ni tampoco de lo mínimo.

Esta herida es muy profunda y extremadamente dolorosa, las personas con esta herida harán cualquier cosa para no volver a conectar con este dolor.

El individuo con esta herida no siente que merece la vida, ni el derecho a existir y con esto que se graba como un "patrón o molde" (programa) que se mantiene activo durante la infancia, adolescencia y etapa adulta, siendo cada vez peor y más fuerte si esta herida no se trata o reconoce.

Temen además de ser rechazados, ser vistos cómo inútiles, un estorbo, son personas que tienden a sonrojarse mucho, se sienten avergonzados con mucha facilidad y evitarán tener que pasar por esta situación. En reuniones sociales o en época escolar estos niños, temen que se rían de ellos, y frente a la mínima posibilidad de que esto suceda se avergüenzan, hablan muy poco y en tono bajo, siempre tratando de disminuirse.

Recordemos que bastan horas, días, meses de gestación en donde no querían la llegada de este bebé ya sea porque los padres se encuentran muy jóvenes, inmaduros, o porque están muy mayores, o no es el momento etc.

Recordemos también que esta herida es heredada y no solamente la persona carga con su propio dolor sino también, con la herida del rechazo de un ancestro, y esta es la razón de que por qué en algunos casos esta herida es muy profunda y dolorosa.

Esta herida es mucho más fuerte y se potencia al máximo cuando es provocada por el progenitor del mismo sexo:

Madre – hija Padre – hijo

Un padre quería abortar y la madre no quiso, el niño nacerá con la herida del Rechazo, aunque el padre luego se haya arrepentido, o jamás se haya hablado de este tema.

Esta herida se proyecta incluso inconscientemente.

Será común que un grupo de personas prácticamente nadie se percate de tu presencia o tu ausencia.

Puedes pasar por "no ser visto" muchas veces y tu estarás ahí, pero no te verán.

La verdad no es culpa del resto esta situación, sino que simplemente refleja tu propio rechazo al mundo. No quieres ser un estorbo, no quieres molestar, no deseas interrumpir y te haces para el resto "simbólicamente invisible".

Las personas con la herida del rechazo, "temen mucho ser enjuiciados", y contrariamente tienen la sensación de que son juzgados todo el tiempo. Las personas con esta herida, sí enjuician mucho, pero en silencio. No son capaces de expresar sus emociones o lo que piensan, y suelen ser muy sensibles, especialmente a palabras que sean dichas en su contra.

Una de las formas de relacionarse es bajo el sentimiento de la ***"culpa"***, se sienten mal cuando alguien les pide algo y luego se encuentran haciendo cosas que no quieren por culpa. Lo que finalmente quieren evitar es que la otra persona no se sienta rechazado por ellos.

Suelen estar rodeados de personas de un fuerte carácter, muy demandantes y exigentes. Por lo general estarán rodeados de personas que "piden y exigen, piden y exigen" y la persona con la herida del rechazo, "dará y dará" con la sola intención de ser aceptado. **Tiene dificultad para poner límites.**

Como sufren por el sentimiento de no ser aceptados buscarán la manera a pesar de su herida de ser integrados sin mucho éxito. Si finalmente tienen las miradas y la atención del resto paradójicamente no sabrán que hacer... e increíblemente y de manera inconsciente harán todo lo posible por cumplir su miedo más profundo y esta profecía de ser R E C H A Z A D O S es como una manera de "auto sabotear" su vida, su trabajo, sus relaciones de pareja, amigos, etc.

Sus serios problemas de identidad, de no sentir que son valiosos, de sentirse ignorados pueden hacer que caigan fácilmente *en "adicciones"*, buscan tener que seguir a alguien, se sienten completamente desconectados de sí mismos, de su Alma, quieren ser como "otra persona" y lo hacen copiando, imitando, porque ellos no saben quiénes son realmente.

Este tipo de "adicciones" puede ser incluso perderse estudiando, o trabajando, así insertados fanáticamente en el estudio o trabajo mantienen su mente ocupada, y esto hace que no tengan tiempo de pensar en su angustia de sentirse solos, excluidos o rechazados. En la etapa escolar son estos niños, los más propensos a sufrir bullying en los colegios.

Las personas que se identifican con esta herida deben trabajar sus miedos, en algunos casos las crisis de pánico, autoestima e inseguridad. Deben trabajar la necesidad de buscar "aprobación del resto", por su inseguridad buscan que las personas de su entorno les aconsejen que hacer.

Cabe mencionar que cuando el niño busca constantemente la aprobación el resto, (profesor, maestro, tíos, amigos) **es porque está buscando desesperadamente la aprobación de sus padres.**

La persona con esta herida de niños suelen ser los "mejores alumnos", porque saben que no pueden defraudar y quieren demostrar que ha valido la pena su vida. Se esfuerzan por ser los mejores en sus clases, para no dar problemas a sus padres, porque el dolor de sentirse rechazados es muy fuerte y ahora sólo buscan la aprobación.

La persona con esta herida podría desarrollar ciertos tipos de enfermedades:

Anorexia, diabetes, alcohol, drogas, adicciones en general.
"La enfermedad solo llega para decirte que
el camino de vida que llevas necesita un cambio."
Presta atención a tu cuerpo…
a veces enferma para sanar tu Alma.

Te daré el nombre de algunos libros muy interesantes que hablan de enfermedades y de cómo el reprimir, no expresar nuestras emociones pueden enfermarnos.

Puedes encontrar en este libro ***"EL GRAN DICCIONARIO DE LAS DOLENCIAS Y ENFERMEDADES"*** **de Jacques Martel** la definición de las enfermedades y sus causas emocionales. Para tratarlas y sanarlas se requiere de la ayuda profesional, que sabrá guiar para llevarte al origen de los conflictos y luego con diversas Terapias se desbloquean estas emociones.

Te recomiendo leer también este otro libro maravilloso de muy fácil lectura y comprensión **"La enfermedad como camino"** de Thorwald Dethlefsen y Ruediger Dahlke.

Anexo información de la Anorexia y su conflicto emocional:

"ME AMO Y ME ACEPTO TAL COMO SOY"

Es una frase muy conocida de "Louise Hay", famosa escritora de libros de autoayuda como "Usted puede sanar su vida", "Ámate", "Afirmaciones positivas". Esta frase es la clave de la sanación, el lograr poder amarte y aceptarte tal cual eres.

Diccionario: Jacques Martel

Anorexia: Frecuentemente relacionada con una estima de sí muy baja y al deseo inconsciente de querer desaparecer.

Louise Hay: Escritora de libros de autoayuda "Usted puede sanar su vida" y "Ámate"

Anorexia:

Causa probable: Negación de la propia vida. Mucho miedo. Rechazo y odio hacia uno mismo.

Que es lo que debes sentir y decirte:

"Estoy a salvo siendo yo mismo. Soy una persona maravillosa tal como soy. Escojo vivir. Opto por la alegría. Me acepto y me amo tal como soy." En la mayoría de los casos los conflictos que están asociados a las enfermedades de "alimentación" como Anorexia y Bulimia, nos indica que debemos trabajar heridas relacionadas con nuestra madre.

Diccionario Jacques Martel:

Diabetes: Frecuentemente relacionada con tristeza profunda que se produce después de un acontecimiento en el cual sentí rencor contra la vida.

Louise L. Hay:

Causa probable: Nostalgia de lo que pudo haber sido. Gran necesidad de controlar. Tristeza profunda. Ni restos de dulzura. Faltó recibir amor.

Que es lo que debes sentir y decirte:

Este momento es toda alegría. Elijo saborear la dulzura de hoy.

Es importante que sepas que te he compartido el significado de enfermedades que están en los diccionarios que te mencioné. Es una "causa probable" de los síntomas o enfermedades que tienes, el comprender la causa te llevará más fácilmente a trabajar tu dolor y liberará de tu herida muchas emociones atrapadas. Se necesita tiempo y dedicación para hacer un trabajo de autoconocimiento, comprender el porqué de tus comportamientos, y esto ayudará a que puedas tener el control y manejo de tus emociones. La diabetes también está en muchos casos relacionada con temas de infancia donde la persona ha sufrido abuso sexual.

Para esto lo ideal es la Terapia Transgeneracional Evolutiva , Biodescodificación (mi trabajo es integrar estas Terapias en una sola) que trabajan en encontrar el origen de tus conflictos, trabajando desde lo "no consciente", para hacerlo consciente, desprogramar la información recibido para reprogramar una nueva realidad para su total sanación.

Cada herida tiene una misma forma tóxica de funcionar, cuando no tenemos consciencia nos estamos siempre dando vuelta en lo mismo y la "profecía" más temida se cumple...el ser **Rechazado**.

Acá te muestro un dibujo para que lo puedas entender mejor.

HISTORIA REAL
HERIDA DEL RECHAZO

"El Dolor De Ser Ignorado"

Juan Pablo y Camila, estaban casados. Mal casados. Se conocieron muy jóvenes, se casaron por "apuro" ya que Camila había quedado embarazada.

Nunca se llevaron bien, sin embargo, ambos venían de familias en donde los matrimonios no tenían buena comunicación, discutían, peleaban y eran infieles. No había mucho a que aspirar y en esa época, separarse era muy mal visto. No era una opción.

Ambos trabajaban juntos en un Almacén. Juan Pablo tenía como hobby la música y el canto y a veces se pasaba semanas o hasta meses en giras musicales. No era famoso, nunca lo fue, pero la música era su pasión y no estaba dispuesto a renunciar a aquello. Camila era la que se llevaba el trabajo más duro. A cargo de sus tres hijas, además de estar a cargo de su negocio, de las compras a Santiago, reposiciones, ventas, cobranzas, etc. Ella era soñadora y romántica. Al igual que muchas mujeres el matrimonio en un principio simbolizaba ***"la sanación a un pasado doloroso"***. Colocamos todas nuestras expectativas en este acto simbólico y comenzamos a idealizar al marido, la vida en pareja, en familia, el matrimonio y nuestra vida en general. Exigiendo a la pareja, lo que papá no nos dio.

Juan Pablo era muy mal humorado, rígido, estricto, disciplinado y hermético. Las únicas veces que se le oía la voz era cuando estaba en un ambiente musical. Ambiente que compartía con personas completamente ajenas a su entorno familiar. Camila, tímida, sumisa, e insegura, se mantenía en la relación porque temía que si se separaba no podría salir adelante con sus tres hijas. No a menudo, pero sí ocurrió violencia familiar. Cuando Juan Pablo era estafado (algo que ocurría constantemente) perdía grandes sumas de dinero, llegaba a casa pasado de copas y provocaba peleas que terminaban muy mal.

Camila se encerraba de miedo en una habitación con sus niñitas y pasaban la noche ahí muy asustadas, llorando y maldiciendo en silencio a papá.

Una tarde, a su Almacén un hombre entra a comprar algunas mercaderías. Acababa de llegar a ese pueblo, venía por unos meses a realizar unos trabajos de investigación marítima. Aquel hombre era español, su nombre era Borja, y era la primera vez que estaba en Chile, y no pudo resistir la tentación de querer conquistar a Camila. A su vez, Camila era algunos años mayor que aquél joven, tenía tres hijas, era extremadamente bella, de contextura fina y delgada, estatura media, de ojos asombrosos y labios delineados.

Recordemos que su marido pasaba largas semanas fuera del hogar y Camila se sentía sola. Su única compañía era el alcohol. Adicción que guardaba en secreto, y trataba de ocultar de sus hijas y marido, pero que con el tiempo fue inevitable poder escapar de este destructivo vicio.

En un principio tomaba por las noches durante la cena. Luego ya durante la cena se acompañaba de uno, dos, tres, vasos de vino y poco a poco la cantidad de vasos fue aumentando incluso durante el día.

Borja y Camila comenzaron una amistad que se transformó en una pasión secreta. Una cosa llevó a la otra, y comenzaron una relación amorosa en donde Camila nunca se había sentido tan amada como lo sintió con Borja. Incluso su adicción dejó de lado porque ya no sentía la necesidad de olvidar su soledad y sufrimientos.

Pasaban el máximo de tiempo que podían juntos y Camila se enamoró perdidamente de Borja.

Este joven español, era un seductor, había llegado a la zona solo, contratado por una empresa española, era la primera vez que se encontraba lejos de su país y había caído en los brazos de una mujer "madre" que lo cobijó y recibió en este nuevo lugar lejos de sus raíces.

Juan Pablo brillaba por su ausencia. Cuando podía hacía llegar dinero a su familia, pero la mayoría del tiempo era Camila y su trabajo en el Almacén que generaba para gastos del hogar, y estudios.

Borja, se sintió enamorado. Se acercaban las semanas en donde debía regresar a España. Y comenzó a cuestionarse su extraña relación con Camila. No podía quedarse ahí, ese remoto lugar lejos de la ciudad. Tampoco tenía intenciones de hacerlo, pero de alguna manera buscaba la forma de continuar la relación con su amada mujer.

Las hijas de Camila llamaban tío a Borja, en un principio era muy poco lo que lo veían, pero luego pasada algunas semanas ya era "casi de la familia".

Camila se angustiaba en pensar que pronto llegaría el día en que Borja partiría. Soñaba despierta que él se la llevaría con él.

La realidad era muy distinta, ella tenía tres hijas, su vida en el pueblo y Borja recién estaba comenzando a vivir.

Camila se obsesionó. Ya no quería pasar las noches solas y pedía al joven europeo de quedarse con ella. Se las arreglaba para evitar que sus hijas se dieran cuenta, pero las dos mayores de 9 y 12 años sabían exactamente lo que estaba sucediendo...

A medida que se acercaba la fecha de partida, su relación comenzó a deteriorarse. Borja pasaba más tiempo en su oficina de trabajo que con ella, sin embargo, Camila se las arreglaba para cerrar el Almacén e ir en busca de su amor.

Borja comprendió que aquella relación no iba a durar y no tenía ningún sentido. No tenía ningún interés en quedarse en este país ni menos de hacerse cargo de tres hijas y su mujer. La situación comenzó a asfixiarlo y poco a poco comenzó a desaparecer.

Una noche, donde Camila lo esperaba para cenar Borja no llegó. En su mente inmadura y romántica se negaba simplemente a pensar en la realidad que estaba viviendo y quería pretender que todo iba a seguir como siempre y mejor. Estaba ansiosa esperando su llegada, pues tenía algo muy importante que comunicarle.

Pasada las 10 de la noche, al ver que Borja no llegó a casa, ella toma su abrigo, su bolso y parte camino al Hostal en donde Borja se alojaba.

Borja la recibe y le pide irse. Le dice que está cansado y que al día siguiente debe realizar un trabajo muy temprano por la mañana.

Camila insiste en quedarse, logra entrar a la habitación y le comunica que está embarazada.

El mundo parecía caerse para Borja, era lo último que habría querido oír y esto lo cambiaba todo. Ahora se sentía presionado y obligado a tomar una decisión.

Camila lloraba desconsolada por la frialdad que mostró Borja frente a la noticia. La mujer sintió todo su mundo derrumbarse.

- Camila, por favor, estoy sorprendido, dame unos días para asimilarlo.

- ¿Asimilar qué? ¿Acaso crees que esto va a cambiar?

- ¿Cuánto tiempo tienes?

- No lo sabía, te lo juro, según los exámenes de sangre tengo dos meses.

- Borja, vámonos, yo me voy contigo.

- ¿Y las niñas?

- Ya están grandes, pueden quedarse en la casa de campo con mis padres.

- Borja, llévanos contigo por favor, te amo, no me dejes, por favor no lo hagas…

Y Camila, como en una película romántica de drama, termina llorando sola en el suelo, suplicando de rodillas no ser abandonada por el joven español.

Borja, la saca fuera de su habitación. La sube a un taxi y la envía de regreso a casa. Le promete que mañana hablarán, que no lo busque, que es él quien irá a buscarla le pide tranquilizarse y descansar.

Camila no pudo abrir por varios días el Almacén, algo peligroso ya que es lo que les daba para mantener y alimentar a toda su familia.

Pasaron dos, tres, cuatro, cinco, días y a la semana ya no había ninguna noticia ni señal de Borja. En el Hostal al llamar por teléfono, decían que estaba trabajando y que no había regresado.

Al séptimo día Camila le pide a su hija mayor, que la acompañe al Hostal. Le confiesa que está embarazada y le dice que Borja se las llevará a vivir a España. Su hija mayor, tenía pésima relación con su padre, era ella quien se le enfrentaba al padre cuando él llegaba o se comportaba de manera violenta y muchas veces recibió fuertes golpes y patadas de su progenitor, que solamente lograron generar dentro de ella odio y resentimientos.

Camilita, su hija, acompañó ilusionada a su madre hasta la Residencial en donde se alojaba Borja.

Al llegar justo a la puerta, a Camila le vino un fuerte mareo, sintió dolorosas puntadas en su vientre y se asustó. Por nada del mundo quería perder a ese bebé y estaba dispuesta a pasar lo que tuviera que pasar por tenerlo. Ni siquiera quería pensar en que decir cuando Juan Pablo se enterara. Pasó lo que más Camila temía... Borja había abandonado la Residencial y nadie sabía su paradero.

La historia continuó mal y peor, Camila fue juzgada no solamente por sus vecinos, sino también por sus familiares más cercanos, tuvo que ir a otro pueblo a terminar sus días de embarazo porque Juan Pablo la echó de casa. Fueron meses de mucha angustia, mucho dolor y desesperación, no pasaba un día sin que Camila soñara que Borja regresaría a buscarla.

Ese bebé, era el **"hijo de la vergüenza"**, rechazado por todos, pero principalmente por su padre, que apenas supo de su existencia corrió lejos de él y su madre, este bebé escondido por Camila, sola en una habitación en casa de una tía lejana, pasó sus días en llanto, angustia, sintiendo mucho abandono y soledad.

A los meses nace Lorenzo en un Hospital Público, en un frío día de invierno, fruto de la relación extramatrimonial de Camila y Borja.

Su nacimiento estuvo en boca de todo el pueblo. Camila entró en una gran depresión, a los días de salir del Hospital con su bebé recién nacido en vez de ir a su casa, Juan Pablo los lleva a casa de sus suegros porque no la quiere de regreso al hogar. Camila estaba devastada, sola, triste no estaba en condiciones de hacer ni decir nada. Los padres de Camila ya eran mayores y poco entendían lo que estaba ocurriendo. Camila no tenía leche… no amamantó a su bebé y fue su hermana mayor, quien tenía una niñita de 6 meses quien se llevó al niño con ella por dos años. Ya te puedes imaginar todas las emociones y heridas que se van grabando en la memoria del recién nacido, el gran desapego, rechazo y abandono del que fue víctima tan solo al nacer. Heridas desde la gestación y luego al nacer que van generando fuertes dolores que luego en su vida tendrá que resolver, sanar e integrar.

Los años que siguieron no fueron fáciles, a los años alguien le comentó a Camila que Borja estaba en la ciudad, nunca supo si fue verdad o no, fue el dolor de su vida, arrastrando una tristeza y depresión eterna. Camila entró en una depresión que jamás logró salir. Cuando su hijo cumple 22 años ella se suicida, por una sobredosis de alcohol y medicamentos.

Su hijo, carga con todas las emociones dolorosas que sufrió en el momento de su gestación. Con la enfermedad mental de su madre que quedó siempre sumergida en la soledad, abandono, depresión y alcohol. Siempre se sintió "fuera de lugar", no aceptado, rechazado, con dificultad para mantener relaciones personales, y amorosas. El tema de su padre fue siempre un tema "tabú", de pequeño Lorenzo sintió que esa era una pregunta prohibida. Juan Pablo lo reconoce como hijo... así lograba acabar los comentarios del pueblo y por último tenía un hijo ya que solamente había sido padre de tres hijas. Sin embargo, Lorenzo jamás se sintió hijo de él. Juan Pablo nunca lo abrazó, ni se preocupó de formar ningún lazo ni vínculo con el hijo de Camila y Borja. Esto era una vergüenza, que eligió tragar.

De adulto Lorenzo ha tenido problemas para sentirse "integrado", el rechazo que vivió desde los primeros días de su gestación y a lo largo de su vida, hizo que de pequeño sufriera ataques de *bullying*, que fuera ignorado, mal tratado por sus pares, generando en él mucho resentimiento, amargura, rabia y odio por todo. Muchas veces pensó que no quería existir, no se atrevía a tener relaciones de pareja por miedo a ser rechazado. Sumado al dolor de su existencia, se suma el dolor de la muerte de su madre y el sentimiento de culpa por no haber podido hacer nada por ella.

Sus relaciones personales han sido escasas, y su carácter se ha definido silencioso, pensativo, arisco, siempre ha temido dar su opinión, a ser visto, porque su herida del rechazo ha sido demasiado profunda. Ha tenido que trabajar mucho la rabia y la ira. Que son emociones que también heredó en su gestación y sobre todo la rabia e ira que carga por no haber sido un hijo deseado. Todos nuestros dolores y malestares tienen un origen en nuestra infancia o gestación.

INVITADO DE PIEDRA

Todos sabemos lo que es el "Invitado de piedra", aquel que nadie esperaba en la fiesta.

Imaginemos que tú y yo estamos sentados en una mesa para "dos", donde hay dos tazas deliciosas con café, dos pasteles, dos jugos naturales, y dos porciones de fruta fresca.

Tú y yo estamos sentados frente a frente sirviéndonos estas delicias y de repente alguien llama a la puerta y entra a la misma habitación en donde solamente estamos tú y yo.

Obviamente, nos vamos a "sorprender" con este invitado sorpresa, nos quedaremos en silencio, y en silencio nos preguntaremos de que qué hace esta persona ahí junto a nosotros si nadie lo estaba esperando ni tampoco nadie lo invitó.

Pero como ni tú ni yo somos mal educados, lo haremos pasar… pero este invitado, sintió desde el momento que entró en la sala que no esperábamos por él. ¿La razón?

Muy simple, todo en la habitación era pensado para dos personas, eso se ve, se siente y se nota.

Le diremos que hay solamente dos tazas de café, pero si desea puede probar de tu taza o la mía, le diremos que hay dos pasteles y que puede probar un trozo de cada una si lo desea, y que beba el jugo de tu vaso o el mío.

¿Sabes lo que hará este invitado? ¿Qué harías tú?

Muy probable que no nos quiera incomodar más y que no acepte beber café, ni torta ni jugo ni tampoco comer algo de fruta. No querrá parecer que se está aprovechando y por el contrario, no querrá molestar. Es más, se negará a comer algo, pero si su hambre es mucha, podrá comer solamente muy poco y con culpa… porque sabe que eso no era para él.

Con este ejemplo quiero demostrar lo que significa ser un ***HIJO NO DESEADO***.

Esa es la sensación, sentir que no encaja en este mundo (país, casa, familia, amigos, trabajo)

La persona genera un gran sentimiento de rechazo, aunque después los padres hagan todo por compensar la culpa de no haberlo esperado o deseado, el daño (de manera inconsciente) ya se generó y se activó como "programa emocional" en este niño el **NO MERECIMIENTO**. Siente, y cree que no merece nada de la vida, acepta lo que se le dé, y teme pedir por miedo a molestar o a que realmente no le den y se active más fuerte aún su herida del rechazo. En muchos casos ocurre que "el hijo no deseado" termina siendo el hijo más "Sobreprotegido".

La persona con esta herida, puede sentir que no merece vivir en salud, en armonía, que no merece una vida feliz en pareja, no merece un buen trabajo menos un buen sueldo. Y todo lo vivirá con culpa, miedo e inseguridad.

He visto muchos casos en donde esta herida está aún muy presente aún en adultos y adultos mayores. El dolor de no haber sido deseado o esperado causa gran inestabilidad emocional, profunda tristeza y resentimiento.

La persona que lo vive se siente confundida, aman a sus padres, pero al mismo tiempo de vez en cuando vuelven a vivir esta herida y se sienten muy desconectados de sus progenitores. En algunos casos la persona nunca logra sentirse parte de "algo", temen tanto al rechazo de la gente que terminan siempre de alguna manera excluyéndose ellos mismos de situaciones, y de las personas por miedo a sufrir.

Son de círculos de amigos muy íntimos y escasos, cuando la herida es muy profunda, rechazan también el contacto físico, se incomodan cuando están con muchas personas y buscan estar en solitario sufriendo en silencio su propio rechazo.

Con mi colega, madrina, amiga que trabajamos juntas la Terapia Transgeneracional Evolutiva (y es la que enseñamos en nuestra

"Escuela Transgeneracional Evolutivo) Suilang Chung Wong, hemos profundizado mucho el trabajar en nosotras mismas y en nuestras Terapias en ***"rescatar, oír, acoger, y amar al niño interior"***, si bien estamos conscientes que todos los conflictos que estamos viviendo en el presente o los que hemos vivido en el pasado, son conflictos no resueltos de nuestros ancestros, toda nuestra personalidad, forma de ser y de actuar se determinará principalmente por lo que hemos vivido en nuestra infancia.

A ***Terapia llega el niño herido,*** así de simple, inmediatamente que la persona se sienta frente a nosotras vemos la esencia del niño, como se sienta, como habla, sus movimientos, sus gestos, las palabras que usan, nos indican inmediatamente la herida principal que arrastra la persona que asiste a la Terapia, no es de extrañar que terminada la sesión la persona regresa a su hogar inundado de amor, lo dicen siempre, es imposible no expresar la felicidad de conectar con el ser más importante de tu vida.

Con Suilang creamos un ***"Acto de Sanación del huevito"***, hace un par de años que lo estamos trabajando y partimos con nosotras mismas y luego lo trabajamos con nuestros niños. Es un acto de Sanación para reprogramar nuestra gestación. Es mágico, si bien sin duda un acto de sanación no va a borrar o sanar todas las heridas que la persona ha generado y heredado durante su vida y que ha heredado por muchas generaciones, pero si nos ayudará a tomar consciencia del amor que nos debemos, del amor que debemos transmitir a nuestros niños en la gestación, y eso se siente, es recibido. Estamos todos conectados por energía, vibración, inconsciente familiar y colectivo.

Al final de este libro encontrarás el "Acto de Sanación del Huevito y Proyecto Sentido" para que lo puedas realizar, es realmente mágico.

Con respecto al inconsciente, es un tema que también lo hablo y explico en extensión con mi primer libro ***"Tus Ancestros Quieren Que Sanes"***.

Nuestro inconsciente tiene muchas características y una de ellas, es la "inocencia", no juzga, cree absolutamente todo lo que nos decimos, no distingue entre la verdad y la mentira. Cuando te dices que eres gorda y tonta, él se encargará de generar todos los escenarios posibles para que lo que has dicho se mantenga y se cumpla. ***"Ojo con lo que te dices"***...

En un programa de televisión hablé de esta herida y di al público este ejercicio y acto de sanación. Me sorprendió y maravilló recibir tanto ***feedback***, muchas personas se sintieron profundamente identificadas, me agradecieron mis palabras porque ese pequeño espacio en TV, sirvió para que muchas personas en sus hogares comprendieran el origen de su dolor y malestar.

Luego te explicaré paso a paso cómo realizar este hermoso acto de sanación y te compartiré un *link* en dónde también hablo de este tema:

"Nuestro Árbol nos quiere como hijos no deseados, es un programa del sistema familiar que nos permitirá ir por el sendero de la consciencia, sanación y evolución."

"Por lo tanto, no te asustes, nada es bueno, nada es malo, nada es grave, las cosas son, suceden y no por azar."

ACTO DE SANACIÓN
HERIDA DEL RECHAZO

"La aceptación, el valor, no puede dártelo la gente,
tú mismo tienes que dártelo.
No permitas que nadie marque tu corazón."

-Bernardo Stamateas-

Puede que tengas una, dos o más características de esta herida, en distintos momentos de tu vida, las cuales se pueden "Activar" en determinados momentos.

En algunos momentos podemos sentirnos más ofendidos o más rechazados que otras veces. Pero como sea es importante comenzar a sanar.

Esta herida es una de las más dolorosas que existen. Ya que se genera principalmente en nuestra gestación, el dolor de no sentirnos amados o esperados es algo que se clava en nuestra Alma.

"Sanarás Cuando Decidas Hacerlo" debe ser una opción válida, un propósito, tu meta.

Ya que has reconocido esta herida en ti, habrás comprendido que todas las veces que te has sentido rechazado, era tu miedo más grande y la profecía se cumplía.

No importan ya las razones del porqué de esta herida, sino que una vez identificada decides cambiarla.

El aprender a "valorarte", apreciar quien eres, lo que haces, es hoy tu responsabilidad.

"Basta" de buscar la **A P R O B A C I Ó N** de papá o mamá, simbólicamente hablando o del resto de las personas, tu debes ser capaz de sentir y apreciar lo valioso que eres. Esta herida cuando no está asumida hace que busques constantemente la aprobación principalmente de la madre si eres mujer y del padre si eres hombre, necesitas que alguien te valide por lo que eres y que te haga sentir que mereces la vida.

Pero te recuerdo que tú has elegido venir, por lo tanto, todo lo que vives lo mereces por derecho propio. Ahora ***¿Eliges Sanar o seguir sufriendo?***

"ME AMO Y ME ACEPTO TAL COMO SOY", repite esta frase varias veces al día, ***escríbela 100 veces en tu cuaderno de trabajo.*** Escríbelo a consciencia con letra clara y legible y cuando lo estés escribiendo pronúnciala en voz alta.

Escribir 100 veces ***"ME AMO Y ME ACEPTO TAL COMO SOY".***

De verdad hazlo escribe esta frase 100 veces, no te engañes, es muy importante entregar nueva información a tu mente. Escríbelo con puño y letra, pero 100 veces o más si lo deseas.

Repetir por las mañanas frente al espejo y en voz alta ***"ME AMO Y ME ACEPTO TAL COMO SOY" 3 veces***, luego en la noche antes de dormir, frente a un espejo y en voz alta repetir la misma frase y en tu cama antes de dormir, la vuelves a decir.

Vas a hacer una lista de 100 cosas que "mereces", siéntete libre de **Merecerlo Todo ☺.** En tu libro de sanación, escribirás 100 merecimientos, puedes partir por salud, amor en pareja, merezco ser feliz, merezco sentirme parte de un todo, merezco un trabajo digo, merezco un sueldo maravilloso de $$$$ (y colocas lo que mereces) no importa que demores en escribir tu lista, pero es muy importante que mínimo sientas que mereces 100 bendiciones de la vida.

Este trabajo es más que nada para que "convenzas" a tu mente de una nueva programación mental. Es para que comiences a sentir que mereces mucho más de lo que crees. Escribe la lista y luego la lees algunas veces al mes.

También una buena idea es que, en tu cuaderno de sanación, escribas cada noche, 3 cosas que mereces; como, por ejemplo, tener más fuerza de voluntad, encontrar un mejor trabajo, comenzar a amarme, cambiar mi auto este año, una vida mejor, un viaje el próximo año al caribe, etc.

Sueña, decreta, imagina, crea una nueva realidad, necesitas convencerte a ti mismo de que me mereces lo mejor. ¡Hazlo es un trabajo divertido! también porque te darás cuenta de que te cuesta escribir y sentir que mereces algo, o algo mejor, este ejercicio te ayudará a ir liberando el miedo a existir.

Harás una lista con 20 Virtudes y talentos. Puede ser tu generosidad, tu creatividad, tu facilidad para pintar, oír, guardar secretos. Potencia lo que ya tienes, si sientes que no eres tan bueno para cantar, escríbelo en tus talentos, todo lo puedes mejorar, basta enfocarte y trabajar en ello que deseas potenciar.

Cada mañana al despertar "**Agradece**" por este nuevo día de vida. Y tomarás tu cuaderno de Sanación y escribirás cada mañana 5 cosas por las que te sientes agradecido. Puede ser por el trabajo, porque ese día tienes un compromiso, por un nuevo proyecto que está funcionando etc. Agradece la deliciosa ducha caliente de la mañana, el rico café que has tomado, etc. Trata de no repetir los agradecimientos. **Mientras más cosas agradezcas, tendrás mucho más por agradecer.** ☺

Por una semana, vas a estar con tu cuaderno de "Sanación" y cada vez que estés en un diálogo interno, pon atención y escribe todo lo que te digas. Ejemplo si algo no te resulta como lo esperabas, sé atento a lo que te dices mentalmente, es muy probable que te insultes, te digas palabras fuertes o hasta hirientes: soy tonta, soy un inútil, me odio, no sirvo para nada, etc.

Luego por la noche, vas a repasar todo aquello que te has dicho y vas a escribir lo contrario, ejemplo, soy inteligente, puedo lograrlo, me amo, soy buena para muchas cosas, etc.

Verás como el ir tomando consciencia de nuestro propio trato personal hará que el resto de las personas cambie su percepción hacia ti y comenzarás a vivir y experimentar cambios maravillosos.

"La felicitación es agradable y la aprobación útil,
pero no trabajes buscando la aprobación de los demás,
el hacerlo te hará desviarte del objetivo y de la meta."

- Bernardo Stamateas-

Yo También existo:

Debes "renunciar" a pedir la aprobación del resto y esperar que, por arte de magia, las personas comiencen a notar tu existencia, hoy eres tú el que debe hacerse espacio en este mundo. Deja de buscar los rincones y las orillas para esconderte, deja de quedar en silencio cuando sientas que deseas dar tu opinión, comienza a aceptar la crítica sin sentir que es un ataque de guerra. Es normal que las personas den su opinión y es normal que no todos pensemos igual. Vence tu miedo al rechazo y decídete a existir.

Mereces lo mejor:

Resiste a estar en último lugar, no te quedes con lo peor o lo más pequeño, mereces todo lo mejor del mundo al igual que todos en esta tierra. Busca lo que mereces, hazte justicia, vence el miedo a creer que molestas.

Crea vínculos de amistades profundas que te entreguen sabiduría, cariño, compañía y libérate de vínculos tóxicos en donde el único que da eres tú. Amarse es un aprendizaje. Prioriza la calidad de amigos ante la cantidad.

Comienza a confiar en ti, sabes todas las grandes cualidades que tienes, ya eres perfecto tal cual eres. Acepta que es posible que te amen, tienes razones de sobra para que una persona te ame y se enamore de ti. Esto sucederá cuando tu te aceptes y te ames de verdad.

Tú eres tu mejor compañía:

La herida del rechazo trae como consecuencia el sentirnos constantemente excluidos y no amados. No cuestiones más tus sentimientos de angustia y soledad, nadie actúa por maldad, mucho es parte de su percepción y de tu mismo comportamiento de no querer "molestar o existir" el que atraerá a tu vida más de lo mismo.

Comienza de disfrutar del tiempo contigo mismo, descubre y potencia tus talentos, activa el hábito de la lectura, escritura, dibujo, no te sientas solo desde una mirada de víctima, reconcíliate con tu mente para que deje de perturbarte con pensamientos pesimistas y negativos.

Escucha y practica la "Meditación", es una forma de Terapia sanadora que ayudará a calmar tu mente y a conectar más con tu Alma. Comenzarás a oír palabras más dulces y amorosas que vienen de tu corazón.

Renuncia al victimismo:

Asume el control de tu vida en un 100% de responsabilidad. Renuncia a la idea de que el mundo está en tu contra y que tu vida ha sido accidental.

Renuncia al sentimiento de culpa, mereces todo y lo mejor. Atrévete a disfrutar y comienza a reír fuerte, necesitas activar nuevas energías en tu vida.

Si alguien se olvida de ti no te ofendas simplemente hazles saber que sí estas ahí. No te sientas incómodo y aprende a ocupar tu espacio en esta vida.

Enfrenta tus miedos:

Reconoce que todos tus miedos tienen una misma base y origen. "sentir rechazo de la gente", por lo tanto, el sentimiento de temor es a causa de sentirse inseguro y con baja autoestima.

Vencer el miedo a hablar en público lo puedes hacer con un simple trabajo:

Anda y te miras frente a un espejo y comienza por decir todos tus talentos en voz alta. Las cualidades que tienes y habla de tus sueños y metas por cumplir.

Convence a tu mente de lo maravilloso que eres y dejarás de tratar de convencer al resto. El hablar con voz alta frente a un espejo te ayudará mucho a perder el miedo a decir lo que piensas y sientes.

Decreto de Sanación:

Memoriza, y escribe en tu cuaderno de sanación esta frase que te daré ahora. Cuando te sientas en angustia, utiliza palabras de apoyo y amor para ti. ☺ Puedes escribirlo en cartulina de colores y pintar esta frase y colocarla en tu lugar preferido en donde lo puedas ver siempre:

"Sé enfrentar mis miedos, soy una persona valiosa
y tengo derecho a existir."
"Se dar y recibir el amor de otros".

BENEFICIOS DE SANAR LA HERIDA DEL RECHAZO

"Me amo y me acepto tal como soy"

Esta frase es la clave de la sanación, el lograr poder amarte y aceptarte tal cual eres ayudará a trabajar tu autoestima, seguridad personal, amor propio.

El aceptar, reconocer, que se tiene la herida del rechazo es el primer paso a la sanación.

Las personas que tienen esta herida son muy estudiosas, perfeccionistas, como le han hecho sentir que no "valen", ellos quieren demostrar todo lo contrario y suelen ser los mejores alumnos en sus clases.

Tienen grandes talentos para crear, el hecho de haberse sentido excluidos, desarrollan mucha imaginación y creatividad por haberse sentido solos.

Desarrollan una gran paciencia y tolerancia aportando además en grupos sociales mucha serenidad.

Una vez sanada esta herida son personas que tienen gran capacidad para trabajar en lo que se les pida y se propongan.

Tienen una alta capacidad de trabajar en soledad. Serán muy minuciosos en sus trabajos y labores.

Son muy rápidos a la hora de actuar en casos de emergencia, y siempre logran mantener y transmitir calma y tranquilidad. Se sentirán a gusto con su propia compañía y dejarán de sentirse excluidos del resto.

Este tipo de personas son muy responsables, desarrollando grandes cualidades para trabajar bajo exigencia.

Son inmensamente creativos con un gran mundo imaginario. Trabajan excelente bajo presión y aman sentirse útiles en sus trabajos.

Sus actividades, hobbies y trabajos son realizados bajo mucho cuidado y preocupación gracias a la preocupación por los detalles.

"Te invito a ver el video de la Herida del Rechazo"

HERIDA DEL ABANDONO

Vamos a hacer la diferencia entre el "sentirse **R E C H A Z A D O**, y el sentirse **A B A N D O N A D O**".

La persona que nos ***"Rechaza"*,** nos dice:

- "No te quiero a mi lado, no te quiero cerca de mí, no quiero tu presencia".

La persona que nos ***"Abandona"*** nos dice:

- "No puedo tenerte conmigo, y por diversas razones se aleja y nos deja".

Ambas heridas van de la mano, si sufro de rechazo, sentiré abandono.

- Me angustia estar solo.

- Cuando necesito salir, siempre procuro que alguien me acompañe.

- Si debo elegir entre dos opciones, no sé qué elegir, prefiero que alguien me ayude a tomar la decisión.

- Me siento ofendido con facilidad.

- Me dicen que me hago la víctima a menudo.

- Constantemente tengo dolores físicos, síntomas, malestares, enfermedades.

- No acepto un "NO" por respuesta, busco la manera de convencer a la persona para que me dé un "SI".

- A menudo suelo sentirme muy triste y desolado.

- Puedo pasar de la alegría a la pena.

- Me cuesta terminar lo que comienzo.

- Me entusiasmo fácilmente con proyectos e ideas que luego dejo de lado.

- Si mi novio me deja, me muero.

- Si me piden un favor me cuesta mucho decir que no, siempre me ofrezco para ayudar a otros.

- En relaciones de pareja, puedo perdonar infidelidad o a veces mal trato, humillaciones, pero prefiero eso a que me dejen o abandonen.

¿TE HAS IDENTIFICADO CON ALGUNA DE ESTAS FRASES?

De ser así, una de tus heridas es del "*Abandono*".

Esta herida desarrolla ciertos tipos de caracteres y personalidades:

Codependencia / Dependiente / Ansioso
Bondadoso/ Adicciones

¿CÓMO SE GENERA LA HERIDA DEL ABANDONO?

Esta herida se genera principalmente en la infancia después de la gestación. Entre los tres primeros años de vida. ***Si en la familia están recibiendo la llegada del segundo hijo***, el primer hijo se sentirá desplazado, abandonado. No importa todo el proceso que puedan hacer los padres para tratar de minimizar esta llegada del nuevo bebé al hogar.

Que llegue un nuevo hermanito al hogar si o si es una crisis emocional para el hermanito mayor, que no puede asimilar que de un día para otro pase al olvido.

Emocionalmente nos cuesta aceptar que no somos prioridad para nuestros principales "referentes", Mamá y Papá. Es algo que en algunos casos sufrimos durante toda nuestra vida, que es buscar la aprobación, reconocimiento y amor de nuestros progenitores.

Voy a dar un ejemplo:

Si tú estás viviendo con tu pareja, se aman, están enamorados, hacen muchas cosas juntos, todo parece ir muy bien y un día llega tu pareja con otra mujer a tu casa y te dice:

- "Mi amor, te presento a mi amante"

- Por favor te voy a pedir que no te pongas celosa, tu eres la primera, mi primer amor, pero ella ahora será la otra mujer que amaré exactamente igual que a tí.

- Desde ahora tú pasarás a dormir a la otra habitación, como "ella" acaba de llegar necesita adaptarse a esta familia, a la nueva vida y ahora yo dormiré con ella, pero por favor te pido que tampoco lo tomes a mal, no te enojes, no te ofendas, pero las cosas van a cambiar un poco.

- Vas a tener que tomar desayuno sola, y quizás algunas veces almorzar y cenar también, porque yo debo estar todo el día con mi nuevo amor, porque necesita de todo mi cariño y cuidado.

- No podremos salir juntos por un tiempo, y si lo hacemos será con mi nueva mujer, por ahora no podemos dejarla sola en casa.

- **"Te pido que la ames, que la cuides, que estés atenta si ella necesita algo, para poder darle lo que me pide"**

Este ejemplo "simbólico" y quizás algo exagerado, es para que veas comose puede sentir emocionalmente un hijo, con la llegada de un segundo hermanito a casa, se vive como algo irracional y como una locura.

Obviamente no es un castigo ni lo peor que pueda ocurrir, todo lo contrario, los hermanos tienen un vínculo muy especial y sus contratos de Almas, ya estaban firmados para venir a esta misma familia.

Pero lo que quiero que comprendas que, por mucho amor, de todas maneras, a veces en mayor o menor medida se genera la herida del **abandono**.

No es extraño que cuando esto ocurre, el hijo mayor, tenga la tendencia de **"retroceder emocionalmente"**, que quiera usar pañales, chupete, o mamadera. Lo que ocurre es que ve tanta atención al nuevo miembro de la familia que el siente que para tener la misma atención debe ser *"bebé"*.

En otros casos el niño mayor puede estar más sensible, llorón con problemas para dormir, o presente comportamientos en el colegio de frustración o momentos de gran enojo o hasta agresividad. Cada niño es distinto y no se puede adivinar qué es lo que puede ocurrir. En algunos casos "no pasa nada", pero nada que se vea en el momento, pero el hermanito mayor de alguna manera mostrará su rabia que está dentro de él, porque lo que está sucediendo es algo fuera de la rutina y de lo cotidiano que acostumbraba vivir.

Es importante considerar que, en muchos casos, existe no solamente mal trato emocional, sino también mucho maltrato físico, golpes, y palabras muy hirientes que causan mucho daño en la infancia.

La Herida del Abandono también se puede generar cuando los padres, uno o ambos están trabajando muchas horas fuera del hogar.

Se da bastante en la actualidad que por necesidades económicas ambos padres tengan que trabajar. Los hijos fueron criados y cuidados por abuelos, familiares o niñera. Aunque hayan estado a cargo de abuelos muy queridos, los niños siempre van a resentir un abandono de parte de los padres de manera inconsciente.

Lo he visto mucho en Terapia. Veo el abandono y cuando se los digo a mis consultantes la respuesta automática es la siguiente:

¿Abandono de mi padre? Para nada, mi padre siempre regresó a casa después del trabajo... (Esto puede ser de cualquiera de los progenitores)

Poco importa si el padre llegaba siempre a casa por las tardes. La pregunta es tiempo de calidad real recibió en la infancia un adulto:

- *¿Qué vínculo afectivo tenías con papá?*

- *¿Hablaban todos los días un momento?*

- *¿Supo contenerte y apoyarte cuando lo necesitaste?*

- *¿Llegaba de mal humor a casa y nadie se le podía acercar o hablar?*

- *¿Cómo era la relación de pareja de tus padres?*

- *¿Suplen los padres con regalos las carencias afectivas?*

- *Mamá: Hija, voy a dejarte con la abuela esta semana porque debo trabajar.*

- *Hija: no quiero que trabajes.*

- *Mamá: debo trabajar para que estemos bien y tengamos todo lo que necesitamos.*

- *Hija: no necesitamos nada mamá. Estamos bien así.*

- *Mamá: hay que pagar colegio, viajes, y comprar lo que te gusta.*

- *Hija: cámbiame de colegio, no quiero viajar, no quiero regalos…*

Esta herida es mucho más fuerte y se potencia al máximo cuando es provocada por el progenitor del mismo sexo:

Madre – hija Padre – hijo

Otra razón por la que se genera esta herida es cuando unos de los progenitores ha fallecido.

No importa que al niño se le explique que el papá o mamá estén ahora en el cielo mejor que antes, para su subconsciente mamá o papá lo han abandonado.

En este caso se suelen ver muchas características del niño rechazado. Es tan fuerte el dolor que se siente que, si la vida les quita a uno de sus progenitores, de manera inconsciente sentirán que no tienen derecho a disfrutar de nada de lo que la vida les otorga.

También se genera cuando alguno de los padres pasa mucho tiempo enfermo.

Se da mucho también los casos en donde la madre pasa largos períodos de su vida en depresión.

Para curiosidad de muchos, algunos adultos nunca han asumido que sus madres han sufrido de depresión en la infancia, pero luego en Terapia lo ven con mucha claridad. Las madres en depresión no están felices, viven agobiadas, frustradas, enfadadas, están desconectadas de la alegría de vivir y los hijos para "sacar" a su madre de la depresión, recurren a comportamientos inquietos, rabiosos, o violentos. Las madres o padres en depresión están **"aislados en su dolor"**, no interactúan normalmente con su círculo cercano, están ausentes, idos y ajenos a la realidad.

¿Por qué sucede esto?

Cuando el niño se "porta mal", saca a la madre de este estado de inercia y la madre lo reta, lo castiga, en otras palabras "lo vé", pone atención al niño y deja de ignorarlo, y el niño se siente satisfecho. Ningún niño soporta ser ignorado o abandonado por mamá o papá, y prefiere portarse mal, así la madre por último le dirige la palabra.

En la etapa adulta se ve con más claridad. Podemos ver en relaciones que tanto hombres o mujeres tienen parejas que las maltratan verbalmente que una mujer está emparejada con un hombre que la maltrata verbalmente, que la golpea, que la engaña y esta mujer intenta dejarlo, pero no puede. Esto se debe a que esta mujer carga con la herida del abandono muy profunda, tan profunda que ella prefiere recibir daño emocional, ser golpeada, agredida, humillada, pero que no la **"Abandonen".** Prefiere vivir cualquier cosa antes de ser dejada.

Tampoco se trata de entrar en "paranoia", que ambos padres trabajen hoy en muchos casos en una realidad. No podemos evitar que nuestros hijos no tengan heridas de infancia, eso es imposible, lo que sí podemos evitar es que no tenga con el mismo grado de dolor que las vivimos nosotros. Cuando este es el caso, que ambos padres se ven en la necesidad de trabajar muchas horas durante el día procura darle tiempo de "Calidad" a tus niños. Desconéctate unos minutos del trabajo, de la Tv, del celular y conversa con tus hijos, habla con ellos, interesate en lo que están viviendo. Cada detalle vale, el amor se siente cuando lo entregas desinteresadamente. No debes "cumplir" con tus hijos, debes amarlos, considerarlos, hacerlos sentir que su opinión vale, y que tú estás ahí para ellos.

Obviamente también se genera esta herida cuando el abandono es real. Mamá o Papá se han ido.

Esta herida cuesta que la persona quien la sufre la reconozca. No se sienten identificados, no asumen que tienen ciertos comportamientos que para el resto de las personas quienes lo rodean es agobiante.

Para todos en algún momento el que nos llamen "Víctima" es algo ofensivo. Nadie quiere admitir que es responsable por su vida. Cuando estamos con esta herida latente, el rol de víctima es absolutamente notorio.

Son personas que se quejan y sufren por todo con una tendencia al pesimismo. **Les cuesta ver el lado positivo de las cosas y aunque lo vean rápidamente insisten en ver el lado "oscuro".**

En conversaciones se enredan en sus explicaciones, confunden y en muchas ocasiones van a interrumpir al otro porque no soportan que no se le escuche, mire, valore.

Les angustia terriblemente estar solos, no saben estar con ellos mismos, a diferencia de la persona que sufre la herida del rechazo, que tiene un mundo imaginario rico y extenso, esta persona con esta herida no soporta la soledad.

No sabe qué hacer cuando se siente solo, su mente no para de pensar mil cosas y busca desesperadamente compañía.

Es cierto que quien sufre de rechazo tiene abandono, pero la forma de actuar y el carácter es distinto, ya que el rechazo se genera en la gestación y marca demasiado emocionalmente y su forma de ser y de actuar son muy definidas, el rechazado sentirá abandono, y aunque quiera compañía no la buscará porque teme que lo "rechacen".

A la persona con la herida del abandono le costará poner límites, muchas veces se encontrarán en reuniones de amigos, o celebraciones en donde están solamente porque prefieren estar ahí que en sus hogares solos.

Son muy buenos para "Dramatizar" todo tipo de situaciones. Buscan atención siempre, y cuando algo les ha sucedido, siempre van a alargar las historias o van a exagerar lo ocurrido, las heridas o los dolores en busca de compasión y atención.

Pasan muchas veces en citas con doctores. En el colegio irán a enfermería constantemente, cualquier cosa por mínima que sea buscará atención y que alguien los esté cuidando o qué estén cerca de ellos. De niños o adultos son los que se torcerán, romperán huesos, los que pasan siempre enyesados, los que se caen, porque de manera muy inconsciente el estar heridos, o enfermos reciben atención y eso es lo que más quieren y buscan.

De adultos son los **"Hipocondríacos"**, esto es el extremo, pero es el resultado de esta herida potenciada. Pasan de un síntoma a otro y constantemente tienen algo.

Ejemplo:

Si le preguntas a una persona con la herida del abandono

- Y tú, ¿Cómo estás?

- Inmediatamente va a decir:

- *"No muy bien, déjame contarte que..."*

- Y tú, ¿Cómo estás?

- *"No dormí nada del dolor de hombros..."*

- Y tú, ¿Cómo estás?

- *Igual que ayer apenas me puedo mover del dolor de la cadera...*

- Y tú, ¿Cómo estás?

- *Amanecí mal, las piernas...*

- Y tú, ¿Cómo estás?

- *Me gustaría estar mejor...*

- Y tú, ¿Cómo estás?

- *Ni preguntes...*

- Y tú, ¿Cómo estás?

- *Apenas puedo mover los brazos... el cuello, los hombros...*

Te recuerdo que te estoy dando varias formas de identificar esta herida No necesariamente una persona va a tener todas las características de una herida, puede tener varias o en períodos de su vida va desarrollando más una característica que otra, es decir, habrá períodos en donde busque desesperadamente compañía, o pase varias semanas enfermo, o nunca se enferme, pero será dependiente de la pareja, o amigos.

Puede tener la tendencia a caer en adicciones, por querer sentirse integrado a un grupo de niños, jóvenes o adultos que estén en una adicción.

Estas personas necesitan llenar el vacío de la soledad, porque su tendencia es la codependencia emocional, necesita estar **"apegado"** a algo o a alguien.

La soledad se convierte en el peor miedo de quien vivió el abandono en la infancia. Y su herida se convierte en su paradoja:

"Quien vivió abandono tenderá a abandonar proyectos y parejas", hasta que haga consciente su carencia y se haga responsable de su vida y su soledad.

La persona que sufre de abandono piensa:

"Te abandono yo, antes de yo ser abandonado por ti."

En este caso podemos oír de una persona que no comprende como de la noche a la mañana su pareja lo deja sin razón. Es por él "el abandonado" que deja la relación por miedo a que lo dejen y simplemente desaparece. Prefiere abandonar antes de ser abandonado.

SOY UN NIÑO MALO ☹

Estos niños que viven situaciones de vida que generan el "abandono" tienden a desarrollar una característica muy particular. Poco importa lo que haya sucedido, si fue abandono real, o simbólico, fallecimiento, enfermedad, el niño este abandono lo vive como un castigo, y cree que fue por haber sido **"Un niño Malo"**, ni siquiera se lo cuestiona, ¿Seré malo?, sino que siente que por haber sido **malo** está viviendo lo que está viviendo: **A B A N D O N O**.

Entonces si por haber sido malo, es abandonado, comprende de manera equivocada que ahora debe ser **"Bueno"**, así, no será dañado nuevamente y evitará sufrir.

De pequeño siente la necesidad y la obligación de ser **B U E N O.** Por lo tanto, este niño desarrolla la "Bondad" al máximo, detesta a las personas "Malas" y por nada del mundo quiere jamás ser malo. Existe la antigua creencia que ser religioso es ser bueno, por lo que muchas de estas personas son fieles seguidores de alguna religión.

Creen tener la verdad entre lo correcto e incorrecto lo bueno y lo malo y son muy juiciosos. Buscan ser bondadosos, se desviven por el resto, participan siempre en actividades sociales, porque eso les da la tranquilidad mental y la paz que necesitan ya que sienten que están siendo muy buenos y así evitarán ser abandonados.

Necesitan estar sintiendo que actúan bien, eso calma su angustia del abandono.

Son personas muy culposas, sienten culpa por todo, si dentro de un grupo de personas están preguntando quien hizo esto o lo otro, ellos se sienten culpables inmediatamente, creen que todo el mundo piensa que han sido ellos los que han actuado mal.

Sienten mucha admiración por personas buenas y las buscan de referentes para seguirlos.

Sufren muchas veces porque sienten que el resto de las personas son malas, porque los ignoran o abandonan, y que todo lo que ellos dan (bondad, que confunden con amor) no les he regresado.

Las personas con esta herida pueden generar en algunos casos enfermedades o problemas al pulmón, y es común que las personas y ella misma se sorprenda de estar enferma "si ha sido tan buena", pero es verdad, ha sido buena, pero no ha desarrollado el amor, el amor a ella misma, a su dolor, a enfrentar este abandono y a conectar con la vida de otra manera. La bondad la ha desarrollado por miedo a sufrir y a sentirse solos.

Tendrán problemas para cerrar ciclos, cierres, términos, por la sensación de quedar solos. Se apegan a personas o circunstancias para evitar el dolor del abandono. Sienten que jamás son reconocidos por lo que dan, sienten que dan mucho amor y reciben poco, pero lo que verdaderamente entregan es "bondad" que no es lo mismo.

Les cuesta terminar con lo que empiezan. Se entusiasman con muchas cosas al mismo tiempo, comienzan varias y no terminan ninguna.

En relaciones de pareja buscan como sabotear la relación, en ocasiones ellos terminan, ya que prefieren abandonar que ser abandonados, pero la mayoría de las veces sufren de su miedo más grande... se relacionan con personas que terminan por abandonarlos. Si un grupo de amigos tienen como plan ir a la piscina, él se les une para ir, pero si alguno de los amigos, desiste de ir, él por miedo a que los otros tampoco vayan tampoco irá.

Se "amurrará" fácilmente y tomará una actitud de niño caprichoso.

En redes sociales RRSS, es fácilmente reconocido, anunciará con varios días de anticipación que pronto será su cumpleaños. El mismo día de su cumpleaños publicará fotos de cumpleaños y si es mucho el abandono subirá algo así: "Hoy es el cumpleaños de la persona más importante", "Gracias por acordarte de mi cumpleaños", fotos y más fotos y luego se sentirá muy contento de ir respondiendo uno a uno los mensajes de saludos.

Publicará en FB cada vez que esté visitando una Clínica u Hospital, mostrando la ubicación, así tendrá a todos sus conocidos preguntando qué le pasó, si necesita algo o si está bien.

Luego mostrará fotos, el yeso de su pierna, radiografías o incluso fotos de la sangre que ha tenido a causa de algún accidente. Si es mucho el abandono tratará de fotografiar y publicar hasta el aire que respira.

En grupos de chat telefónicos, es el que estará enviando cadenas de oraciones, rezos, Ángeles y santos. En los chats es de la persona que responde casi de inmediato, y cuando se acaba la comunicación siempre envía muchos emoticones para despedirse.

Cada herida tiene una misma forma tóxica de funcionar, cuando no tenemos consciencia nos estamos siempre dando vuelta en lo mismo y la "profecía" más temida se cumple... el ser **ABANDONADO**.

Te recomiendo el libro "Diccionario de las dolencias y enfermedades" es el diccionario más amplio sobre las causas de las dolencias y enfermedades relacionadas con los pensamientos, sentimientos y emociones de Jacques Martel.

Acá te muestro un dibujo para que lo puedas entender mejor, cómo es el círculo “vicioso” de la herida del abandono.

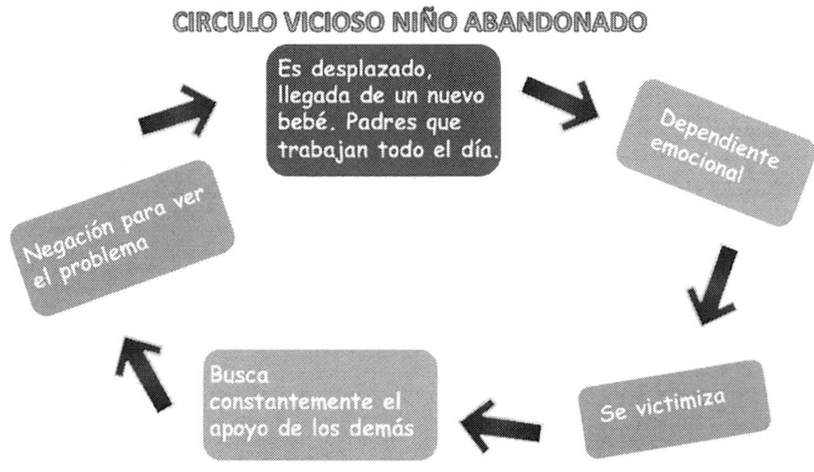

“¿Por qué enfermamos?”
Por adoptar problemas ajenos
Por renunciar a nuestros sueños
Por vivir en el pasado
Por tener apegos
Por guardar rencores
Por reprimir nuestras emociones
Por vivir sin pasión
Por no soltar lo que no nos da paz.

Les recomiendo también el libro de ***“Obedece a tu cuerpo” de Lisa Bourbeau.***

Las personas con la herida del abandono podrían desarrollar enfermedades como:

Asma, problemas bronquiales, miopías, migrañas.

Asma:

Louise Hay Causa probable:

Amor que sofoca, incapacidad de respirar solo, sensación de ahogo, llanto suprimido. Dificultad entre dar y recibir. Relación asfixiante, situación ahogante.

Cuando de niños hemos sufrido de abandono, de adulto voy a querer cambiar esta programación y la tendencia será a ***"sobreproteger"*** a los míos. Si tengo hijos seré muy "sobreprotector" y este cuidado obsesivo el niño lo percibirá como "Ahogo".

Para el inconsciente Ahogo = asfixia = morir.

El niño sobreprotegido, se sentirá asfixiado, y de adulto repetirá el mismo programa de sus padres, es decir, buscará de manera inconsciente personas que lo abandonen, ¿La razón? No quiere sentirse "ahogado".

Esto en el Transgeneracional se identifica por ser un mismo "programa"; abandono es igual a la sobreprotección, es lo mismo, pero en polos opuestos.

Es por eso que una de las enfermedades a desarrollar es esta, "Asma" recordemos que si de niño sufro de la herida de abandono es porque uno de mis progenitores también lo ha sufrido y las heridas emocionales son heredadas de generación en generación. Esto significa que el Asma, puede ser mío o un conflicto no resuelto de mis padres. Es por esta razón que se recomienda un estudio del Árbol Genealógico, de esta manera nos permitirá encontrar el origen de las emociones bloqueadas, que pueden ser los padres, abuelos o bisabuelos, para luego "Desprogramar" la información e integrar una programación nueva. Es aquí en donde yo integro a la Terapia Transgeneracional Evolutiva. **Que es lo que debes sentir y decirte:**

"Opto por ser libre y hacerme cargo de mi propia vida" Al final de este libro, te daré un acto de sanación que trabajará en ti, el amor propio, seguridad, ternura, autoestima. ☺

Bronquitis:

Causa probable: Ambiente familiar conflictivo. Peleas y gritos. A veces, silencio, el niño frente a las discusiones familiares se siente dejado de lado, ignorado, abandonado.

Acumulo "bronca" por lo que estoy sintiendo.

Que es lo que debes sentir y decirte:

Declaro la paz y la armonía en mi interior y en mi entorno. Todo está bien.

Miopía:

Causa probable: Miedo al futuro. Desconfianza del porvenir.

Que es lo que debes sentir y decirte: *Confío en el proceso de la vida. Estoy a salvo.*

Migraña:

Causa probable: Aversión a ser manejada. Resistencia al fluir de la vida. Temores sexuales.

Que es lo que debes sentir y decirte:

Me relajo en el fluir de la vida y dejo que ella me proporcione todo lo que necesito, con comodidad y facilidad. La vida está a mi favor.

Es importante que sepas que te he compartido el significado de enfermedades que están en los diccionarios que te mencioné. Es una "causa probable" de los síntomas o enfermedades que tienes, el comprender la causa te llevará más fácilmente a trabajar tu dolor y liberará de tu herida muchas emociones atrapadas. Se necesita tiempo y dedicación para hacer un trabajo de autoconocimiento, comprender el porqué de tus comportamientos, y esto ayudará a que puedas tener el control y manejo de tus emociones.

Para esto lo ideal es la Terapia Transgeneracional Evolutiva, Bio-descodificación (mi trabajo es integrar estas Terapias en una sola) que trabajan en encontrar el origen de tus conflictos, trabajando desde lo "no consciente", para hacerlo consciente, desprogramar la información recibida para reprogramar una nueva realidad para su total sanación.

HISTORIA REAL
HERIDA DEL ABANDONO

"Solo quiero tenerte conmigo."

Beatriz fue criada por una tía lejana. A su padre nunca lo conoció. Cuando se recibió de Secretariado y encontró su primer trabajo fue cuando decide vivir con su madre. Ambas eran extrañas desconocidas, su madre la tuvo muy joven y la dejó al cuidado de una tía lejana, porque ella no podía hacerse cargo de ella en ese momento.

Como lo hemos dicho, existe un vínculo muy fuerte con nuestros progenitores, poco importa si nos han amado, respetado, violentado o abandonado, siempre queremos recuperar y recibir el amor y cuidados de "papá y mamá".

Beatriz arrienda una pequeña casa y se lleva a su madre a vivir con ella, ya que su madre estaba diagnosticada con fibromialgia y no puede trabajar más y pasa mucho tiempo en casa y en cama por sus fuertes dolores.

A los meses de estar viviendo juntas, Beatriz queda embarazada, su pareja rechaza el embarazo, ofrece pagar un aborto y finalmente huye sin decir una sola palabra. Exactamente lo que le sucedió a su madre. (La Historia siempre se repite...).

Nace Graciela, en un hogar donde existe una madre y una abuela enferma. Al igual que su madre desconoce la identidad de su padre.

Las condiciones económicas eran muy precarias, solamente se mantenían con el sueldo que tenía Beatriz, su madre. Para ganar más dinero su madre se vio en la obligación de tomar un trabajo fuera del pueblo en donde vivían. Beatriz debía viajar cada domingo por la tarde y regresaba a casa cada viernes por la noche. Cuando Beatriz no encontraba pasaje, se iba los lunes temprano en la madrugada.

Beatriz dormía en una misma cama junto a Graciela. Cuando llegaba la hora de irse, Graciela, se quedaba en su cama en silencio viendo como su madre se preparaba en el baño, tomaba su maleta y salía por la puerta para regresar varios días después. Infinitas veces Graciela se quedó llorando en los brazos de su abuela materna mientras su madre se marchaba. El llanto era desgarrador, se quedaba finalmente en el suelo llorando por la partida de mamá.

Graciela recuerda que tenía 5 años exactamente, cuando su madre debía salir temprano para tomar el bus. Una vez que su madre abandonaba su casa, Graciela en pijamas, salía sola por las calles a perseguirla. Iba pies descalzos, con sueño y llorando tras su madre. Cuando Beatriz se daba cuenta se indignaba, algunas veces hasta la golpeó para que ella regresara a casa, la retaba y la mandaba de regreso al hogar, a casa, pero era inútil. Graciela no quería dejar ir a mamá y ella seguía corriendo tras Beatriz.

Era muy temprano por la mañana, las calles del pueblo estaban llenas de hojas que caían en otoño. Las hojas grandes, de colores amarillos, anaranjados y café, parecían tener vida propia al moverse y agitarse en el suelo con el soplo del viento.

Mientras Beatriz caminaba en dirección al paradero de buses, iba a paso rápido con su bolso y una maleta con ruedas, atrás la seguía Graciela. Esta vez la pequeña ya comprendía que no importaba lo que ella hiciera, mamá se marchaba igual. Para evitar enojar a mamá, recibir retos o golpes, Graciela, la perseguía cual "espía", escondiéndose entre los arbustos, troncos de Árboles y autos.

Cuando veía a su madre cruzar la calle y subir al bus la pequeña se sentía desfallecer. Sus piernas se tornaban de lana, un fuerte dolor de estómago acompañaba el llanto amargo de la niña. No había nadie en los alrededores a esas horas de la madrugada que pudiera contenerla, cuidarla, amarla.

En varias ocasiones la pequeña corrió tras el bus, llorando y llamando a mamá.

Después de quedar un buen momento llorando sola al otro lado de la calle, así mismo, en pijamas, pies descalzos, con frío, muchas veces con llovizna o lluvia Graciela regresaba a su hogar. Lo hacía en silencio, no quería recibir más castigos ni enojos de parte de su abuela. En esas mismas condiciones, con el llanto en su garganta, los ojos rojos de tanto llorar, sucia, triste, regresaba a acostarse en la misma cama que ahora ya estaba fría y se sentía más fría por la ausencia de su madre.

De pequeña creyó que era una "niña mala", tuvo que haber hecho algo muy malo para que papá no quisiera conocerla, y más "malo aún", para que su mamá eligiera abandonarla. Para el inconsciente de un niño, el abandono real o simbólico (muerte, abandono real, o abandono por trabajo) se vive como una profunda herida. El niño toma una actitud de **"bueno"**, **"complaciente"** para no vivir el abandono de quienes ama. De pequeña no le gustaba recibir regalos principalmente de su madre, porque le recordaban que eso significaba quedarse sola sin ella, y hubiese preferido mil veces no tener nada, pero quedarse a su lado.

Graciela quiere comprender en Terapia algunos de sus conflictos, su dificultad para poner límites, la necesidad de "apego" que tiene con sus seres queridos y pareja por miedo a ser "abandonada", la sobreprotección que tiene con sus hijos hoy en día, donde no quiere "faltarles" (así como le faltaron a ella sus padres) y de tanta sobreprotección a sus niños finalmente los "ahoga" y los niños reciben este amor asfixiante como algo "tóxico", en donde en vez de querer estar cerca de mamá "huyen" de ella.

Comprendió también el origen de su codependencia y sus miedos y de cómo la sobreprotección hacia sus hijos estaba generando inseguridad en ellos, ya que padres sobreprotectores "No cuidan mal a sus hijos" por el contrario crían a niños que dudan de sus propias capacidades, y los vuelven vulnerables generando poca confianza en ellos.

ACTO DE SANACIÓN HERIDA DEL ABANDONO

Puede ser que tengas, una, dos, tres o todas las características de esta herida, pero ya sea una debes considerar y aceptar que sufres de abandono.

"Sanarás Cuando Decidas Hacerlo" debe ser una opción válida, un propósito, tú meta.

Ya que has reconocido esta herida en ti, habrás comprendido que todas las veces que has sentido abandono, era tu miedo más grande y la profecía se cumplía.

No importan ya las razones del porqué de esta herida, sino que una vez identificada decides cambiarla.

Te aconsejo de realizar tus trabajos en tu cuaderno de sanación. ☺ Quiero que estés en un lugar tranquilo puede ser tu habitación, un parque, un cerro, que cierres los ojos un momento, que intentes conectar con tu niño interior. No debes forzar nada, solamente recordar los pasos que he dado anteriormente para traer a tu presente el niño o niña herida que necesita todo tu amor.

No importa que recuerdes una fotografía lo importante es la edad, y si no recuerdas nada, deja que tu Alma te guíe y pide traer a ti a tu niña herida... Si yo te digo ahora "piensa en una foto de niño tuya" ¿De qué edad es el niño que aparece en la fotografía? ¿Quién vino a ti? ¿Tu niña de 3, 6, 12, 15 años? La edad que llegó a ti es la edad en que nos vamos a concentrar para realizar el acto de sanación.

Vas a trabajar mucho a consciencia y mucho la voluntad del cambio. Asumir que tú eres 100% responsable de tus actos y de tu vida y que ya no es tiempo de jugar el rol de víctima porque de adulto solamente conseguirás el rechazo y más abandono de quienes te rodean.

Escribir 100 veces ***"ME AMO Y ME ACEPTO TAL COMO SOY"***

Repetir por las mañanas frente al espejo y en voz alta ***"ME AMO Y ME ACEPTO TAL COMO SOY" 3 veces,*** luego en la noche antes de dormir, frente a un espejo y en voz alta repetir la misma frase y en tu cama antes de dormir, la vuelves a decir.

Escribe diariamente tres sueños, todo lo que quieras lograr, un amor, viajes, un nuevo trabajo, por cada sueño que escribas, te darás el tiempo de visualizarlo, sentir como si ya estuviera ocurriendo, ver en tu mente todo muy real, con la alegría de ver tus sueños hechos realidad y luego agradece por cada uno de ellos. No importa cuánto tiempo te tome, escribe los tres sueños diarios por la noche y por la mañana, lo visualizas, lo sientes, lo agradeces. Visualízate sano, fuerte, lleno de energía, imagina a tú niño interior con toda la fuerza de la vida.

Tanto si eres niño o niña te sugiero ir a una tienda de juguetes, y comenzar a elegir algo precioso para ti. Ya sea una muñeca, un osito de peluche, un auto, un trencito. **Algo que realmente**

te hubiese gustado tener de niño. Lo pides que lo envuelvan y cuando llegues a casa preparas un ambiente especial, velitas, música a tu gusto y te hablas con amor y cariño, exactamente cómo te hubiese gustado que te hablaran:

- "Mi amor, mi chiquitita hermosa, te amo, mira lo que tengo para ti"

- "Mi amor, mi príncipe hermoso, mira lo que tengo para ti" y comienzas a abrir tu hermoso regalo con mucho amor y alegría.

Este es un acto de sanación que yo lo hice para mí y me ayudó de manera increíble y desde entonces siempre lo he recomendado.

Paso 1: Comprarás un hermoso peluche para ti (perrito, osito, chanchito, cuncuna, conejo).

Paso 2: Pide que lo envuelvan especialmente para una niña/niño maravilloso.

Paso 3: Frente a un espejo te lo regalas.

Paso 4: Con mucho amor y sintiendo lo de verdad lo abres para ti.

Paso 5: "Este peluche mágicamente se convierte en 'tu niño interior', toma en tus brazos a tu peluche y colocándolo junto a tu pecho lo calmas y verás como te calma.

Este regalo lo dejarás en un lugar visible o contigo en tu cama, que no te avergüence el dormir con tu osito o juguete, si tu niño interior lo necesita. Yo tengo mis juguetes, regalones, mi *Barbie* de ballet, mi princesa *Disney* la sirenita, mi *osito de peluche*. Cuando siento la necesitad tomo mis juguetes, me dejo llevar por la alegría emoción y me siento muy bien. En un momento necesité mucho llorar, tomé a mi osito y lo puse en mi corazón, comencé a calmar a mi niña interior, me dije palabras dulces, muy amorosas, y comencé a sentir gran alivio.

Hazlo, por favor hazlo, y verás que tengo razón.

Envíame una foto de tu juguete y si lo deseas con mucho gusto lo publicaré en mis páginas de RRSS. Es algo que aún no lo he hecho, pero todos aquellos que estén leyendo mi libro les dejo la invitación, es un hermoso desafío, sin miedo y sin vergüenza **"Elijo Sanar".** ☺

Te dejo mi email: transgeneracional@suimeichung.com

Cada día mejor:

Resistir a la tendencia a decir que estás mal, enferma, adolorida cuando alguien te pregunte ¿Cómo estás? Aún sea verdad quiero que digas **bien**, o **cada vez mejor**. Las personas de tu entorno están cansadas y agotadas de oír que siempre estás mal, el cambio comienza por ti.

Yo decido:

Aprende a tomar tus propias decisiones. Si necesitas comprar algo y no sabes si escoger entre el rojo, el azul, tómate unos minutos, consulta con tu voz interior y pregúntate: ¿Rojo o Azul?, ¿Rojo o Azul?, ¿Rojo o Azul?, aprende a oír tu intuición y sabrás exactamente qué color elegir. Hazlo con todo, así estarás cada vez dejando la codependencia de estar preguntado todo a todo el mundo y comenzarás a sentirte cada vez más seguro de ti mismo.

Yo voy si o si:

Integra en ti la idea de comenzar a actuar de manera distinta, acepta que existen personas que no van a querer participar en alguna actividad y aún si tú quieres hacerlo participa de todas maneras, no te quedes fuera de algún evento, paseo, fiesta, simplemente porque alguien no ha querido participar o acompañarte.

Vence tus miedos:

Haz una lista de tus "Miedos", cuando estés escribiendo tus miedos, escribe la razón del porqué de ese miedo. El hacerlo te ayudará a tomar consciencia para ver que muchos de tus miedos en realidad van a ir perdiendo fuerza. Si tienes miedo a estar solo, que es una característica de esta herida, atrévete a estar solo y a salir solo. ☺ Intenta de salir a caminar, a ir a un parque, cine, o a tomar un café. Aprende a estar contigo mismo, no sigas huyendo de ti, no temas a tu propia existencia.

Amo mi compañía:

Quiero que te atrevas a ir de compras, a tomar un café, llévate un libro y comienza a disfrutar de tu propia compañía solo. Elige tomar "Un curso" de autoayuda, deporte, lo que quieras, pero terminalo hasta el final. No busques excusas creyendo de que todo el mundo te odia, que el profesor, que la compañera, el compañero, no te quieren y toma fuerza de voluntad y siéntete orgulloso de ti.

Decreto de Sanación:

Memoriza, y escribe en tu cuaderno de sanación esta frase que te daré ahora. Cuando te sientas angustia por esta solo, utiliza palabras de apoyo y amor para ti. ☺ Puedes escribirlo en cartulina de colores y pintar esta frase y colocarla en tu lugar preferido en donde lo puedas ver siempre:

"Sé cuidar de mi mism@,
y es un placer maravilloso estar conmigo.
Tengo ideales propios y soy muy poderoso-a para alcanzar
todo lo que me proponga."

BENEFICIOS DE SANAR LA HERIDA DEL ABANDONO

"Me amo y me acepto tal como soy"

Esta frase es la clave de la sanación, repítela varias veces al día, es muy potente. Amo a Louise Hay, existen muchos audios en internet de autoayuda que te recomiendo oír a elección, seguro siempre escogerás el que necesitas oír.

El aceptar, reconocer, que se tiene la herida del "abandono" es el primer paso a la sanación.

Las personas que tienen esta herida, sabrán que la están sanando cuando cada vez, necesiten menos llamar la atención del resto. Amarán el tiempo solos y se sentirán muy seguro de sus decisiones y de lo que hacen.

Las personas que van sanando esta herida del abandono, comenzarán a dramatizar mucho menos sus historias, se volverán más calmadas y el resto de las personas disfrutarán de su compañía. El cambio es muy notorio.

Desarrollarán más seguridad en ellos mismos, lo que se reflejara en el área laboral, personal y sentimental. Son personas que como sintieron que debían ser "buenos" trabajarán ahora a consciencia esta bondad entregando más amor, sin ser sobreprotectores, realizando sus actividades en armonía y sin angustia.

Aprenderán a colocar límites y sabrán cuando es el tiempo de cerrar ciclos para dar paso a lo nuevo en sus vidas.

Te invito a ver este video en dónde hablo de la herida del A B A N D O N O.

HERIDA DE LA HUMILLACIÓN

- Detesto mirarme al espejo.

- Me avergüenzo de mí.

- Siempre he tenido problemas de sobrepeso.

- Siempre de pequeño me han comparado con mi hermano mayor y/o primas/amigas.

- Mi madre, padre, se avergüenza de mi.

- No soy lo suficientemente bella ni inteligente.

- Odio mi cuerpo.

- Todo lo que me pongo que queda mal.

- Escribo con letra muy pequeña.

- Vivo con ansiedad.

- Me ofendo con facilidad.

- No puedo perder peso, ninguna dieta me sirve.

- Soy la más fea de mis hermanas.

- No sé poner límites ni decir que NO.

- En reuniones sociales, tiendo a reírme y burlarme de mi misma para que el resto de las personas se rían.

- Invento chistes y bromas para reírme de mi aspecto físico.

- Todos son mejores que yo.

- La gente abusa de mi.

- Me dejo ridiculizar, a pesar de hacerme daño.

- Me siento sucio y no puedo disfrutar de mi cuerpo ni la sexualidad.

- Como compulsivamente.

¿TE HAS IDENTIFICADO CON ALGUNA DE ESTAS FRASES?

De ser así, una de tus heridas es la **"Humillación"**

Esta herida desarrolla ciertos tipos de caracteres y personalidades:

Tímido / Avergonzado / Masoquista

¿CÓMO SE GENERA LA HERIDA DE LA HUMILLACIÓN?

Una persona puede sentirse culpable sin tener vergüenza, pero no la puede tener sin sentirse culpable.

Esta herida se genera en la infancia hasta la adolescencia. Es una herida que se provoca por haberse sentido avergonzado, humillado, o mal tratado en público. Esta herida es mucho más fuerte cuando es la madre o quien hace el rol de madre quien la ejerce.

El niño que genera esta herida se siente mal consigo mismo, siente que el resto lo rechaza, pero por ser algo sucio, asqueroso no digno de ser amado. El niño siente que sus padres se avergüenzan de él. El niño se siente indigno de recibir amor.

La herida de la humillación es profundamente dolorosa, para quienes la tienen sienten mucha frustración en todas las áreas de su vida ya que sienten que hagan lo que hagan siempre lo harán mal, se sienten inferiores al resto, tanto profesionalmente, emocional y físicamente.

Son personas que no se gustan así mismas, se detestan y detestan mucho su aspecto físico.

Las personas que sufren de esta herida han sido profundamente atacadas en su integridad emocional, denigrados como seres humanos, obligados en algunos casos a obedecer órdenes injustas, a trabajar a disgusto, han sido ofendidas en privado o públicamente, siendo esta última la que genera una herida más dolorosa.

El mismo hecho de recibir tanto desprecio, hace que esta persona tenga serios problemas de autoestima y seguridad personal. No se imaginan que puedan ser o actuar de distinta manera.

De pequeños son comparados continuamente con algún hermano, primo o amiguito que es "perfecto, bello y hace todo bien". Este niño de infancia recibe insultos y comparaciones dolorosas:

- ¡Mira que asqueroso eres!, ¡deberías ser como tu primo que jamás se ensucia!

- Le contaré a todos que te has hecho pipi en la cama para que aprendas a no hacerlo nunca más.

- Deberías mírate al espejo antes de salir a la calle tan horrible.

- Si sigues comiendo así vas a parecer una vaca obesa.

- Estás tan gordo que ya nada te queda bien y no pienso comprar más ropa para ti.

- No sé en qué estaba pensando cuando quedé embarazada de ti.

- ¡Eres igual de inútil que tu padre!

- Te prohíbo que llores porque te pegué en público, lo tenías bien merecido.

- Debí haberte abortado.

A medida que van pasando los años, y si las comparaciones, insultos, y malos tratos siguen esta herida va creciendo y potenciándose en el niño/adulto.

Esta herida se genera en el niño al recibir demasiados gritos y palabras de muy malos tratos y denigrantes. Esta herida puede surgir en el momento de la gestación en algunos casos especiales.

En mi primer libro **"Tus Ancestros Quieren Que Sanes"** hablo del **"Proyecto Sentido Gestacional"**, que es el período en donde se traspasan todas las emociones e información Transgeneracional al bebé en gestación. Lo hablo más en detalle ya que es muy importante como este período nos afecta en nuestra vida.

Imaginemos que una mujer queda embarazada, y su pareja la deja, ella queda emocionalmente vulnerable, pero vamos a pensar que ella siente mucha "vergüenza" por quedarse sola, abandonada, y que su pareja a las semanas ya está de novio con otra mujer. Toda esta situación además de traumática y dolorosa, la madre la vive como una humillación y vergüenza, y es ahí donde el bebé que espera recibe toda esta información emocional y siente que su nacimiento es causa de **"vergüenza y humillación"**.

Si el niño es sorprendido mirando su cuerpo, y el adulto lo castiga, lo humilla y ofende, el niño comprenderá que su cuerpo es algo *"sucio" y "malo"*.

El niño o niña teme al contacto físico, siente rechazo de su propio cuerpo sobre todo si le han hecho sentir que debe sentirse culpable por mirarlo o tocarlo.

Por lo general al escribir tienen letra pequeña, de adulto le gustan los autos pequeños, casas pequeñas, todo lo que sea diminuto, y de colores poco llamativos.

Esta herida es muy fácil de reconocer por su aspecto y apariencia física.

Las personas que sufren de esta herida tienen problemas de sobrepeso. Se hacen expertos en rebajarse públicamente a sí mismos.

Suelen de ser de estatura baja, cuello corto y pegado al cuerpo, espalda gruesa y hombros gruesos, extremidades cortas o pequeñas y mucha grasa abdominal. Si la herida es muy profunda el cuerpo físico lo demostrará con más sobrepeso.

El niño en esta situación se siente prisionero. Siente que no tiene a la libertad de ser quien es realmente, se siente contantemente observado, criticado y enjuiciado.

El niño o niña crea un vínculo tóxico con la madre (o la persona que cumple el rol de madre). Ha sido tanta su humillación y mal trato que ha recibido, que quiere hacer todo lo posible por complacer a mamá para ver si de esa manera, logra darle en el gusto en algo y así su madre lo valore.

Estas personas son por lo general tímidas y miedosas. Tienen miedo de hablar en público, por temor a ser ridiculizadas. Temen equivocarse y que su error sea causa de burlas y risas en su contra. Tienen la sensación de que todo el mundo las mira para criticarlas o buscar algo malo e incorrecto en ellos.

BUSCO ACEPTACIÓN, NECESITO AMOR

"Los demás nos tratan como permitimos que nos traten."

Es una muy triste realidad. Las personas con esta herida sienten que no tienen derecho a ser amados. No creen que por su aspecto físico y por sentirse una nulidad alguien podría fijarse en ellos. Para poder sentirse integrados en un grupo social, estas personas profundamente heridas, permiten ser tratados siempre de una manera indiferente, denigrante y abusadora. Las personas de su entorno "usan" a este tipo de personas para los mandados, encargos, ya que jamás dicen que "No" a algo.

Aunque no quieran hacer algo lo harán de todas maneras, o si no quieren ir a algún lugar irán igual, si alguien les pide un favor se sentirán culpables de decir que no y acaban haciendo todo aquello que no les gusta, les molesta o les agota. Tienen gran dificultad de poner límites en su vida.

Existirán quienes abusen de las personas con esta herida sin descaro y constantemente.

Para sentirse útiles se ofrecen a ayudar a todo el mundo y se hacen cargo emocionalmente de muchas personas, atienden sus conflictos, prestan oído a sus problemas y se ofrecen para ayudarlos en todo, lo que hace finalmente y de manera inconsciente que todo este *"peso"* y cargas emocionales se traspasen al cuerpo físico. Es tanto el "peso" que asumen, que su cuerpo de debe hacer "grande" para sostenerlo, y es esa una de las razones por las cuales estas personas con esta herida tienen cuerpos robustos, fuertes, y con sobrepeso. Cuantas más responsabilidades de otros asuman, más peso cogerá su cuerpo.

El sobre peso tiene muchas "razones emocionales". Cuando me he sentido muy "ignorado" mi cuerpo toma peso para "hacerme más grande y visible".

Cuando he sufrido abusos en la infancia, mi cuerpo puede tomar peso para "protegerme" para cubrirme simbólicamente y también para no ser "atractiva" al sexo opuesto y así evitar un nuevo abuso. Cada caso se debe analizar de manera individual y la Terapia Transgeneracional Evolutiva, trabaja maravillosamente ya que se conecta con el inconsciente de la persona, para desprogramar las emociones que están atrapadas por el abuso vivido.

Es recurrente ver en fiestas sociales, reuniones de familiares, amigos o cumpleaños que la persona con esta herida se reirá de ella misma en público, aceptará que se le digan sobrenombres ofensivos como: el guatón feo, la gordis, la mole, la ballena, el sapo, la bola, foca, etc. Increíblemente esta persona será la que buscará ser llamada de esta manera, contará chistes ofensivos de gordos, y se hará *bullying* donde todo el mundo se ría de él o ella.

Es común ver tristemente en películas cómicas que cuando hay una persona con sobrepeso siempre hará un rol de ridículo, de chistoso, donde él se burlará de sí mismo para agradar y hacer reír al resto. Con esa forma de actuar, el niño aprenderá a castigarse a sí mismo (humillarse) antes de que lo hagan otros...

Este comportamiento se genera porque ha sido tanta la ofensa y dolor recibidos en su vida que como medida de "protección", esta persona se agrede públicamente antes de que otra persona lo haga. Así cree que su dolor disminuye, pero es todo lo contrario.

Su sufrimiento aumenta con cada maltrato, con cada humillación que recibe o se provoca.

Para las personas que sufren de la herida de humillación, es muy importante que las personas que le rodeen se sientan bien, si esto no ocurre suelen sentirse culpables y creen que ellos han hecho algo mal, razón por la cual son absolutamente serviciales, y siempre están dispuestos a ayudar, aunque a veces no quieran hacerlo, se sienten obligados.

A menudo se sienten abusados, por ejemplo, si en un trabajo preguntan quien quiere quedarse horas extras, esta persona siente que debe ser él quien las haga... luego de quedarse (donde no quería quedarse) si el jefe "olvidara pagar las horas extras", esta persona no se atreverá jamás a pedir el dinero que se le debe y caerá en abusos hacia su persona. No se atreve a pedir lo justo, siente en gran parte que no lo merece y como tiene tan baja autoestima siempre se siente agradecido con poco o migajas.

De infancia sufre la sensación de sentirse "privado de su libertad", siempre estuvo bajo la mirada crítica, dura y destructiva de su madre o quien hizo el rol de madre, también pudo haber sido el padre quien generó esta herida. De adulto quiere sentirse "Libre", y equivocadamente como se le ha "grabado un programa de auto-odio" porque no se sintió amado y nadie le ha enseñado a amarse, comienza a hacer todo lo que se le prohibió en exceso. Comerá, beberá, hablará, ayudará, trabajará, en exceso, y puede tener momentos de mucha entrega sexual sintiéndose al final de cada exceso culpable, con sentimiento de vergüenza y para cubrir estos vacíos existenciales provocados por tantos excesos, el individuo vuelve a recaer en lo mismo.

Las personas con la herida de la humillación son extremadamente inseguras, dudan de todo lo que hacen y dicen. Como gran parte de su vida se han sentido observados y juzgados negativamente, creen que todo el mundo que los mira está pensando mal de ellos. Se angustian solos creyendo que las personas están siempre hablando mal en su contra, se sienten constantemente criticados por lo mal que se ven, por lo mal que se visten, por lo mal que hacen todo y muchas veces esto sucede solamente en sus cabezas, pero no pueden pensar de manera distinta, porque no se han sentido apoyados ni amados jamás.

Hasta el cansancio buscan la aprobación de sus padres especialmente de la madre. **Buscarán la manera de sabotear su vida, porque el sentimiento profundo que los condena es acabar con su dignidad.**

Es común ver a estas personas que tienen tan marcada esta herida que buscan de manera inconsciente sentirse humillados. Se vestirán con ropas no adecuadas para su talla y peso, usarán colores que no combinan, y si alguien le dijera algún halago, ellos se encargaran de reírse de ellos mismos.

- ¡Qué bien te queda ese abrigo María!

- Ni lo digas tuve que matar a 10 vacas para obtenerlo… ☹

- ¡Vienes a casa hoy para ayudarme con mis trabajos!

- Llámame Gordis, y claro que voy… ☹

- María te ves bien para la cena.

- Asquerosamente gorda, así es como me veo… ☹ y te juro que no como nada, pero no sé porque subo de peso… (no tienen la consciencia de comer en exceso)

La razón porque esta persona se sigue humillando y buscando situaciones en donde se avergüenza de sí mismo, es porque de esta manera él o ella esconde su dolor detrás de estas "risas". Es una forma inconsciente de humillarse, para no sentir la vergüenza que esconde bajo sus palabras ofensivas.

Esta herida genera en los niños la misma sensación que se provoca con la herida del abandono. La inseguridad, falta de amor, problemas de autoestima, hacen que estos niños sientan que por haber "sido malos, o haber hecho algo mal" son tratados de esta manera, y sienten por lo tanto que deben ser *"buenos"*.

"Las personas con herida de humillación ponen toda su energía en los demás para alcanzar sus metas y nunca en si mismas para alcanzar las propias."

Y la bondad generará en ellos más situaciones de humillación porque confunden ser buenas personas con serviciales, y fallan en no saber poner **límites** en todos los ámbitos de su vida.

Las enfermedades que pueden desarrollar son diabetes e hipoglucemia, enfermedades relacionadas con la falta de dulzura en sus vidas, cargadas de abusos y poco amor para ellas mismas. Pueden tener problemas de corazón ya que no han sabido cómo amarse a sí mismos lo suficiente, además de no sentirse importantes como para sentir alegría de vivir. Lo único que les causará alegría y placer en su vida será en la comida y los excesos cuando la herida es muy profunda.

Todos estos comportamientos de ayudas excesivas, servicialismo, de aceptar tratos injustos, trabajos que no disfrutan, lo hacen para sentirse amados y aceptados. Buscan incansablemente poder "pertenecer" a la familia, amigos, grupos sociales y lo harán atendiendo a todos en sus necesidades.

"Sanar no significa que el daño nunca existió,
sino que el daño ya no controla nuestra vida."

"Con el tiempo te darás cuenta que todo el mundo tiene cicatrices, algunos en el cuerpo, otros en el Alma y otros en el corazón."

Las personas con la herida de la humillación podrían desarrollar enfermedades como:

Dolores de espalda, diabetes, problemas al corazón:

Espalda por Louise Hay:

Representa nuestro sistema de apoyo. Tener problemas con ella significa generalmente que no nos sentimos apoyados, ya que con demasiada frecuencia creemos que sólo encontramos apoyo en nuestro trabajo, en la familia o en nuestra pareja, cuando en realidad contamos con el apoyo total del Universo, de la Vida misma.

Causa probable: Representa el apoyo de la vida

Lo que debes sentir y decirte: Sé que la Vida siempre me apoya.

PARTE SUPERIOR, PROBLEMAS

Causa probable: Falta de apoyo emocional. Sensación de no ser amado. Freno en la manifestación del amor.

PARTE MEDIA, PROBLEMAS

Causa probable: Culpa. Atascamiento en el pasado. Sensación de carga.

Lo que debes sentir y decirte: Libero el pasado. Soy libre para avanzar con amor en mi corazón.

PARTE INFERIOR, PROBLEMAS

Causa probable: Miedo al dinero. Falta de apoyo económico.

Lo que debes sentir y decirte: Confío en el proceso de la vida, que se ocupa siempre de todo lo que necesito. Estoy a salvo.

SOBREPESO

Diccionario Jacques Martel: Frecuentemente relacionado con el hecho de acumular cosas, ideas, emociones, querer protegerse, sentirse limitado, vivir una vida interior.

Louise L. Hay:

Causa probable: Miedo, necesidad de protección. Huida de los sentimientos. Inseguridad. Rechazo de uno mismo. Búsqueda de satisfacción.

Lo que debes sentir y decirte: Estoy en paz con mis sentimientos. Estoy a salvo donde estoy. Yo creo mi propia seguridad. Me amo y me apruebo.

GORDURA

Louise L. Hay:

Causa probable: Deseo de protección. Hipersensibilidad.

Lo que debes sentir y decirte: El amor divino me protege. Estoy a salvo y seguro.

Las personas con sobrepeso suelen tener sentimientos de miedo y se suelen sentir desprotegidas, en muchos casos suelen ser personas con carencias afectivas e insatisfacción sexual. La comida se convierte en un paliativo de su insatisfacción, del tipo que sea. El sobrepeso también lo favorece la soledad, el aburrimiento, la tristeza, el rechazo, un sentimiento de fracaso, la sensación de impotencia, y las ideas negativas. La única dieta efectiva, es la abstención de pensamientos negativos. Muchas veces engordan más los remordimientos por el alimento que te estás comiendo, que el alimento en sí. Porque si tú crees que te engorda, ten seguro que lo hará. Creer es crear.

RETENCIÓN DE LÍQUIDOS

Louise L. Hay:

Causa probable: ¿Qué tienes miedo de perder?

Lo que debes sentir y decirte: Libero de buena gana y con alegría.

Es importante que sepas que te he compartido el significado de enfermedades que están en los diccionarios que te mencioné. Es una "causa probable" de los síntomas o enfermedades que tienes, el comprender la causa te llevará más fácilmente a trabajar tu dolor y liberará de tu herida muchas emociones atrapadas. Se necesita tiempo y dedicación para hacer un trabajo de autoconocimiento, comprender el porqué de tus comportamientos, y esto ayudará a que puedas tener el control y manejo de tus emociones.

Para esto lo ideal es la Terapia Transgeneracional Evolutiva que trabajan en encontrar el origen de tus conflictos, ayudando a desprogramar y desbloquear las emociones que están atrapadas en ti y que están causando molestias, síntoma o enfermedades.

¿DE QUIÉN TE PROTEGES?

*"Cuando te sientes amada,
y te aceptas, dejas de usar
la comida para hacerte daño."*

El sobrepeso está relacionado a muchas heridas principalmente de nuestra infancia. Cuando nos hemos sentido abandonados, dejados de lado, ignorados, al mismo tiempo mal tratados por un adulto, que nos humillaba y que sólo potenciaba en nosotros palabras peyorativas, yo no sabré amarme.

Si en la infancia he sido abusad@ y nadie me ha protegido, de adulto programaré mi cuerpo para hacerme "fuerte" para que nadie me vea, para protegerme de quien me quiera dañar. Así el sobrepeso me "oculta" y no seré atractiv@ para el sexo opuesto. No sé amarme y me castigo con la comida quedándome sol@ porque nadie ha sabido contenerme ni amarme.

Detrás del sobrepeso también puede haber una madre dominante, posesiva, castigadora, la niña de hace "grande" para ser vista, para recibir cuidados y amor. Pero la niña no sabe expresar sus emociones y sigue tragando su tristeza. ☹

Lo que te hizo engordar fue el miedo, el abandono, la falta de amor, la desprotección, la desvalorización, las constantes humillaciones.

SI NO PUEDO PROCESAR MI TRISTEZA QUIZÁS ME LA PUEDA COMER, SI NO PUEDO PROCESAR MI IRA, QUIZÁS SEA CAPAZ DE ENGULLIRLA

Ahora te compartiré un breve texto del Doctor Salomón Sellam, que escribió en su libro SOBREPESO Y OBESIDAD, que nos da la explicación emocional al sobrepeso:

LA OBESIDAD

Desde el punto de vista simbólico, las personas que engordan, en realidad lo que hacen es "protegerse" de los demás, o de algún tipo de situación o trauma instaurado en su cabeza.

En la obesidad no se acumula masa ósea, ni muscular, ni se agranda ningún órgano, ni se llena ninguna cavidad de aires malignos. Lo único que se acumula bajo la capa de la piel es una cantidad de grasa (energía estancada) que no se va a usar y se retiene una cantidad de líquido (emociones tóxicas), que el organismo no puede eliminar.

Las células del cuerpo de una persona obesa, obedecen una orden de acumular grasa, y como sea, de no soltarla, ni quemarla. Centrándonos en la grasa, esta podría considerarse como un elemento comodín que el cuerpo, obediente como inquilino a las órdenes del patrón, en el inconsciente, las sitúa estratégicamente con distintas intenciones.

Tres ejemplos:

En el abdomen, para defenderse de ser adulto. Tomamos forma de bebé barrigón. Puede que el Árbol ataque a los niños cuando "espigan". En el abdomen también, para simular un embarazo. El Árbol te acepta como madre, no como mujer.

En las caderas y muslos para ocultar el talento creativo y la libertad de expresión artística. El Árbol asignó a otra persona este territorio, o hay una prohibición total al desarrollo libidinal, en beneficio de otro de los egos, por ejemplo, el intelectual o el material.

En todo el cuerpo a consecuencia de un abuso sexual. Puede provocar que asociemos "la belleza" con "la agresión". Es decir, si soy bella soy blanco de agresiones sexuales, por lo tanto, engordo y de ese modo nadie me mirará, ni me deseará sexualmente. Es una forma de defensa para estar a salvo.

Desde la perspectiva de Naska Groppaglio, la obesidad, así como la delgadez, las jorobas, etc. se utilizan para integrarse en el "clan familiar". Cuando no hay suficiente espacio en familias con muchos hijos, cuando uno nace no deseado, del sexo opuesto al esperado, es posible que el cerebro más primitivo encuentre estrategias de supervivencia que responden a estos patrones.

También hay personas que establecen su prioridad en el ahorro, en no gastar ni un centavo. Son las personas que no invierten, sólo acumulan. La obesidad podría ser un síntoma de esa disposición, del miedo a que le falte. Como un seguro a todo riesgo, donde la grasa es "el seguro".

Detrás de la obesidad también puede haber una madre dominante, posesiva, que ejercía un control estricto sobre su alimentación, sus pensamientos, sus sentimientos y su creatividad. En este sentido, la obesidad representa una oposición inconsciente a la autoridad materna que abusó de nosotros.

Un ejemplo puede aclararlo: Una niña empezó a engordar para que su madre la quisiera y se preocupara de ella, tanto como de su abuela que había enfermado y ahora estaba en su casa robándole toda la atención.

Debemos preguntarnos:

_ ¿Qué sentido metafórico tiene acumular la grasa o el líquido en este lugar de mi cuerpo?

_ ¿Qué es lo que en realidad acumulo y para qué?

_¿ Por qué no dejo fluir la energía y las emociones?

_ ¿Qué oculto tras la grasa?

_ ¿A quién o a qué me parezco con esta imagen?

_ ¿He sido visto por mis padres?

_ ¿He tenido suficiente espacio para crecer entre mis hermanos?

_ ¿Estoy alimentando mi falta de amor con exceso de comida?

Te comparto un video en donde hablo del "Sobrepeso" y sus causas emocionales.

HISTORIA REAL
HERIDA DE LA HUMILLACIÓN

"La vergüenza, mi mayor humillación."

Soledad era la segunda hija de tres hermanos. Su hermano mayor le llevaba 6 años de diferencia, y era el preferido de papá y mamá. Soledad fue una hija no deseada, en el momento de su gestación sus padres estaban a punto de separarse.

Al año de haber nacido, su madre queda nuevamente embarazada. Su tercer embarazo fue delicado y nace una niña, que debe recibir extremos cuidados por nacer prematura.

Su hermano Enrique queda a cargo de su padre y abuelos paternos y Soledad pasa al cuidado de sus abuelos maternos. Su madre, María, nunca tuvo buena relación con sus padres, también era la segunda hija de tres hermanos. Soledad con apenas dos años de edad pasa largos meses en casa de sus abuelos maternos, en donde también vivía su tía Rosa quien tenía 4 hijos mayores que ella. Esta tía era muy rígida y dura para criar a sus hijos, y también lo era con la pequeña Soledad.

En aquel hogar, Soledad era obligada a mantenerse limpia, estaba dejando apenas los pañales y recibía gritos y malas palabras cuando no alcanzaba a llegar al baño.

-¿Te hiciste pipí otra vez? Niña sucia, niña fea, mira a tus primas, todas van al baño solita.

Soledad era constantemente comparada con sus primas, y primo mayor. Nadie consideraba lo pequeña que era y lo sola que estaba en esos momentos. De chiquita comprendió que "ella no era lo suficientemente buena ni perfecta" y recibía castigos humillantes cuando actuaba de una manera no esperada por adultos.

La obligaban a terminar todo el plato de comida, de lo contrario debía permanecer sentada hasta que lo terminara. Mientras eso no ocurría, sus primos jugaban haciéndole burlas infantiles que por mucho que provengan de niños, son muy hirientes. Sin razón alguna su primo pequeño gozaba hacerla llorar y sentía un placer macabro, cuando la niña era castigada o reprendida por sus llantos y pataletas.

En silencio cuando los adultos no los oían, su primo le susurraba al oído:

- ***Come guagua fea, o te voy a llevar a un lugar oscuro con el cuco...***

Y ahí sin que nadie lo viera, por debajo de la mesa le pellizcaba las piernas y la hacía llorar.

- Te han abandonado por mala, gorda y fea, a nosotros nos aman, a ti no. Y encontraba la manera rápida de causarle algún daño para que Soledad entrara en llanto.

Cuando su madre regresa a casa con la pequeña bebé recién nacida, decidieron que Soledad quedara unos meses más en casa de sus abuelos maternos, tía y primos. En total fue un poco más de un año.

La pequeña hermanita de Soledad siempre recibió más cuidados y atenciones. Su hermano mayor ya tenía "terreno ganado desde que nació", en cambio ella, nunca tuvo su lugar, por el contrario, pasó su vida permitiendo abusos y malos tratos porque jamás tuvo el valor de darse a respetar. Nunca nadie la respetó y fue algo que tampoco nadie le enseñó.

Soledad siempre tuvo sobrepeso a diferencia de su hermana y primas que eran delgadas, lo que la hacía sentir inferior y con vergüenza por las burlas y bromas del entorno. Para pasar los momentos de incomodidad y disimular el dolor que esto le causaba, Soledad se reía de ella misma y en cumpleaños o celebraciones se llenaba la boca de comida, tragaba rápidamente y todos se reían mientras ella se ridiculizaba. Así se sentía tristemente "incluida" con sus primos.

Su madre hacía constantes comparaciones en donde la hacía sentir fea, tonta, y gorda. Odiaba verla comer y la ofendía diciéndole que parecía una vaca.

Una tarde de verano en la playa, estaban tíos, primos y amigos. Muchos niños estaban jugando a la orilla del mar. Como muy pocas veces Soledad se sentía tan feliz, se revolcaba en la arena al igual que sus primitos y amigos y corría a llenar los baldes de agua para jugar en la arena.

Su madre estaba de mal humor. Se estaba oscureciendo y llamaba a Soledad para que regresara a cambiarse ropa porque debían regresar a casa.

Soledad de 6 años de edad, no tenía en ese momento noción del tiempo. Muy pocas veces jugaba tan feliz con todos los niños sintiéndose una más del grupo.

Soledad fue llamada varias veces por su madre para salir del mar, pero la pequeña no la oía, seguía inmersa en sus juegos y diversión con sus primitos. En un arranque de furia, su madre va a la orilla del mar, toma el balde con agua fría que saca del mismo mar, y en frente de todos los niños se lo tira de cabeza a los pies para sacarle la arena del cuerpo. En ese momento a los niños que jugaban alrededor les pareció gracioso, y todos comenzaron a reír... pero no fue así para la pequeña niña.

Soledad queda en "shock", no se esperaba lo que había ocurrido y de repente no pudo reaccionar. Su madre la empujaba bruscamente para irse de aquel lugar, pero los pies de la pequeña seguían enterrados en la arena.

Su madre la toma fuertemente del brazo y la empuja tan fuerte que Soledad cae de golpe al suelo, y todo su cuerpecito de cabeza a los pies queda embetunado de arena negra. Sin pensarlo la impaciencia e indignación de su madre se hace notar.

- ¡Eres una tonta! ¡mira como quedaste de sucia, estúpida!

María la toma del pelo, la arrastra a la orilla del mar y le quita su traje de baño en frente de todos los niños, y así desnuda en frente de todos en la playa comienza a tirarle baldes de agua fría para sacarle la arena de su cuerpecito.

- Fue sin duda una de las más grandes humillaciones que había sentido hasta el momento. La pequeña hacía intentos de cubrir su robusto cuerpecito en vano.

Soledad con mucho dolor y tristeza recuerda perfectamente ver las caras, risas y burlas de todos los niños, parecía una película muda, de repente ya no oyó voces, ni los gritos de su madre, ni las risas burlescas, solamente sentía la vergüenza de estar desnuda, frente a todos esos extraños en la playa.

Y así desnuda, mojada, con frío y humillada frente a todos la hizo caminar hasta donde estaban ubicados en la playa.

Soledad hoy detesta la playa, nunca más volvió a divertirse de esa manera, y se ha negado a usar traje de baño.

El sobrepeso ha sido por años un tema importante en su vida.

Cada herida tiene una misma forma tóxica de funcionar, cuando no tenemos consciencia nos estamos siempre dando vuelta en lo mismo y la "profecía" más temida se cumple… el ser **HUMILLADO**.

Acá te muestro un dibujo para que lo puedas entender mejor, cómo es el círculo "vicioso" de la herida de la Humillación.

ACTO DE SANACIÓN HERIDA DE LA HUMILLACIÓN

Puede ser que tengas, una, dos, tres o todas las características de esta herida, pero ya sea una debes considerar y aceptar que sufres de la herida de la humillación.

"Sanarás Cuando Decidas Hacerlo", debe ser una opción válida, un propósito, tú meta.

Ya que has reconocido esta herida en ti, habrás comprendido que todas las veces que te has sentido humillado, ahora de adulto eres tú quien está permitiendo que este tipo de situaciones. Hoy eres tú quien permite ser abusado, y quien no se da un lugar en la sociedad.

No importan ahora las razones del porqué de esta herida, sino que una vez identificada decides cambiarla.

Te recomiendo que todos los trabajos los realices en tu cuaderno de sanación.

Quiero que estés en un lugar tranquilo puede ser tu habitación, un parque, un cerro, que cierres los ojos un momento, que intentes conectar con tu niño interior. No debes forzar nada, solamente recordar los pasos que he dado anteriormente para traer a tu presente el niño o niña herida que necesita todo tu amor.

No importa que recuerdes una fotografía lo importante es la edad, y si no recuerdas nada, deja que tu Alma te guíe y pide traer a ti a tu niña herida… ¿Quién vino a ti? ¿Tu niña de 3, 6, 12, 15 años? La edad que llegó a ti es la edad en que nos vamos a concentrar para realizar el acto de sanación.

Es muy probable que con esta herida logres tener un recuerdo doloroso. En donde te sentiste humillada, avergonzada, ridiculizada. Solamente quiero que traigas un recuerdo de este tipo para ***"rescatar al niño herido atrapado en él".***

Vas a trabajar mucho a consciencia y mucho la voluntad del cambio.

Asumir que tú eres 100% responsable de tus actos y de tu vida y que ya no es tiempo de jugar el rol de víctima porque de adulto solamente conseguirás el rechazo y más abandono de quienes te rodean.

Escribir 100 veces ***"ME AMO Y ME ACEPTO TAL COMO SOY"***

Repetir por las mañanas frente al espejo y en voz alta ***"ME AMO Y ME ACEPTO TAL COMO SOY" 3 veces,*** luego en la noche antes de dormir, frente a un espejo y en voz alta repetir la misma frase y en tu cama antes de dormir, la vuelves a decir.

Te sugiero ir a tu armario y closet. Revisar de arriba abajo, sacar absolutamente todo, y hacer una elección a consciencia de lo que quieres volver a usar. Si hay algo que el año pasado no usaste… créeme, no lo volverás a usar otra vez. La idea es que escojas ropa que te quede bien, si ya está muy gastada, fuera de moda sácala de tu armario y deja solo aquello que realmente te guste y te haga ver bien. Necesitas comenzar a cuidar tu aspecto físico. Si tienes duda puedes buscar a una amiga de confianza y le pides su ayuda para eliminar todas las prendas que no te hacen juicio.

A cambio quiero que dejes ropa de buena calidad, es mejor tener un buen *"Jeans"*, que te quede bien, que sea vea bien en ti que 10 pantalones gigantes de muchos colores que no te quedan y que finalmente solo logras sentirte incómoda y avergonzada de vestir así.

"Es mejor asistir a un lugar muy bien arreglada" y que hablen de ti por lo bien que te ves o por lo exageradamente bien que has elegido vestir que a que vayas "mal arreglada" y luego te sientas disminuida por ser la que peor vistió.

Hoy hay muchos tutoriales en internet que te enseñan a vestirte, a maquillarte y hasta a sacarte las mejores *"selfies"*. Reconoce qué tipo de cuerpo tienes, color de piel, y busca la medida, estilo de ropa y colores que resaltan tu belleza y verás lo bien que comenzarás a sentir.

Quiero que traigas a tu mente ahora un recuerdo en donde te sentirte humillada o avergonzada. Escribe en tu cuaderno de trabajo ese momento tal como tu mente lo recuerda. Luego vas frente a un espejo y lees fuertemente la carta siempre visualizando a tu niña, niño, que ha sido herido. Una vez que hayas terminado de leer la carta, vas a dar a esta niña tu apoyo y contención en voz alta. Vamos a imaginar que tu niña no supo responder una pregunta en clases y el profesor se burló de ti y te dejó en ridículo diciendo que no sabes nada, que eres burra, y que te castiga parada sola al final de la clase.

Cuando tengas esta imagen, tú de adulto vas a ver como entras ahora a la sala de clases. Todos los niños te están mirando y solamente tienes ojos para tu niña. Te acercarás a ella y le dirás algo así: (debes decir todo lo que tu Alma te pida de decir)

- Mi niña hermosa (niño), tranquila, (le llamas por su nombre) no temas, esto ha sido muy injusto.

- Eres extremadamente inteligente, no te creas las palabras del profesor. Ven conmigo vamos a salir de acá, no quiero que te sientas mal, los niños se ríen, pero no de ti, están tan asustados como tú. Te amo mi pequeña, yo te cuido, nadie más te hará daño.

- Puedes decir todas las palabras de amor que sientas en ese momento. Así como estás con tu niña interior, quiero que visualices como la abrazas y salen juntas de esa sala de clases.

Momentos así hay muchos en tu vida, puedes creer que han sido insignificantes, pero no lo fue. Cada pequeña humillación potenció otras humillaciones y heridas del pasado.

Vas a hacer este ejercicio hasta que tú veas y sientas que tu niña ya está contenida, aliviada, y en paz.

Juega con tu imaginación e inconsciente, nuestra mente es más poderosa de lo que puedas creer o imaginar.

Si estás visualizando una situación pasada, de un recuerdo doloroso, y esa herida no ha sanado volverás a sentir las mismas emociones del pasado (angustia, pena, impotencia, etc.) cuando sobre el mismo recuerdo, lo comienzas a ***"Visualizar en positivo"***, es decir el ejemplo de la sala de clases y la niña que se sintió humillada y avergonzada.

Para tu inconsciente "lo que estás visualizando en positivo" es exactamente lo que está ocurriendo ahora. Por lo tanto, tenemos esta maravillosa herramienta de trabajo y sanación que es la "visualización". Hazlo, no me creas o no lo dudes más, convierte un recuerdo doloroso en algo que te traiga paz y tranquilidad y verás cómo poco a poco tus emociones dolorosas irán desapareciendo. Enfócate en un recuerdo a la vez y trabájalo hasta que tu Alma te diga que ya has sanado.

Crea tu nueva identidad:

Atrévete al cambio, a lucir bien y a que el resto de las personas te elogien. Busca un peinado, corte o color de cabello que realmente te haga justicia. Comenzar a amarse es también integrar cambios en nuestra personalidad y en nuestro aspecto físico que nos haga sentir bien. Elige una mecha, un color, que se vea atractivo y bello en ti y toma la decisión de hacer ese cambio en ti.

Si no acostumbras a maquillarte, comienza por usar un "rubor" suave en tus mejillas y un lápiz labial que delinee tus labios. Verás como algo tan simple hará un cambio importante en ti. Mereces verte y sentirte bien.

Crea tu propio estilo, un par de pantalones, faldas, o vestidos que hagan resaltar tu cuerpo sin hacer que las vestimentas te queden extremadamente largas, ni apretadas que finalmente te sientas incómoda al vestirlas.

Con respecto al calzado, si no eres alguien que usa tacos, para reuniones, cursos, o celebraciones atrévete a usar "tacos", que no sean de esos de 10 o 12 cm, existen tacos cuadrados bajos muy cómodos que te regalarán un par de centímetros a tu estatura y veras como resaltan cuando los usas con pantalones o faldas.

Si eres hombre elimina de tu closet la ropa vieja, gastada, que ya no se usa, deja lo mejor que tengas y elige lo mejor cuando tengas que salir de casa.

Ocuparnos de nuestro físico habla de cómo nos sentimos en nuestro interior. Es distinto arreglarnos de una forma exagerada que es más "disfrazarnos" que elegir con amor y consciencia atuendos que nos hagan sentir cómodos y aceptados.

Cuando las personas noten este cambio, **"recibe con gusto"** los elogios y resiste la tendencia y las ganas de sabotear bellas palabras en ti.

Ejemplo:

- ¡Qué bien te queda ese abrigo! En vez de decir que es una lástima haber matado a 10 vacas para la creación de tu abrigo dirás algo así:

- *¿En serio? ¿Es bello verdad? A mí también me gusta mucho.*

¡Muchas gracias!

Yo también existo:

Basta de creer que no sirves, que a nadie le importa lo que pienses o digas. De adulto eres tú quien debe hacerse espacio en la vida por mucho que te cueste o por muy difícil que sea al principio. Recuerda que somos

100% responsables de nuestra vida, y de cómo queremos vivir.

Si te cuesta hablar en público, si tienes dificultad para poner límites o decir que no, has el *"**ejercicio del espejo**"*. Párate frente a un espejo, imagina que estás hablando a tu jefe, a un amigo, y dile en voz alta y clara:

- "Juan Pablo, quiero que me escuches. Quiero que me pagues por las horas extras que trabajé el mes pasado por favor y que aún no me las han pagado."

- "Ángela, te quiero decir que me afectó lo que me dijiste la semana pasada con respecto a..."

- "Mamá, basta de hablarme así por favor. ¡respétame! No creo que sea tan fea ni tan floja, como me has hecho creer."

- "Papá, aunque tú me hayas ignorado toda una vida, yo sí existo y elijo existir y sanar mis heridas."

- Norman, no me parece gracioso que te rías de mí.

- Andrea, ¿Me podrías regresar el abrigo que te preste meses atrás? Este ejercicio, tu verás si decides decirlo en persona, el sólo hecho de comenzar a expresar lo que sientes, a liberar el abuso o humillación, sentirás un gran alivio. Puedes comenzar a decir lo que sientes buscando palabras que te acomoden, pero lo más importante es que no dejes ni te permitas estar en situaciones en donde te sientes disminuido ni humillado.

Para realizar este trabajo vas a escribir en tu "Cuaderno de Sanación" todas las ocasiones que recuerdes en que no te atreviste a expresar tu opinión, o las veces en que sentiste que una situación fue injusta o incómoda y que mentalmente sabías qué decir, pero que jamás te atreviste a hacerlo.

Poco importa si recuerdas un momento en el que tenía 8 años, si lo has recordado es porque ese recuerdo sigue latente en ti y te sigue lastimando.

Puedes hacer los "Actos de Sanación" que quieras y las veces que quieras, lo importante es que te atrevas a expresar tus emociones, a no dejarte seguir humillando y que comiences a sentir que mereces respeto, mereces dignidad, mereces amor y para lograrlo esto debe partir por ti. Eres tú quien debe darse ese derecho, sentir con toda tu Alma que eres alguien importante y valioso y quien no te respete no puede seguir a tu lado.

Soñar en grande:

¿Y si en lugar de un *"autito"* un auto?

Vas a probar de comenzar a pensar y a soñar en grande. Por mucho tiempo te han gustado los "autitos, las casitas, lo chiquito", esta manera de elegir está relacionado al dolor de esta herida. Te propongo que si quieres un vehículo para ti, piensa en un uno un poco más grande, que te sea cómodo y de un color que te guste. Al principio tendrás dificultad para hacer estos cambios, pero quiero que te convenzas de que mereces lo mejor y más de lo que crees.

Quiero que pongas atención a la manera que tienes de hablar y te fijarás que tu tendencia es a "disminuir todo" como, por ejemplo: no fue tanto, es solo un poquito, es chiquitito, casi nada, dame solo un poco, no necesito más, no quiero nada. ☹

Mereces todo, y no lo que sobre, no más migajas, o lo que el resto no quiera, mereces lo mejor, lo más grande, lo más nuevo.

Has una lista en tu "Cuaderno de Sanación" y divide por secciones:

Vas a escribir 50 fases de "Merezco" por cada ítem que te diga. Si no logras completar los 50, esperarás algunos días hasta que completes tu lista y si tienes más de 50 "merezco" por cada Ítem, mis felicitaciones para ti. ☺

Vas a comenzar tu lista así:

Yo (tu nombre completo), sé y acepto que merezco lo mejor de las bendiciones de la vida.

Y escribes AMOR:

Y la lista para trabajo de 50 cosas relacionadas con amar y amor y así continuarás con cada ítem.

- Amor (merezco que me amen – mimen- amar y que me amen)

- Trabajo (trato-sueldo digno-lugar armonioso)

- Familia y Amistad (respeto-compañía-solidaridad-diversión – amigo del Alma)

- Sueños (viajes-pareja-hijos-auto nuevo- nueva casa)

- Salud (larga vida-eliminar alergias-bajar de peso-trabajar autoestima-hacer ejercicio-yoga-taichí)

Esto es sólo un ejemplo, si tienes más ideas para tu maravillosa lista de "Yo merezco" bienvenidas sean.

Mi peso ideal:

No sueñes con pesar lo mismo que una modelo de revista. No es sano y para que sepas hay mucho *"fotoshop"* detrás de cada fotografía. Existen mujeres muy delgadas, así como hombres también, pero no debes fijarte como meta un peso que jamás en la vida has tenido o soñado con tener, viviendo la vida en dietas que no te resultan.

Cada uno tiene un peso en el cual se siente bien. Es personal y es válido. Reconocer que tienes peso que perder, ayudará a trabajar mejor tu autoestima. Te sentirás mucho mejor cuando comiences a perder algunos kilos y en muchas ocasiones es tanta la alegría y motivación, que hay personas que pierden mucho más y logran mantener un peso estable porque ya saben lo bien que se sienten y comienzan a amarse mucho más.

El amarnos está relacionado con mi exterior y mi interior. Como me veo y como me trato es reflejo de mis emociones y del amor que siento por mí.

Toma consciencia de tu vida, del espacio que ocupas en esta sociedad, en tu familia y que es valioso. Aportas con tu alegría, con tu buena voluntad y mereces además sentirte bien contigo misma. Eso es esencial para trabajar en nuestra autoestima y seguridad personal.

Enfócate y ponte como meta y prioridad trabajar en tu peso ideal. Que eso sea lo que ocupe tu entusiasmo y motivación. Busca ayuda profesional si lo deseas. Hoy se sabe que el azúcar es enemigo del buen peso y la buena salud. Intenta dejar de comer dulces y azúcares, a cambio aumenta la cantidad de agua, frutas y verduras en tu dieta diaria. He visto a personas perder mucho peso cuando comienzan a sentirse bien con ellos mismos y han mantenido su peso ideal; he visto a personas perder peso solamente con batidos de frutas y verduras; he visto a personas perder peso con batidos y multivitamínicos; he visto a personas perder peso eliminando azúcares y masas. **Pero todas las personas que yo he visto con excelentes resultados, se han "comprometido con ellas mismas" se lo han propuesto como meta y no han parado hasta tener los resultados que esperaban.**

No te obsesiones, tu peso "ideal" es con lo que tú te sientes bien. ☺

También he conocido personas que han perdido peso porque se han operado y las he visto luego con el doble de peso, porque lo que se eliminaron, fueron grasa y sobre peso, pero no el malestar interior que las llevó a esconderse detrás de la gordura. Sanar toma tiempo, hay que trabajar la consciencia y la paciencia. No hay nada que tú no puedas hacer y no creas que por que siempre has tenido sobrepeso, no puedes hoy tener un peso ideal.

Hoy existe mucha ayuda, tutoriales en internet, artículos, blogs que te ayudarán a tener una dieta sana y a perder peso gradualmente si así lo deseas, pero siempre acompañado de ejercicio o caminatas. La magia no existe para este tipo de situaciones. Nadie baja de peso porque lo decreta y lo pide al cielo. Pero si te comprometes a hacerlo de verdad, sin engañarte sin flaquear, lo lograrás.

Recuerda en relación al peso es cómo te sientes tú. Si te sientes a gusto y en armonía es perfecto para ti.

Comienza a realizar caminatas, paseos en bicicleta y cuidar tu cuerpo físico con amor y respeto.

Amo mi libertad:

Un poco de pausa con esas ganas desenfrenadas de ayudar y servir al otro. Nadie dice que no lo hagas, pero lo has hecho muchas veces de una forma que termina siendo un abuso hacia tu persona. No necesitas hacer todo para que el otro se sienta bien, deja que las personas también aprendan a manejar las situaciones que viven, no puedes seguir haciéndote cargo de las emociones de todo el mundo. No es sano para ellas, ni tampoco para ti.

Ama y cuida tu libertad, necesitas tiempo para pensar en ti, en sanar tus heridas, en conocerte en profundidad, oír lo que tu Alma te pide de hacer y fluir más con la vida. Ocupa tu tiempo para caminatas, bicicleta, deporte, yoga, taichí, gimnasio, verás que tienes muchas cosas por hacer por ti mismo. Cuando renuncies a desvivirte por el resto te sentirás con más fuerza interior, más valor y seguridad. No te sientas culpable por decir que "no" y por disponer de tiempo para ti. Verás que cuando comiences a hacer todo aquello que realmente amas, te faltarán horas del día para disfrutar todo lo que quieres hacer. Como ya estarás en el "plan de tu peso ideal" tendrás más ganas de vestirte bien, te sentirás y lucirás mejor y ese amor que tanto anhelas llegará a ti. Atraerás por vibración y energía a la persona que te ame tanto como te amas a ti misma.

Esto es sólo un consejo si el peso te afecta. Lo más importante es que te aceptes y te ames. Renuncia a dejarte en último lugar y que sientas que mereces las bondades que ofrece la vida.

Decreto de Sanación

Memoriza, y escribe en tu cuaderno de sanación esta frase que te daré ahora. Cuando te sientas en angustia, utiliza palabras de apoyo y amor para ti. ☺ Puedes escribirlo en cartulina de colores y pintar esta frase y colocarla en tu lugar preferido, en donde la puedas ver siempre:

"Doy prioridad a mis necesidades y pongo límites con amor. Me amo infinitamente y no acepto que me hagan sentir inferior, mal o me ridiculicen."

BENEFICIOS DE SANAR LA HERIDA DE LA HUMILLACIÓN

"Me amo y me acepto tal como soy."

Esta frase es la clave de la sanación, el lograr poder amarte y aceptarte tal cual eres, ayudará a trabajar tu autoestima, seguridad personal y amor propio.

El aceptar, reconocer, que se tiene la herida de la Humillación, es el primer paso a la sanación.

Las personas que tienen esta herida, tienen serios problemas de autoestima y valoración personal. Se sienten la mayoría del tiempo que no tienen nada bueno que aportar y es por eso, su afán de servir al resto para demostrar que **"Valen, que existen"** en la vida.

En el momento que te des el amor y el tiempo que necesitas para cuidarte tanto emocionalmente, como físicamente, toda tu energía interior comenzará a cambiar. Y ese cambio que se produce en tu interior se transmitirá a tu exterior. Te sentirás mejor contigo mismo, temerás cada vez menos a hacer el ridículo, a hablar en público, o a poner límites en tu vida.

Habrás aprendido a escuchar tus propias necesidades y atenderlas.

Serás un excelente mediador y conciliador.

Tendrás una hermosa conexión con tu yo interior. Ya habrás comprendido que el amor por ti es también por como comes, qué comes, que haces también por tu cuerpo físico y te sentirás en armonía con tu sexualidad, con tu ser, con tu vida.

Aceptarás ser amada tal como eres, te reconciliarás con tu pasado, lo que permitirá sentirte bien con la persona que eres hoy.

Serás un experto en hacer sentir bien y cómoda a las personas que te rodean, sin caer en una obsesión por atender y desvivirte.

Las personas habrán notado un gran cambio en ti y celebrarán tu nueva actitud frente a la vida. Comenzarás a sentirte más segura, más amada, más feliz.

Te invito a ver este video en dónde hablo
de la herida de la HUMILLACIÓN

HERIDA DE LA TRAICIÓN

- Me cuesta confiar en la gente.

- Detesto las mentiras.

- Me importa mucho mi aspecto físico.

- No me gusta que me hagan esperar.

- Me reconozco impaciente e intolerante.

- No soporto a las personas lentas, realmente no las entiendo.

- Siempre me encuentran "difícil", porque digo lo que pienso y cuando las cosas no resultan como lo esperaba, me enojo fuertemente y a veces con agresividad.

- No puedo permitirme no ser el mejor.

- Huyo de situaciones en donde me sienta observado o controlado.

- Tengo una personalidad muy fuerte y a veces un tanto agresiva.

- El miedo no es mi tema, enfrento lo que me pueda asustar.

- Me gustan los desafíos.

- Me encanta perseguir metas.

- Me cuesta mucho delegar trabajo, siempre me encargo de todo.

- Soy extremadamente puntual.

- Me siento bien cuando tengo todo bajo control.

- Soy líder innato.

- Me incomodan los regalos.

- No me gustan mucho los abrazos.

- Me reconozco como controladora o manipuladora.

- Soy muy autoexigente, y exigente con el resto.

- Quizás en algún momento pueda sanar mis heridas con mi madre.

- Perderás tu tiempo discutiendo conmigo, siempre tengo la razón o buscaré tenerla.

- Mi miedo más grande es que me traicionen.

¿TE HAS IDENTIFICADO CON ALGUNA DE ESTAS FRASES?

De ser así, una de tus heridas es la "**Traición**"
Esta herida desarrolla ciertos tipos de caracteres y personalidades:

Rebelde / Intolerante / Impaciente
Líder / Controlador / Manipulador

¿CÓMO SE GENERA LA HERIDA DE LA TRAICIÓN?

La "Traición" como herida es una experiencia profundamente dolorosa de vivir. No existe nada más fuerte emocionalmente que vivenciar la traición de parte de una pareja, un amigo, los padres, un hijo. Siempre que la confianza se ve afectada, se abre una herida muy difícil de sanar y en algunos casos esta no sana nunca si la persona renuncia a trabajar en ella. La desconfianza que genera nos hace alejarnos de las personas que amamos y nos hace vivir siempre en un estado de inseguridad y alerta. Traicionar es faltar a la lealtad. Ser fiel es cumplir con tus compromisos que tomas conscientemente, ya sean sentimentales, laborales o personales.

El miedo a ser traicionado aumenta con cada pequeña decepción, mentiras y engaños de personas a nuestro alrededor, familiares y amigos. Se genera gran inseguridad, que puede estar acompañado de fuertes e irracionales celos en algunos casos. **La persona que sufre de la herida de la Traición muestra gran fortaleza exterior, pero que en realidad esconde muchos sentimientos de inseguridad y abandono.** El miedo a ser traicionado o engañado es tan fuerte que la "profecía finalmente se cumple".

El niño comenzará a "controlar y manipular" situaciones, asegurándose de que de esta manera se mantendrán sus compro-

misos, y así garantizar que todos cumplan su palabra y le sean fiel, a lo que se le promete.

Cuando esta herida no se ha tratado o sanado y se llega a la etapa adulta, la desconfianza, intolerancia, impaciencia y agresividad son más exacerbadas.

Esta herida es más intensa y dolorosa cuando se vive con el progenitor del sexo opuesto.

Esta herida se genera entre los 2 y 4 años de edad. En este período de la infancia es donde se despierta la energía sexual, y se genera el Complejo de Edipo para los niños y Complejo de Electra en las niñas. De los 2 hasta los 6 años es un momento clave para el buen desarrollo emocional de nuestra infancia. Es en este período de edad donde el niño se enamora simbólicamente del progenitor del sexo opuesto o de la persona que esté desarrollando el rol de madre / padre. El niño siente una profunda "atracción" hacia el progenitor del sexo opuesto.

Es un proceso normal, que se debe vivir sin aprehensiones, en donde el niño va desarrollando su energía vital, con el contacto con el sexo opuesto, en donde aprenderá a conectar, comunicar y a sentir el apoyo de este progenitor como lo más grande que existe en su mundo, el niño desarrolla la confianza en el otro. Cuando esto no ocurre, se vive como un "desequilibrio emocional", que está vinculado a la "Traición".

En otras palabas más simples *"Es una traición" que mamá o papá no estén para mí.*

"Resolver el Complejo de Edipo" es muy difícil y en algunos casos casi imposible. Lo es cuando la madre es muy posesiva con su hijo y el padre con su hija o cuando tenemos a unos padres que discuten y la niña siente que su madre insulta, humilla o disminuye al padre, la pequeña sentirá más apego a la figura paterna. Sucede lo mismo en el caso contrario.

Las personas que de adulto son víctimas de "Traición" no han resuelto su Complejo de Edipo de pequeños. En estos adultos esto genera serios conflictos emocionales en donde el "niño" se crea falsas expectativas con su pareja y está en constantes comparaciones entre su pareja y su padre/ madre.

Es imprescindible reconocer la importancia del vínculo con la madre / padre en los primeros años de vida de un niño. Cuando uno de los padres interfiere en la relación de sus hijos con alguno de sus progenitores, estará generando fuertes heridas emocionales que pueden comenzar a verse con más intensidad en la adolescencia y etapa adulta.

Por lo general cuando los padres no tienen buena relación entre ellos, sus hijos tienden a estar del "lado" del padre que ellos sienten "más desprotegido". Si es una niña generará un apego más fuerte con su padre y al contrario si es niño.

Esta relación puede vivirse mal cuando vemos a una madre muy sobreprotectora con su hijo y a un padre con su hija.

En este periodo de edad, si por ejemplo el padre es mal tratado, humillado y disminuido por la madre, el desarrollo del Complejo de Edipo/ Electra se presentarán, dificultades para resolver en armonía este conflicto. No podemos permitirnos destruir la imagen del otro progenitor, porque eso genera angustia, incomprensión, sentimientos de amargura y tristeza.

Existen muchas razones por la que un niño genera esta herida. Si la niña queda al cuidado de la madre y esta madre es dura, a momentos fría, violenta, no es tierna o suficientemente amorosa, y acostumbra a maltratar a la hija ya sea verbalmente o físicamente, la niña, sentirá deseos y ganas de ser ***"salvada"*** de esa situación por su *"Padre"*. Es lo lógico, ya que los referentes más importantes de un niño son papá y mamá.

Necesitamos sentirnos protegidos, amados, respetados. Cuando eso no ocurre con alguno de nuestros progenitores, buscaremos en el "otro progenitor" este apoyo emocional y amor.

Cuando el padre ***"no puede salvar"*** a la hija ya sea porque trabaja hasta tarde, viaja mucho fuera de la ciudad o simplemente "no protege o interfiere" por el cuidado e integridad de la niña, la hija lo vive como una **"Gran Traición".**

El padre, la persona que ella ama e "idolatra" no está para ella ni acude en su ayuda ni llamado, cuando más lo necesita.

- ***No está papá para protegerla, cuidarla, contenerla, amarla.***

Y ocurre lo mismo con el caso contrario.

Cuando un niño es mal tratado o violentado por su padre y la madre no se presenta para "defenderlo", el niño lo vive con un abandono que deriva a una **"GRAN TRAICIÓN"**.

Recordemos que las heridas emocionales son también heredadas. Cuando un niño presenta esta herida, significa que mamá o papá también la tienen.

Las personas que de niños sufren esta herida, de adultos por lo general suelen ser padres muy exigentes con sus hijos. Quieren que todo que se haga y se cumpla muy rápidamente, son muy impacientes y suelen ser *muy agresivos.*

Los niños que generan esta herida suelen oír palabras como:

- *¡No sirves para nada!*

- *Aléjate de mí, eres un tonto.*

- *No sé cómo puedes ser tan imbécil, tonta, estúpida.*

En pocas palabras la madre / padre hacen sentir al niño que ***no vale nada***. Que es un inútil, que no sirve para nada.

El adulto con esta herida de Traición será un desconfiado empedernido y no se permitirá confiar en nadie. Su mayor miedo es la mentira y buscará de manera inconsciente involucrarse en situaciones en las que será traicionado y engañado. Ya sea por su pareja que es su mayor terror, cumpliéndose la profecía que él mismo decretó:

"No confíes en nadie, todo el mundo te traicionará". La mayoría de las personas que sufren de celopatía tienen la herida de la Traición.

Esta herida también se genera con pequeñas mentiras, de gran importancia para el niño.

Prometer, decir y no hacer, **se vive como una gran traición que despierta poco a poco la desconfianza en el niño y su miedo a ser engañado.**

- Juanito, este fin de semana vamos a ir a andar en bicicleta.

(Juan se despierta temprano ese fin de semana, está lloviendo y él va en busca de su bicicleta)

- Juan, ¿Acaso eres tonto? ¡Mira como llueve y tú quieres ir a andar en bicicleta!

- Si te portas bien, te prometo que te compro lo que quieras.

- Mamá, me porté bien.

- ¡Y así debe ser! ¿Acaso quieres un regalo por eso? jajajajaa, ¡Que ridículo eres!

Existen casos en donde el niño en sus primeros años de vida "hace gracias", pequeños "show" para llamar la atención de sus padres.

El niño puede hacer un baile, recitar algunas frases de algún poema, o cantar alguna canción. Los padres "celebran este acto" y el niño se siente mimado, seguro, se siente feliz de hacer feliz a sus padres ya que se siente "visto" y lo que más ama este niño es hacer sentir bien a sus padres con lo que él hace.

Imaginemos que en el hogar vienen de visita los abuelos. Los padres le piden al niño ***"Que haga su gracia"*** (cante, baile, recite el poema) y el niño lo hace, tiene a los adultos mirándolo y se siente feliz y orgulloso porque lo que el niño hace gusta a los adultos. El niño se siente "**Valorado**" y se graba un "**Programa**" en su subconsciente:

- Cuando me miran, yo existo, cuando hago cosas que gustan a los demás me siento valorado. Debo hacer todo bien para tener **"la atención"** ***de todos, principalmente de papá y mamá...***

El niño comprende que debe cumplir los objetivos de los adultos para ser integrado, es bueno recibir elogios, que el niño confunde dentro de sí: ***atención = amor.***

Cuando están solos en el hogar, la madre puede estar agotada, cansada, depresiva o no le da atención a su hij@, esta pequeña querrá llamar la atención de su madre y ella la corre de su lado, ya que cuando es "vista" se siente **valorada** y **amada.**

- ¿Acaso no ves que estoy ocupada? Muévete de acá, molestas.

- Ya deja de decir ese poema estúpido que me tienes aburrida, ¿No sabes hacer nada más? (el mismo poema que le hacían repetir como "loro" a todas las visitas). El pequeño sentirá que tiene "Control Absoluto" y se convertirá en un pequeño "Dictador". Ocurre lo mismo en el caso contrario.

Como tendencia el niño o niña harán todo lo posible por tener el amor o atención del padre del sexo opuesto, aunque éste en algunos casos los ignore, incluso tomarán partido y sentirán la necesidad de defenderlo frente al otro padre/madre.

SI NO PUEDO CONTROLAR, PREFIERO NO ESTAR.

"Lo más triste de una traición,
es que nunca viene de parte de un enemigo..."

La mentira como "Traición" es el peor de los escenarios para las personas que cargan esta herida. La mentira, engaños y ser juzgados injustamente, literalmente los "descontrola".

Hemos visto en detalle las características de las personas con la herida del rechazo, abandono y humillación, y ahora daremos un "giro" con respecto a las heridas.

Es verdad que todos, de alguna manera, en mayor o menor grado tenemos heridas emocionales. Hemos aprendido que las heridas emocionales se generan desde antes de nuestro nacimiento y a medida que pasan los años nos vamos identificando con una herida, y luego otra y muchas veces dependiendo de nuestras experiencias de vida, podemos vivir más abandono que rechazo para luego sufrir de humillación.

Según mi experiencia, lo que me ha tocado ver en mis cursos y Terapias individuales, estas tres heridas vienen de la mano:

Yo le llamo las **"Heridas hermanas"** o las **"Trillizas"**

Rechazo – Abandono – Humillación

Por lo general si sufro de rechazo, me sentiré abandonado, y si sufro de abandono estaré propenso a humillaciones. Claro está, que siempre existe una de ellas que es más fuerte en cada persona.

Estas tres heridas que yo les llamo las "hermanas", van juntas, tienen la tendencia de victimizarse, ofenderse con facilidad, a herirse constantemente y a estar en un estado de energías bajas en donde me muevo de una herida a otra como dentro de un círculo vicioso.

Es por eso que con la *"Herida de la Traición"*, hay un giro. Rompe de alguna manera la relación con estas tres "hermanas" y se "disocia" y pasa a ser "prima" de las tres heridas.

La persona que tiene la herida de la Traición, esconde muy bien su herida de *"Abandono"*. A diferencia de la persona que sufre la herida de abandono en primer lugar, el "traicionado", solo se identifica con esta herida, porque una de sus características es de mostrarse siempre seguro e independiente.

El quiebre de esta herida en relación a las "hermanas" es absolutamente notorio, quizás podrías tomarte algunos días en ver si una persona sufre de abandono, rechazo o humillación, pero identificarás de inmediato a la persona que sufre la herida de la traición.

En Terapia me toca a diario ver personas que cargan con esta herida. Para el resto de las personas, la persona con la herida de la traición, suelen ser agresivas y muy cambiantes de humor, frías y controladoras. Pero para estas personas, ellas se sienten y se creen por el contrario muy "tiernas", no logran ver que su agresividad afecta al resto de las personas que le rodean ya que la agresividad ocurre solamente por casos puntuales cuando alguien ha sido impuntual, alguien les ha mentido, cuando las cosas no han salido como ellas esperaban. Pero no son personas rencorosas. Son personas muy pasionales, las mueve la energía pura, actúan primero por el sentimiento, por las ganas de hacer algo inmediatamente, ***son personas que actúan y luego piensan.***

Esto les puede traer conflictos ya que como actúan por pasión e instinto, y muy rápidamente, pueden agredir verbalmente, siendo hirientes con sus palabras, o comportamientos. La mayoría del tiempo no piensan en las consecuencias de sus actos. Actúan, luego piensan.

Sí suelen ser muy envidiosas, no pueden soportar que alguien haga algo mejor que ellas, o que alguien haya logrado metas y desafíos por sobre lo que ellos han logrado. Esto los motiva inmediatamente a activar el mecanismo de defensa que se ha creado en su infancia.

Sentirse engañado o traicionado para este tipo de personas es el desequilibrio total. Prefieren ser "abofeteados" antes que, engañados, pero curiosamente, a menudo suelen decir "mentiras" para cuidar su reputación o quedar bien. Para ellos en este tipo de situaciones que llevan mentiras son justificadas.

Si por casualidad algo ha salido fuera de su control (algo muy inusual en ellos) se pueden deshacer en mentiras para no quedar mal.

A menudo utilizará frases como:

- *¿Me entiendes?*

- *¿Me hago comprender?*

- *¿Estás conmigo?*

- *¿Confías en mí? Déjame hacerme cargo Yo puedo solo*

En sus opciones siempre optará por lo "grande y llamativo", cuando veas a una persona en un auto rojo ya sabrás cuál es su herida...

Está constantemente buscando desafíos, esto lo mueve, canaliza su energía en proyectos nuevos y metas, lo hace obviamente de manera inconsciente ya que así con su "mente ocupada" olvida su dolor.

LA "SEDUCCIÓN COMO MANIPULACIÓN"

Esta herida se caracteriza principalmente por el afán y dominio de manipular, controlar, seducir. Como bien lo dice la última palabra, para seducir necesito desarrollar y tener ciertas cualidades.

De pequeño el niño o niña que ha desarrollado esta herida, comprende que para evitar el gran dolor del engaño, para evitar por sobre todas las cosas el sufrimiento de sentir y ver que le han "fallado" es cuando decide "Controlarlo todo", así se asegura de que si él tiene el control absoluto nunca se fallará a sí mismo.

Si yo me encargo de todo, todo estará bajo control" ☺

Es así como de pequeño quiere controlarlo todo y a todos. No acepta que nadie ni nada se le escape, o de lo contrario su herida se *"activa". (Porque le han fallado)*

La persona con esta herida de la traición físicamente es muy fácil de reconocer, por tendencia cada herida tiene un patrón de conducta y otro físico. La contextura física con respecto a una herida puede cambiar si se mezclan las heridas, por ejemplo:

- Si mi herida del rechazo es la más fuerte mi contextura será fina, delgada, menuda, cuando una persona tiene la herida del abandono como la más fuerte, su cuerpo será algo robusto, pero solamente en algunos casos, de hombros caídos, y su espalda levemente encorvada, para la herida de la humillación como la más fuerte, existe un notable sobrepeso.

El cuerpo de la persona con la herida de la Traición debe ser "Seductor" como diciendo: **¡MÍRENME!**

Porque de esta manera puede hacer el juego de "seducir" y convencer a su gente, para conseguir lo que desea.

Cuida mucho su cuerpo, para él o ella, es muy importante su apariencia física. Es un seductor innato, que sabe cómo sacarse provecho de sí mismo para controlar todo tipo de situaciones.

Esta contextura física demuestra "su fuerza", escondiendo su gran *inseguridad* y *desvalorización personal.*

En los hombres se reconoce por tener cuerpo atlético y musculoso, camisetas ajustadas al cuerpo dejando ver su musculatura y trabajo personal, cuerpo firme, las mujeres suelen tener las caderas más anchas que sus hombros, y en muchos casos un cuerpo armonioso, por lo general cuidan mucho su aspecto físico, y donde vayan deben ser siempre vistas y llamar la atención por su buen aspecto físico.

Adoran ser admiradas, caminan como luciéndose frente al "público" que las observa con movimientos atractivos y seductores.

Si las heridas están mezcladas la contextura física cambia, es decir una persona con una herida de traición y de humillación no tendrá sobrepeso notorio, pero si será más robusta y cuerpo ancho.

Ambos, hombres y mujeres alzan la voz para hablar, su tono de voz es siempre fuerte, seco, y no les gusta ser interrumpidos cuando hablan, sin embargo, no tienen problemas en interrumpir a su interlocutor cuando tienen algo que decir que para ellos es siempre importante.

Saben usar perfectamente el juego de la seducción con su mirada, conquistan y persuaden con miradas profundas y coquetas. También lo saben hacer con su tono de voz y la manera de hablar cuando necesitan que las cosas resulten a su favor.

Aprenden de pequeños que, teniendo el control de las situaciones, evitan activar su herida de traición y se vuelven expertos de la seducción y manipulación. Lo reconocen en ellos y es algo que les causa orgullo y satisfacción.

Para reuniones familiares, de trabajo, citas o celebraciones son siempre los primeros en llegar. Así se aseguran de tener todo bajo su control y de organizar para que todo salga tal como se había planeado, incluso si no es algo que ellos hayan organizado y van de visita.

No soportan por lo tanto la "impuntualidad", es algo que no pueden comprender ni perdonar. Cuando este sucede los coloca es un estado de irritabilidad y a veces de agresividad.

Son líderes por excelencia, saben reconocer con gracia los talentos y virtudes de su equipo de trabajo o de las personas que le rodean, y utilizando su talento de la seducción logran que todos hagan lo que ellos desean.

Por ejemplo, la persona con la herida de Humillación difícilmente pedirá ayuda y aunque no quiera hará el trabajo solo y sintiéndose abusado y pasado a llevar.

Una persona con la herida de traición, difícilmente delegará una labor, pero lo hará si siente que está en la obligación de hacerlo y esto no afectará su trabajo si no se cumple a la perfección.

Ejemplo:

Hay platos y vasos que deben ser lavados, y hay muchas otras cosas que deben ser organizadas, el "Traicionado" elegirá a uno de su equipo y le dirá:

- Tu que eres tan amable y hace las cosas a la perfección y de manera rápida por favor ve y lava los platos y loza por favor ¿Ya?

Todo en un tono seductor, amable y mirándolo fijamente a los ojos que la persona no podrá decir que no, aunque quiera.

Cuando algo sucede en su contra sabrá perfectamente dar vuelta la situación a su favor utilizando todos sus actos de seducción.

Como maneja tan bien esta forma de ser, solamente le gusta a él ser el rey de la seducción, y por lo general detesta sentir que lo están tratando de manipular o controlar y jamás estará en un grupo de personas en donde sabe inmediatamente que no tendrá el control absoluto.

Su voz fuerte y sonora se hará notar, así también con su cuerpo y movimientos. Sabe hacer uso de sus manos para conversar y en un lugar físico ocupará siempre mucho lugar por sus movimientos que hará caminando de un lugar a otro mientras habla.

Ocupa mucho espacio, se hace notar y se asegurará de que todos sepan que él está ahí, a cargo, manejando la situación y le agradará que todos sepan lo bien que lo hace y lo *responsable* que es.

Este último tema es muy importante, la "**RESPONSABILIDAD**", a la persona que él le designa algún trabajo o tarea, y no cumpliera con lo establecido, sería recibido como gran falta de irresponsabilidad y se tomará como una grave traición a su persona. Esto para las personas que sufren esta herida es una gran ofensa, algo que los desestabiliza, y no tiene justificación y a cambio el controlador (herido) puede reaccionar agresivamente y como consecuencia es muy probable que lo aleje de su equipo de trabajo para siempre.

Tienen facilidad para ignorar a las personas lentas, flojas, irresponsables e impuntuales.

El resto de las personas y sus heridas (rechazo, abandono y humillación) temen a su reacción frente a este tipo de conflictos.

La persona con esta herida en muchos casos, empuja, golpea, da de manotazos, cuando siente que no se está haciendo lo que él quiere, cómo quiere, ni el tiempo que lo requiere.

SI ME ENGAÑAS TE PUEDES OLVIDAR DE MÍ

De pequeños niños y niñas con esta herida sufren hasta el Alma, la traición de una relación de pareja cuando son jóvenes o adultos. Incluso si la madre es engañada por el padre, el hijo/hija sentirá el engaño como si fuera algo personal.

Me toca mucho ver en Terapia a personas dolidas profundamente por este hecho y que han cortado vínculos con alguno de sus progenitores por esta causa.

Les cuesta creer y darse cuenta que el engaño no ha sido con ellos, sino que es tema de sus padres. Por lo general la niña tiene un complejo de Electra no resuelto y su admiración hacia el padre va más allá de la realidad y al ocurrir algo así, ella se siente traicionada por su padre. Esto genera que la niña comience a "desconfiar" de las personas, y cuando se ve envuelta en una relación de pareja, su miedo y pesadilla más grande es que él, la "engañe", cumpliéndose tarde o temprano esta profecía.

Mientras esté en una relación romántica, y no haya trabajado su complejo de Electra, ni su herida de traición, exigirá constantemente a su pareja que le "de lo que su padre no le dio" y estará en constantes comparaciones pareja v/s padre, siendo el padre el ganador de las comparaciones. Esto ocurre exactamente para la relación opuesta, madre / hijo. En este tipo de caso cuando la herida no es vista, tratada ni sanada, sufren fuertes ataques de celos.

Con engaño no hay perdón, cortan vínculos y relaciones a pesar del dolor que esto pueda significar, pero les es simplemente imposible volver a recuperar la confianza.

Existen las heridas "hermanas" que sí perdonarían una infidelidad, como por ejemplo para las personas que sufren el abandono, prefieren perdonar una y mil veces un engaño, golpes, mal trato, cualquier cosa, con tal de no ser ***"abandonados"***, la persona que vive en profundidad la herida de la **humillación** hará lo mismo, tiene tan baja autoestima y amor propio que se siente agradecido de estar dentro de una relación de pareja y cree que nadie más va a quererla o amarla por como es y termina sometiéndose a este tipo de situaciones humillantes.

Para el **rechazado** se puede dar algunos tipos de variantes en este caso, odiará con todas sus fuerzas a la persona que lo engaña, y podría seguir en la relación bajo reglas muy estrictas o por el contrario *desaparecer* de la vida de la persona para siempre.

La persona con la herida de la Traición, en sus relaciones de pareja, les costará tomar la decisión de terminar la relación porque esto significaría un "fracaso", y prefiere esperar a que sea el otro quien de la relación por terminada. Sexualmente le cuesta entregarse ya que no puede y no desea perder el control de sí mismo. Le gusta y disfruta mucho más de un juego romántico y de la seducción que del acto sexual mismo. Esta persona también tiene dificultad para "abrazar" se sienten incómodos cuando alguien se les acerca y los abraza.

¿La razón? No han sido abrazados con amor en su infancia, y también increíblemente les incomoda que "alguien" invada su espacio y detestan sentirse abrazados en donde no tienen el control de soltar sus brazos o moverse. El progenitor con el cual tienes está herida por seguro ha vivido o vive lo mismo con su propio progenitor del sexo opuesto.

LO QUIERO TODO PARA AYER...

Para el traicionado, ¡no hay tiempo que perder! Todo debe ser acabado rápidamente y en algunos casos rápido es más importante que perfecto.

Los padres controladores, suelen exigir mucha rapidez a sus hijos, alterando muchas veces el ambiente familiar a causa de esta exigencia.

Esta forma de ser, va acompañada de mucha impaciencia, todo lo que hace, dice y piensa va a una velocidad de la luz.

Le cuesta vivir el tiempo presente a causa de esta rapidez excesiva, porque en el momento que está haciendo algo, su mente ya está trabajando en lo que debe hacer por la tarde, en la semana o el año que viene. Las personas a su alrededor sienten y ven esta "aceleración" y les causa rechazo, muchas veces tienen temor de interactuar, hablar o decir algo a esta persona porque sienten que le están robando parte de su valioso tiempo. Tienen una mente muy rápida, y se pueden ocupar de múltiples asuntos de una sola vez.

Cuando necesita que algo se haga ya, y no se hace "inmediatamente" explota en ira, volviendo luego a la normalidad cuando las cosas se hacen bien. **Es por eso que el "Controlador o Traicionado" es el que más sufre de altos y bajos en su forma de ser,**

siendo catalogado por las "Heridas Hermanas" como lunático o bipolar.

Lo pone de mal humor ver a las personas flojear, no hacer su trabajo, demorarse o ser lentos, es por esta razón que jamás DELEGA SU TRABAJO, Suele decir:

- ***Si no lo hago yo, nadie lo hará...*** *sin embargo, verás que de mal humor y molesto reclamará que nadie lo ayuda y se quejará de que lo dejan solo haciendo todo.*

De la mano de la impaciencia está la I N T O L E R A N C I A. Espera siempre mucho de los demás y es extremadamente exigente. Su reputación es algo absolutamente importante y le agrada que todos sepan de lo que él es capaz de hacer.

Es hábil adivinando las expectativas de los otros y si debe organizar y ordenar un caos lo hará rápidamente y con excelencia.

Tampoco soporta que sus seres queridos se enfermen, esto lo enoja "porque es un imprevisto" y es algo que no puede controlar. Que alguien se enferme significa modificar su calendario de trabajo y prioridades y detesta cambiar sus compromisos o tener que posponer reuniones o trabajos que para él son sumamente importantes. El hecho de posponer o retrasar algún compromiso a causa de la enfermedad de un ser querido lo estresa porque detesta quedar como una persona irresponsable. **Si el enfermo es él, hará todo lo posible por mejorarse en tiempo récord.**

Además de perder la paciencia, no solamente utiliza un vocabulario frio, agresivo y a veces un tanto hiriente para que se haga lo que él desea, en ocasiones puede llegar a utilizar la fuerza. Son por lo general personas bruscas y de acciones rápidas.

Detesta que desconfíen de él y huye de otros "controladores".

Ama todo en exceso al igual que odia con la misma pasión y energía, todo lo hace con gran intensidad y es feliz cuando todo sale como lo ha planificado.

Le gusta ser el centro de atención y le fascina que se reconozca su trabajo. No pierdas tu tiempo discutiendo con un "controlador" ya que siempre buscará la forma de tener la razón.

En Redes sociales, tendrá cuidado de mostrar su privacidad, es muy importante y celoso de su círculo íntimo. Si debe hacer publicaciones hará temas importantes que resalten su trabajo e intereses personales. En los Chat, tendrá muchos grupos, los que tendrá claramente definido por características, trabajo, familia, colegio. Estará al tanto de todo, y pocas veces tendrá el tiempo de responder ya que estar escribiendo en un chat es una pérdida de tiempo. Detesta los audios, no los escucha, de solo pensar que puedan ser largos lo estresa. A cambio envía mensajes de voz con mucha frecuencia.

Y para terminar las personas traicionadas no acumulan deudas, no soportan la idea de deber dinero por lo que pagan todo de una vez o por adelantado.

Soltar viejas creencias.
Cambiar nuestra energía.
Salir de límites imaginarios.
Experimentar nuevas frecuencias.
Usar el corazón.
Liberar al niño interior.
Creer para crear.
Descubrir nuevos mundos.
Fluir con la vida.
Elevar tu espíritu.
Sanar el Alma.

Las personas con esta herida podrían generar este tipo de enfermedades:

Parálisis, Problemas de estómago y sistema digestivo, Herpes bucal, Bruxismo, Tortícolis

"La enfermedad es el esfuerzo que hace la naturaleza para curar al hombre."

- Carl Gustav Jung-

Por su forma de actuar desarrollarán por lo general enfermedades que están relacionadas a la dureza y rigidez, como tortícolis y muchas enfermedades "inflamatorias" terminadas en "**itis**" que están relacionadas a enfermedades "inflamatorias". **(Irritabilidad, enojo, malestar, rabia, impotencia e intolerancia).**

Enfermedades donde se pierde el control de algunas partes del cuerpo como: diarrea, impotencia sexual, hemorragias. Está asociado con haber vivido una o varias situaciones en donde "perdí el control", todo o algo no sucedió como lo esperaba y esto me ha caído mal, "como patada en el estómago, guata".

Parálisis

Es importante recordar, que esto es un breve resumen de las "Causas probables" de algún síntoma o enfermedad. Cada caso se debe analizar de manera independiente para encontrar el origen de lo que está causando dolor y malestar.

Causa probable: Se marcha la alegría. Fastidio.

Lo que debes sentir y decirte: Soy la alegría de la vida que se expresa y recibe en coordinación perfecta.

Problemas de hígado: Los problemas del hígado se manifiestan cuando la persona hace demasiado, se preocupa por todo lo que sucede a su alrededor en lugar de digerirlo bien, es decir, adaptarse a los acontecimientos.

Diccionario Jacques Martel: El hígado: La sede de la crítica.

Louise L. Hay: **Causa probable:** Sede de la rabia y de las acciones primitivas. Hábito de quejarse. Justificación de las críticas para auto engañarse. Sentirse mal.

Lo que debes sentir y decirte: Amor, paz y alegría, eso es todo lo que conozco. Escojo vivir en el espacio abierto de mi corazón. Busco el amor y lo encuentro en todas partes.

Problemas de estómago y sistema digestivo

¿Qué es lo que te cuesta digerir?

¿A quién no puede tragar? ¿Qué es lo que te revuelve el estómago? Cuando hay problemas de estómago, eso significa generalmente que tus emociones bloqueadas son el miedo, angustias, rabias, decepciones, conflictos.

Recuerdas que antiguamente al subir al avión lo primero que hacía un pasajero era revisar si frente a su asiento había una "bolsita de mareo". Yo lo recuerdo porque trabajé como Auxiliar de vuelo 7 años y efectivamente era así. Años atrás eran muy usadas por pasajeros.

La sola idea de meternos en un gran tubo metálico que debía transportarnos sanos y salvos por el cielo a gran altura por horas era una idea nueva y difícil. Y el no digerir completamente esta idea de volar producía dolores estomacales, nauseas y vómito. En la actualidad sigue habiendo bolsas en todos los asientos, pero rara vez alguien la usa, porque ya hemos "asimilado la idea de volar". ☺

Cuando ya hemos conocido el miedo, los síntomas desaparecen.

Louise L. Hay:

Causa probable: Miedo visceral, terror y angustia. Quejas, ira, rabia y gruñidos.

Lo que debes sentir y decirte: Digiero todas las nuevas experiencias en paz y con alegría.

Herpes bucal

Enfado, disgusto y temor de expresarlo.

"Una manera inconsciente de acusar al otro de tener sexo desagradable y una forma de "control" para no besar al otro"

Louise L. Hay:

Causa probable: Deseo ardiente y reprimido de maldecir.

Lo que debes sentir y decirte: Pienso y digo palabras de amor. Estoy en paz con la vida.

Bruxismo

Los dientes representan las decisiones y cierta forma de agresividad. El chirrido de dientes es pues una ira inconsciente que aflora en la superficie, una rabia reprimida que se expresa frecuentemente de noche. Interiormente estoy nervioso, me retengo y no digo o no hago ciertas cosas (muy probablemente situaciones en mi infancia).

No consigo tomar decisiones claras y precisas, el chirrido de dientes es la expresión física de mi tristeza y de mi agresividad reprimida.

Lo que debes sentir y decirte: Libero y suelto dentro de mi toda rabia reprimida y no acepto que nada ni nadie me prive de mi tranquilidad.

Tortícolis

Louise Hay:

Causa probable: Negativa a ver otros aspectos de un asunto. Terquedad, inflexibilidad.

L. Bourbeau:

Tortícolis en Movimiento lateral: Su cuerpo le dice que lo mejor para usted es decir "no". No siempre es bueno ser flexible ante todas las situaciones.

Tortícolis en Movimiento vertical: Su cuerpo le dice que lo mejor para usted es decir sí. Le dice que su terquedad, su inflexibilidad, le perjudica mucho más de lo que le ayuda en la situación que vive.

Lo que debes sentir y decirte:

"Con flexibilidad y naturalidad veo todos los aspectos de un problema. Hay innumerables maneras de ver y de hacer las cosas. Estoy a salvo."

Es importante que sepas que te he compartido el significado de enfermedades que están en los diccionarios que te mencioné. Es una "causa probable" de los síntomas o enfermedades que tienes, el comprender la causa te llevará más fácilmente a trabajar tu dolor y liberará de tu herida muchas emociones atrapadas. Se necesita tiempo y dedicación para hacer un trabajo de autoconocimiento, comprender el porqué de tus comportamientos, y esto ayudará a que puedas tener el control y manejo de tus emociones.

Para esto lo ideal es la Terapia Transgeneracional Evolutiva que trabaja en encontrar el origen de tus conflictos, ayudando a desprogramar y desbloquear las emociones que están atrapadas en ti y que están causando molestias, síntoma o enfermedades.

Acá te muestro un dibujo para que lo puedas entender mejor, cómo es el círculo "vicioso" de la herida de la Traición.

HISTORIA REAL
HERIDA DE LA TRAICIÓN

"Y yo creía en ti..."

"La herida de la traición surge principalmente cuando el niño/niña se siente traicionado por alguno de sus padres."

Silvia es una mujer adulta, la cual siempre de infancia fue catalogada por sus padres "Como una niña difícil". Es la "segunda" hija de cinco hermanos. Su nacimiento fue por "accidente", por lo que fue una hija "no deseada", ambos padres eran muy jóvenes cuando ella nació. Sus padres estaban ya muy mal como pareja y nace producto de una "reconciliación amorosa".

Julia, la madre de Silvia, fue también una hija no deseada. De familia humilde y vulnerable, Julia nació y se crió en un hogar de mucha violencia, muchas carencias afectivas y materiales. Su padre alcohólico, su madre depresiva, sumisa y dependiente, constantemente golpeaba y maltrataba a sus hijos, pero de alguna manera, fue más dura con Julia.

La historia siempre comenzó antes...

El hogar en donde creció Julia, (madre de Silvia) fue de mucho desamparo y abandono. Era tanta la violencia y carencias de todo tipo que lo único que quería era salir del techo de sus padres y fue así como se casa con Ramiro para huir de su hogar. Lo que no imaginaba era que la pesadilla iba a continuar. Su marido machista en extremo, trabajaba largas horas durante el día, tenía un genio del terror y era costumbre llegar a casa pasado de copas, o emborracharse en el mismo hogar. Cuando esto ocurría los niños corrían a esconderse, y por diversas razones y sin motivo él golpeaba a su mujer en frente de sus niños. Muchas veces su hijo mayor fue víctima de violencia por parte de su padre Ramiro por querer proteger a su madre o hermanos. Era violencia bruta, palos, correa, lo que fuera estaba bien para maltratar a sus hijos y mujer.

Sin embargo, Ramiro a la persona que jamás golpeó fue a su hija Silvia. (Silvia llevaba el nombre de su abuela paterna, madre de Ramiro)

En el ambiente que creció Julia (madre de Silvia) fue del terror. Familia muy pobre de escasos recursos muchas veces les faltó dinero para comer, nunca se celebraron cumpleaños ni navidad.

Las carencias materiales fueron muchas, así como también el afecto emocional, contención y amor. El hogar funcionaba como recinto militar donde Ramiro daba órdenes, ponía horas y castigo para todo. Si el almuerzo no estaba listo a las 12:00 horas eras discusiones, o golpes para Julia o cualquiera de sus hijos.

Julia, (madre de Silvia) fue una niña muy violentada. De adulta se sometió al mismo tipo de mal trato. Todos sus embarazos se pueden considerar *"Violaciones consentidas"*. En esa generación, el machismo era absoluto y estaba permitido. Las mismas mujeres criaban de esa manera a sus propios hijos y potenciaban este tipo de comportamientos:

- *Arreglen y limpien la casa hijos que su padre está por llegar.*

- *El plato de comida más grande para el padre.*

- *Tu papá es el que manda, pregúntenle a él.*

- *A tu padre se le respeta, merecías esos golpes para que aprendas...*

- *Hay que atender a su padre que ya está en casa.*

- *Levanten los platos de la mesa para que tu padre coma postre o tome un café.*

- *Deben trabajar para ayudar a su padre con los gastos de la casa.*

- *Al hombre hay que darle "lo que necesita" (sexo) para que no busque fuera y se vaya.*

- *Cuando el marido quería sexo, era obligación, no había posibilidad de negarse.*

Cuando Ramiro estaba fuera de casa la pequeña Silvia era la *"empleada"* del hogar. Era ella quien a mano y en la tina con agua fría a los 5 años ya lavaba la ropa interior de todos los hermanos, la suya y de la de sus padres, lavaba pantalones, camisas, y sábanas. A las 6 de la mañana era enviada a la panadería a esperar el pan recién salido de los hornos para llegar a preparar el desayuno para todos.

Su madre se desquitaba con ella. Cada vez que discutía o era golpeada por Ramiro ella descargaba toda su ira en la pequeña Silvia. Golpes fuertes, correazos, una vez la castigó y le puso las manos en la puerta y se la cerró, sacándole tres de sus uñas porque dejó *"caer por accidente a su hermanita"*. No solamente era empleada de la familia sino también cargaba con la crianza de sus hermanitos menores que nacieron después de ella. Preparaciones de mamaderas, lavado de pañales y mudas.

Su madre siempre le dijo, que el día que se quedara embarazada la echaría de casa…

A Silvia, no se le permitía salir, a menos que hubiese dejado toda la casa impecable, todo lavado, planchado y cocinado. Su amargura era extrema, el sentimiento de abuso y abandono eran increíbles. Abandonada por la madre y aunque ella amaba e idolatraba a su padre él nunca estuvo para ella. Cuando estaba en casa la mayoría del tiempo Ramiro estaba borracho. Existían fuertes sentimientos encontrados con su padre, Silvia sentía un cariño especial por su hermano mayor, quien fue el que más sufrió de los abusos y golpes de su padre.

Silvia conoce a un joven algunos años mayor que ella. Ambos se enamoran, ella de 16 años queda embarazada de José.

Julia cumple su promesa, la golpea, insulta y la echa de casa solamente con lo puesto. Le prohibió regresar al hogar y poco le importó el destino de Silvia.

Silvia fue recibida por la familia de José, ya que no iban a permitir que estando embarazada estuviera sola y desamparada. A los casi 4 meses de embarazo ella pierde al bebé por un aborto espontáneo. Era un niño.

La situación se puso complicada, Silvia había sido recibida por la familia de José, solamente porque estaba embarazada. Silvia quedó "embarazada" inconscientemente porque fue la forma de "*huir*" de su hogar. Independientemente que su salida haya sido violenta, conflictiva y dolorosa, ella lo buscó. Era mejor estar fuera de casa y embarazada que seguir viviendo como empleada, niñera, con insultos, golpes y descalificaciones.

Cuando Silvia perdió a su bebé, algo dentro de ella la alivió... sintió que la libertad ahora por fin sería parte de su vida, ya por fin estaba fuera de su hogar, lejos del abuso, violencia y daños emocionales, ahora se encontraba viviendo con la familia de José y ya no iba a tener que cuidar a un bebé, ni dedicarse a criar y a trabajar como lo había hecho desde pequeña. Silvia tuvo que encargarse de tres hermanos menores de ella, sumado a todos los trabajos dentro del hogar.

La madre de José, quedó muy afectada con la pérdida de este embarazo y su dolor la llevó a alejarse de Silvia. Era como si ya no estaba embarazada no había sentido que ella estuviera ahí. Silvia y José rápidamente se casan, ambos comprenden que, de no ser así, no había razón para que Silvia viviera con ellos, y la opción de

Silvia de regresar a casa de sus padres no estaba en los planes de ninguno de los dos.

Dada la presión "inconsciente" de su familia política a los meses queda nuevamente embarazada. Ahora ya iba a recibir los cuidados y tenía una razón para vivir con ellos sin culpa. Pero Silvia en el fondo de su corazón no quería ser madre.

Era lo que menos quería, ya desde muy pequeña sabía lo que significada estar al cuidado del hogar, lavar, planchar, criar y era algo que no quería volver a vivir. No por nada desde el primer momento de su segundo embarazo comienza con vómitos y síntomas de "abortos espontáneos", que la llevaron a estar los 9 meses en cama y en reposo absoluto.

Según la Terapia de "Biodescodificación" y "Bioneuroemoción", todos los síntomas y enfermedades, son causados por desequilibrios internos relacionados con nuestra alma, corazón y espíritu. Existen emociones que deben ser tratadas, y muchos conflictos emocionales deben ser resueltos para dar con el origen de lo que está causando el *"malestar"*.

En este caso quiero hablar de lo que significan los "Vómitos".

En el caso de las mujeres embarazadas se presenta este síntoma que está relacionado con el *"miedo a lo desconocido"*. Aparecen por lo general durante los tres primeros meses de gestación que es cuando la mujer debe aceptar esta nueva condición y emocionalmente la confunde. Es un gran cambio no solamente emocional, sino también físico el llegar a ser madre. Son muchas las emociones que se generan en este período del embarazo y en muchos casos se siente rechazo y miedo por lo que se vive o se va a vivir.

Relacionando este tema de los vómitos vamos a analizar lo que sentía Silvia durante los 9 meses de embarazo que tuvo que permanecer en reposo.

Te quiero recordar que los síntomas y malestares, náuseas y vómitos que se presentan por lo general en el comienzo de un embarazo no son "conscientes".

"Rechazo este embarazo = rechazo a este bebé" no lo quiero conmigo, no quiero que nazca, ya que sumado a los vómitos durante todo el momento de gestación tuvo además síntomas de pérdida.

Y los abortos, ya sean provocados o accidentales es la misma información del inconsciente: ***"No quiero que nazca este bebé" o "no quiero tener hijos".***

Recordemos como lo hablo en mi primer libro en detalle ***"Tus Ancestros quieren que sanes"*** somos conscientes solamente de un 5% de nuestros actos, el 95% está regido por nuestro inconsciente. Si yo presento estos síntomas durante el embarazo pueden ser por muchas razones Transgeneracionales y también de infancia.

Todo lo que han vivido las mujeres de mi clan, todas sus emociones durante la gestación, durante el embarazo y primera infancia, no se borra del "inconsciente familiar", la información se hereda y se transmite.

Acá tenemos algunos ejemplos del porqué de manera inconsciente yo no quería tener hijos:

Los niños sufren *(no es bueno traerlos al mundo a seguir sufriendo, malos tratos, abandonos, heridas profundas).*

Las madres son madres depresivas e infelices *(maltratan a los niños y les transmiten sus tristes y amargas emociones, las mujeres se han sentido obligadas a procrear, muchos hijos no han sido deseados, se ven frenadas con respecto a sueños, y viven una maternidad sin disfrutarla verdaderamente).*

Los niños mueren en la infancia *(es tan grande el dolor de la pérdida de un niño en la familia que es mejor no tener hijos, así no se mueren, y evitamos* *vivir ese desgarrador dolor, los niños han muerto por accidentes, enfermedades, incluso mal trato infantil).*

Los niños son abusados *(demasiado grande el dolor y trauma para que se vuelva a repetir, el abuso puede ser sexual, o abusos de infancia en donde son obligados a trabajar a temprana edad).*

Y muchas razones más, recordemos que nuestro inconsciente nos quiere proteger del ***"sufrimiento"*** que han tenido nuestros ancestros y así como yo vivo en mi presente es una ***"solución"*** a lo que vivieron mis familiares en el pasado.

También lo explico en mi primer libro que la información del clan familiar se transmite por medio del embarazo. En el capítulo donde hablo del ***"Proyecto Sentido".***

Volviendo a la historia real

Tanto Julia como Silvia tenían razones de sobra para sentir rechazo, sentimientos encontrados de no querer tener más hijos (de manera inconsciente).

Podemos imaginar lo que pensaban o sentían su madre, abuela y bisabuela cada vez que estuvieron embarazadas. Todas esas emociones de las madres, se transmitieron a sus bebés en sus embarazos, también se cargan las emociones y energías del padre, todo influye, todo cuenta, y vemos luego que tanto Julia y Silvia han tenido vidas difíciles con muchas carencias afectivas.

Recordemos también como lo hablo al comienzo de este libro, ***"Quedamos atrapados en la edad en que nos hizo más falta amor".***

Silvia crece con mucha violencia de parte de su madre ya que Julia es una mujer dura y extremadamente fría. Ramiro al poco tiempo de nacer Silvia se dedicó a sus estudios, mucho trabajo, casi siempre fuera de casa y Julia a cargo sola de sus hijos y del hogar.

Recordemos que Silvia se casa y queda nuevamente embarazada, embarazo que vivió durante los 9 meses en reposo, con síntomas de pérdida y constantes vómitos, mareos y náuseas.

A término del embarazo, nace Sara, hija de Silvia y José. Era la primera nieta y fue recibida con mucha alegría por la familia paterna. Julia, Ramiro y sus hermanos estaban completamente aislados de Silvia, no tenían ningún tipo de contacto.

Silvia se ve nuevamente a cargo de su hija (antes de sus hermanitos) y también compartiendo los quehaceres del nuevo hogar. No pudo terminar sus estudios, por dedicarse a cuidar a Sara.

Silvia replicó el mal trato que ella recibió de su madre Julia, con la pequeña Sara. ¿La razón?, Silvia se sentía frustrada, agotada, desilusionada. En un principio la idea de "escapar" de su hogar la alegró, pero ahora estaba nuevamente viviendo una vida que no quería vivir, al mismo tiempo que José, estudiaba hasta altas horas de la noche ya que durante el día trabajaba de mesero en un restaurant para tener dinero para la familia.

A los dos años exactos nace Pablo, el segundo hijo de Silvia y José, quien rápidamente se convierte en los "ojos de papá", y de toda la familia. Hasta ese momento Sara se sentía muy mimada y protegida por papá, ya que desde esa edad ya recibía gritos y malos tratos de su madre Silvia.

La pequeña Sara ya con dos años de edad pasa al olvido, y debe acostumbrarse a vivir en la sensación de no ser la preferida de papá, y comienza a generar celos y envidias hacia su hermano pequeño.

Su infancia es de mucha dureza por parte de su madre Silvia, ella atiende con cuidado a su hermano Pablo, y Sara comienza idealizar a "papá", a diferencia de su madre, José no la maltrata, la escucha, a veces juega con ella, pero siempre le da más atención a su hijo que a ella. Los celos en la pequeña fueron creciendo y tal como actuaría una niña, pelea, empuja, y muestra su frustración con su hermano Pablo, pero inmediatamente es su madre quien castiga a la niña favoreciendo al hijo cuando esto ocurre.

Para las vacaciones la familia solía salir de la ciudad por 2 meses durante los meses de verano. En esas vacaciones iba toda la familia de José.

Silvia pasaba todo el tiempo mal humorada porque sentía que en vacaciones era cuando más trabajaba, no solamente debía hacerse cargo de sus hijos, sino también de las visitas que llegaban durante las semanas de vacaciones.

José amaba a sus hijos, pero su juventud e inmadurez le hacía imposible ocuparse de su familia, tanto emocionalmente como económicamente. José amaba el canto y pertenecía un grupo musical el cual hacían giras los fines de semana. Por esta razón Silvia pasaba mucho tiempo sola al cuidado de los niños ya que José, por trabajo, estudios y hobby no estaba disponible. Esto molestaba mucho a Silvia que sentía que todo era injusto, ella era quien lavaba, planchaba, se encargaba del hogar y de los niños mientras que su marido hacía muchas cosas que a él le gustaban.

Lamentablemente el mal trato con su hija Sara era demasiado. Nadie se percataba de esto ya que siempre la golpeaba en su habitación o cuando nadie la veía. Además, que le tenía estrictamente prohibido llorar cuando esto ocurría. Muchas veces la pequeña comenzó a llorar y en el mismo momento Silvia la agarraba fuertemente y de un solo bofetón la hacía callar.

Muchas veces cuando Sara estaba a solas con su padre ella le decía:

- Papá, ¿Vámonos de casa?

- ¿Y por qué?

- Los dos solos, dejamos a la mamá con los abuelos, y con Pablito.

- Hija, no diga eso. Yo trabajo y estudio eso no puede ser así, Acá estamos muy bien...no pienses así hija.

Mientras el diálogo de Silvia y Sara era así:

- ¡No llores! Estúpida, te prohíbo que llores...

Y Sara debía tragarse el dolor y el llanto, porque si lloraba, los golpes no terminaban.

- Tu padre está por llegar, "Pobre de ti que te atrevas a contarle algo", porque apenas se vaya vas a saber lo que es sufrir. Y te vas a arrepentir.

Sara sentía una angustia enorme cuando estaban los preparativos para el viaje de "vacaciones", ella sabía exactamente lo que signi-ficada estar largos períodos sin ver a su padre ya que cuando él estaba en casa era los únicos momentos en que su madre no la maltrataba.

Era José quien las llevaba en auto a la playa. Se quedaba un día y regresaba a Santiago.

Era el momento de José de regresar a la ciudad, y Sara corría a sus brazos y con voz temblorosa le decía:

- Papá, ¿Cuándo regresarás a vernos?

- No te puedo decir exactamente, tu sabes que trabajo mucho y los fines de semana tengo que trabajar… pero quizás me "escape" y venga.

- ¿Enserio? ¿Pero cuando? Papá por favor quiero que vengas a verme.

- Si mi amor, tranquila que voy a venir.

- Papá, dime, ¿Cuándo?

- El "fin de semana"

- Poco sabe una niña de 4 años, que significa días, meses, semana o fin de semana…

- Mamá, ¿Cuándo es el fin de semana?

- ¿Y a ti que te importa?

- ¿Pero cuando es?

- ¡Tan rebelde que eres! Ya te dije ¿Qué te importa a ti?

- Mi papá, me dijo que va a venir el fin de semana.

- Ja ja ja ja, ¿Y tú le crees? No va a venir, tu padre miente, además que trabaja todos los fines de semana. Ándate de acá y deja de molestarme, eres una pesada.

Silvia que no se quedaba callada, preguntó a su abuela cuando era el fin de semana y ella le dijo que era pasado mañana. Le dijo que faltaban dos días.

Llega sábado por la mañana y Sara se levanta de un salto de la cama. En silencio cuando todos dormían se va al comedor donde había unos ventanales.

Estaba helado, como de costumbre las mañanas eran grises y frías. Sara con pijama se va corriendo a la ventana que daba justo al jardín. Por ese ventanal se veía la entrada y portón de la casa. Con manos y pies helados, ella esperaba sentada en el suelo mirando a través del vidrio, Sara esperaba la visita de "papá". Él se lo había prometido:

"Vengo el fin de semana, fue así como lo sintió Sara y ella creía ciegamente en su padre".

A las horas se levanta su madre, quien se indigna de verla, congelada, sentada en el suelo. La agarra del pelo, se lo tira y del mismo pelo se la lleva a la habitación.

- ¿Acaso eres estúpida? Imbécil, ¿Qué voy a hacer yo ahora si te enfermas? ¿Crees que tenemos plata para llevarte al doctor?

- ¡¡Y NO LLORES!!, "cállate que todos duermen", "pobre de ti que se despierten" porque ahí sí que te las voy a dar… cabra mal criada.

- ¿Tú crees que con todo lo que tengo que hacer voy a poder cuidarte si te enfermas?

- ¡Dime! ¿Qué estabas haciendo ahí sentada en el suelo?

Con el llanto atragantado, con dolor en su corazón y en su pecho le dijo:

- Estoy esperando a mi papá…

- Ya te dije, él no va a venir. ¡Qué tonta eres! Anda y acuéstate y "pobre de ti" que te enfermes porque te vas a arrepentir.

Sara se fue a su cama, escondió su cabecita bajo las almohadas y sin que nadie la escuchara lloraba. Sentía que odiaba a mamá, le temía profundamente, odiaba esa sensación de temerla y detestarla. Solamente pedía que su papá llegara como lo había prometido.

Durante todo el día, Silvia fijó su mirada al jardín, imaginaba que el portón se abriría y que papá llegaría.

Durante el almuerzo y todo el día mientras su madre no la veía ella se iba al ventanal. Cuando oía a su madre cerca, se alejaba, no quería recibir más ofensas, ni golpes.

Pasó sábado y domingo y José su padre nunca llegó. ☹

Pasaron dos semanas, en los que Silvia jugaba en el jardín cerca del portón. Con tristeza iba a la playa porque temía que su padre llegara y ella no estuviera.

Cuando se sentaba en el suelo frente al ventanal, su madre le decía palabras hirientes:

- *¿Y sigues ahí sentada como tonta?, ya te dije tu papá es un mentiroso, no va a venir...*

Las sumas de momentos como estos hacen que la herida de Traición sea más fuerte y dolorosa.

Sara, busca y espera incansablemente "el amor de papá" que le fue arrebatado, pero cae constantemente en relaciones abusivas en donde se cumple su peor pesadilla:

"Es engañada y traicionada."

ACTO DE SANACIÓN HERIDA DE LA TRAICIÓN

Si tienes una, dos o todas las características de esta herida es porque está en ti.

"Sanarás Cuando Decidas Hacerlo", debe ser una opción válida, un propósito, tu meta. Reconocer que tienes esta la herida ayudará aliviar tu dolor y será el primer paso a la sanación.

Esta herida vuelve a las personas muy exigentes y tensas y crea un ambiente denso cuando la herida está en su máximo esplendor.

Cuando hablamos de "sanar" especialmente en esta herida, genera mucha angustia. La persona cree y siente que si sana cambiará toda su forma de ser y no puede imaginar no tener el control o delegar su vida, sus actividades o peor aún no estar a cargo de los "otros", le gusta mucho ayudar, pero la verdad lo que ama es controlar.

Sanar esta herida está más relacionado a encontrar más calma en tus días, aprender a controlar tu ira, tus impulsos y agresividad, para poder disfrutar mejor el día a día entre otras cosas.

Vamos a trabajar en "identificar" el primer recuerdo que llegue a tu mente en donde te hayas sentido "Traicionada", no cuestiones ese recuerdo que llegue a ti, normalmente tendemos a minimizar lo ocurrido y creemos que lo sucedido no es tan importante.

Todos los trabajos debes realizarlos en tu *"cuaderno de sanación"*.

Vas a buscar un lugar tranquilo puede ser tu habitación, un parque, un cerro, quiero que cierres los ojos un momento, que intentes conectar con tu niño interior. No debes forzar nada, solamente recordar los pasos que he dado anteriormente para traer a tu presente el niño o niña herida que necesita todo tu amor.

No importa que recuerdes una fotografía, lo importante es la edad, y si no recuerdas nada, deja que tu Alma te guíe y pide traer a ti a tu niña herida... ¿Quién vino a ti? ¿Tu niña de 3, 6, 12, 15 años? La edad que llegó a ti es la edad en que nos vamos a concentrar para realizar el acto de sanación.

Es muy probable que con esta herida logres tener un recuerdo doloroso. En donde te sentiste ignorada, en donde te hicieron sentir que no valías nada, quizás donde una o muchas promesas no se cumplieron, y te hicieron y desarrollaste mucha desconfianza. Solamente quiero que traigas un recuerdo de este tipo para "rescatar al niño herido atrapado en él".

Sé que, si tienes esta herida lo más seguro es que quieras sanar rápidamente, también sé que las meditaciones largas no son lo tuyo, es por eso que vamos a hacer un trabajo a nivel inconsciente muy efectivo en donde necesitarás desconectarte algunos minutos para comenzar a trabajar en ti la paciencia que te llevará a calmar la angustia de esta herida.

Si eres bueno para usar la visualización vas a trabajar con esa energía y vas a imaginarte de pequeña/o con la edad que sientas hay más dolor.

Cuando te encuentres viviendo un momento en dónde has perdido el control, sientas que te han fallado y ese vacío en tu corazón se hace profundo y doloroso, te pido de ir a un lugar tranquilo para trabajar la transmutación de estas emociones.

Vamos a imaginar que durante el día ocurrió algo que te sacó de tu "centro", al llegar a casa quiero que vayas a tu habitación, es opcional colocar alguna música que te calme y te conecte con la paz.

Si tienes tu "osito" o juguete que has elegido lo vas a tomar entre tus manos y si tu opción es usar tu imaginación, vas a colocar tus manos "juntitas como formando un nido" y llevarás el osito/manitos al centro de tu corazón.

Si no tienes un juguete, lleva ambas manos al centro de tu corazón. Puedes estar sentada, de pie o acostada, da lo mismo lo importante es que estés esos momentos contigo.

Simplemente en voz alta, llámate por su nombre: Claudita, Fernandito, Paolita, Juanito, y le vas a "bajar el perfil" a lo sucedido.

- Tranquilo mi niño / niña, sé que te sientes ofendida, sé que sientes que no fue tu culpa, sé que… Etc. etc. etc.; como adulto maduro y consciente hablarás de lo sucedido y luego te dirás: (siempre con el osito / manitos en el centro de tu corazón)

- Calma mi niño/niña, ya todo sucedió, yo te cuido, vamos a tranquilizarnos para poder tomar una buena decisión.

- Calma mi niño/niña, no debes irritarte de esa manera no te hace bien, no te sientes bien así, ahora vamos a respirar profundamente…

Y puedes decirte todas las palabras bellas, contenedoras que te gustaría haber oído.

Todos los conflictos que vivimos de adulto, de alguna u otra manera ya lo hemos vivido en la infancia y cuando no lo hemos resuelto en el pasado en la etapa adulta lo vivimos con más intensidad.

Acostúmbrate a calmarte cuando sientas que no estás en equilibrio contigo mismo, si estás en un lugar público hazlo mentalmente e invita a tu niño interior a la calma. Esto es mágico, mientras más lo hagas sentirás que cada vez tienes menos momentos de irritabilidad. Pero debe ser un trabajo consciente, verás resultados muy efectivos si lo haces por meses.

Yo lo hago cada vez que me siento ofendida, porque comprendo que, de adulta, es mi percepción de la realidad y soy yo la que algunas veces sobredimensiono las cosas cuando me encuentro sumergida en la herida. Por lo tanto, es un trabajo constante, es tomar consciencia de nuestro comportamiento que a momentos sale fuera de control.

Es nuestro niño herido que está en "rebeldía" porque se ha activado su herida.

Por lo tanto, comenzarás a sanar cuando comiences a vivir con menos intensidad las situaciones que escapan de tu control.

Trabajando mi paciencia

No te gusta esperar, caminar detrás de alguien lento, hacer filas, o manejar en tacos. Te pone de mal humor e impaciente.

Todo tiene un tiempo de gestación, de sembrar y cosechar. No porque estés pendiente las 24 horas de un asunto se va a resolver antes de tiempo. No porque pienses que quieres rapidez el tiempo se acelerará especialmente para ti.

Con tu impaciencia te vuelves irritable, de irritable a insoportable, luego agresivo...

¿Qué ganas finalmente? Eres tú quien se traga la amargura y la amargura de quienes amas o están relacionados contigo.

Ya conoces la "mecánica" de tus actos, si siempre haces los mismo y te comportas siempre igual verás a tu alrededor los mismos resultados.

Prueba algo distinto, haz el esfuerzo de hablar más pausado, verás lo lindo que hablas con pausas y con el tono de seducción que sabes usar. Serás más apreciado, serás más oído.

Prueba con "esperar tranquilo" en una fila, distrae a tu mente con un libro que quieras leer, un audio, de observar tu entorno sin agitarte o estresarte. Escucha el ruido del agua, el aroma de las flores, observa los colores a tu alrededor, comienza a conectar tu presente con una nueva realidad.

Invita a tu cuerpo a la calma, respira profundo, verás que todo está bien, todo comenzará a estar mejor cuando comiences a cambiar tu vibración y energía interior.

Tu ánimo mejorará y la paciencia será algo fácil de reconectar cuando lo necesites.

Se aconseja para trabajar la paciencia tomar clases de yoga, taichí, hacer meditaciones, caminar libremente en un parque.

Suelto y acepto

Acepto y reconozco en mí, actitudes y comportamientos algo obsesivos, y el acto de sanación para esta herida es tomar "consciencia" de tus actos, de la impulsividad que tienes y que genera en tu entorno malestar y estrés.

Comenzarás a D E L E G A R, con algo mínimo. Si en estos momentos estás a cargo de tu hogar, de los niños, del perro, de la casa, de cocinar, de lavar, planchar, transporte colegios, compras, etc. Es tiempo de soltar esa presión. Todo no debe estar extremadamente limpio y ordenado, todo no debe estar absolutamente planchado, acepta que haces lo que puedes y que también te agotas, te cansas y que necesitas descanso.

Si tus niños son pequeños y no tienes ayuda, es tiempo que "aflojes" tu obsesión por querer ser buena madre, buena esposa, la mejor, la perfecta mujer. Nadie puede hacer tanto con tantas obligaciones diarias.

Regálate tiempo de pausa, ya eres perfecta tal y como eres. El querer controlarlo todo, el exigirte hacer absolutamente todo y mantener una casa como recinto militar solamente causará disfunciones emocionales graves. Llevar todo el peso y control hace que trabajes en exceso tu energía masculina y cada vez serás menos tierna, menos amorosa, menos paciente. Que no te extrañe que sufras de dolor de hombro, espalda, con tanto "peso" que colocas sobre ti.

Recuerda tu infancia, evita repetir los mismos errores y regálate tiempo de calidad, de disfrutar de ti, de la maternidad, si algo se ensució se limpiará con calma, más tarde o mañana si puede esperar. (Y créeme que puede esperar). Es imposible tener una casa ordenada con niños felices que necesitan jugar y moverse ocupando todos los espacios. Juega con ellos, siéntate en el suelo, almuerza y come con ellos porque sé que la mayoría del tiempo tampoco lo haces porque estas ocupando tu tiempo, siempre en algo más o adelantando trabajo.

Si eres hombre, lo mismo, evita ser tan exigente, nadie dice que no lo sigas siendo, solamente que a veces no es tan necesario, porque sólo lograrás que tu presencia sea una molestia y que nadie espere tu llegada. Conecta con tus niños, con sus gustos, ideas, sueños, dedícate a conversar algunos minutos con ellos a diario.

Dedica tiempo a tu pareja, ella también necesita de ti, no solamente las personas que trabajan contigo o para ti. Planifica tiempo de "pareja" en donde puedas liberarte de tantos compromisos y dedícale tiempo a tu relación con amor.

Hay cosas que pueden esperar, la urgencia es lo que tú proyectas en todo lo que haces. Verás que también puedes organizar mejor tú tiempo y darte momentos de más relajo que tú y tu entorno especialmente círculo cercano, disfrutarán y agradecerán.

Delego y confío:

Sabemos que puedes encargarte de mil cosas a la vez, ***¿Pero… cuando fue la última vez que hiciste algo por ti?*** Puedes celebrar y organizar el cumpleaños de todos, pero ¿Y el tuyo? Delega trabajo para tener tiempo de calidad. Primero de a poco y verás que contarás con alguien que sea igual de responsable que tú, solo debes abrirte a esa posibilidad. ☺

Calmando mis energías:

Ya hablas fuerte, no necesitas gritar. Puedes dar las mismas órdenes sin salir de tu equilibrio. Comienza a probar una nueva forma de relacionarte con tu entorno (familia, amigos, trabajo) haz consciente tus impulsos y cuando sea necesario verás que no necesitas perder el control para que las cosas sucedan.

Nadie tiene el poder de "descontrolarte" a menos que tú aceptes que así sea, ni un hijo, ni la pareja, ni el jefe, ni la vecina, solo tú.

Cuando te enojas y enfureces finalmente estás perdiendo el control y auto control en ti y eso activa más tu herida y entras en un círculo vicioso sin fin.

Prueba, paso a paso, y comenzarás a sentirte mucho mejor contigo mismo y los resultados que irás viendo. Si cambias tú, te entregas a confiar, tu entorno cambiará y tendrás cerca de ti personas en la cuales poder entregar tu confianza.

Disfrutando del tiempo:

Te recomiendo leer un maravilloso libro, ***"El poder del ahora" de ECKHART TOLLE.***

Léelo con calma, subraya las frases que te hagan sentido y si algo no lo hace, analiza la razón del por qué.

Te ayudará a estar más en el presente, te dará ejercicios y razones de la importancia de vivir el ahora, que es algo que debes comenzar a integrar en tu vida. Practica en paralelo algún deporte que ayude a calmar tu mente, como Yoga, Tai Chi, Chi Kung son ideales para ayudar a centrar tu mente, a trabajar un estado mental más "Zen", permitirá cargarte de energía y renovar tus ideas, trayendo a ti calma, bienestar y mucha paz. ☺

Confío en mi pareja:

El miedo más grande de la persona con esta herida es la traición de su pareja. Cuando esta herida no es vista y no es sanada la mujer por ejemplo estará en constantes comparaciones de su pareja con su padre. (Lo mismo en el caso contrario hijo/madre)

Cuando le exiges a tu pareja que te ame, que te cuide, que te proteja, de manera exagerada estás en un "***ENAMORA – MIENTO***"

Te mientes creyendo que quieres una pareja, cuando la verdad lo que buscas es el amor de tu padre.

"Mientras sigas buscando a la pareja perfecta, seguirás buscando a papá."

Ahora que ya comprendes el origen de tu herida, es tiempo de comenzar a tener relaciones de pareja en donde manejes tus celos e inseguridades. Cuando trabajas la confianza en ti, reconoces lo que vales, lo que eres simultáneamente los celos disminuyen.

Decreto de Sanación

Memoriza, y escribe en tu cuaderno de sanación esta frase que te daré ahora. Cuando te sientas herida, porque se ha activado tu herida de traición, utiliza palabras de apoyo y amor para ti ☺ Puedes escribirlo en cartulina de colores y pintar esta frase y colocarla en tu lugar preferido en donde lo puedas ver siempre:

"Soy paciente, conmigo mismo y con los que me rodean, sé confiar en los "otros", aprendo a delegar aceptando que las cosas puedan ser diferentes a los resultados que espero.

Valoro mi tiempo y me doy momentos de calidad y cuidados."

BENEFICIOS DE SANAR LA HERIDA DE LA TRAICIÓN

Calma, sanar no significa en tu caso que te convertirás radicalmente en otra persona, solamente atraerás a tu vida más momentos agradables y todo fluirá en armonía. Algunas cosas cambiarán porque tu comportamiento sin dejar de ser firme, será mejor recibido y no tendrás la necesidad de enojarte o pasar malos ratos por situaciones que no lo valen.

Todo lo que has desarrollado como consecuencia de tu herida lo puedes trabajar a tu favor.

Tus planes y proyectos son siempre en grande, utiliza tu encanto, seducción, sumado a un buen trato personal y lograrás que las personas te sigan en tus proyectos admirándote y no por miedo. Eres excelente líder, lograrás ocuparte de tus compromisos, aprendiendo a delegar con confianza permitiéndote tener una mejor calidad de vida y ganarás más tiempo a tú favor.

Las personas de tu entorno notarán que has bajado "tus revoluciones" sin perder tu empuje y se sentirán mágicamente atraídos por tu nuevo encanto.

Brindarás apoyo y seguridad a tu círculo cercano, desarrollando aún más tu buen sentido del humor y capacidad de sociabilizar.

Tienes la ventaja de ocuparte de múltiples asuntos sin la necesidad de urgencia, permitiendo gracias a tu talento potenciar las virtudes de las personas que te rodean.

Tomas decisiones sin vacilar, y puedes pasar de un tema a otro avanzado en lo que necesitas ver terminado.

Sabrás equilibrar tiempo de descanso v/s trabajo.

Tu familia, círculo más cercano y conocidos apreciarán la nueva forma de relacionarte sin perder la fuerza interior y energía que te caracterizan.

Te invito a ver este video en dónde hablo de la herida de la TRAICIÓN.

LA HERIDA DE LA INJUSTICIA O ABUSO

- Me incomoda que me saluden de besos y abrazos.

- Me importa en extremo cuidar de mi cuerpo, no soporto la idea de subir de peso, de hecho, muy rara vez he estado con sobrepeso.

- Reconozco que puedo ser un poco aburrido en fiestas ya que no me gusta bailar.

- Me gusta el orden en todos los ámbitos de mi vida, suelo ser exagerado con respecto a este tema.

- Soy muy independiente, sé hacerme cargo de mí mismo y de mis cosas.

- No te molestes en hacerme regalos, me incomoda recibirlos.

- Cuando debo tomar alguna decisión, es algo que pienso mucho, le doy muchas vueltas en mi cabeza, analizo bastante antes de poder tomar acción.

- De pequeño he tenido responsabilidades, no me gusta las personas que no se hacen cargo de nada.

- Pienso que en la vida cada uno tiene lo que merece.

- Es probable que haya tenido una vida dura, pero eso fue necesario, gracias a la disciplina y a lo vivido en el pasado, hoy soy quien soy.

- Todo lo que uno hace, cada acto tiene una consecuencia y hay que asumirla.

- Cada persona es responsable de su propia vida.

- Soy un poco "obsesivo", suelo tener algos "tics" o "manías", no me gusta que me cambien el orden de mis cosas, que me tomen algo sin pedirlo, que abusen de mi confianza.

- Prefiero que los planes me lo digan con tiempo para poder planificarme, no me agrada en lo absoluto los cambios de planes de un momento a otro.

- No me gusta llorar en público mucho menos mostrar mis emociones.

- Doy la apariencia de ser una persona fría, rígida y calculadora, pero nadie sabe que soy tremendamente sensible y hay muchas cosas que me afectan demasiado.

- Me incomodan las personas que demuestran su sufrimiento o lloran…

¿TE HAS IDENTIFICADO CON ALGUNA DE ESTAS FRASES?

De ser así, una de tus heridas es la **"Injusticia o Abuso"**

Esta herida desarrolla ciertos tipos de caracteres y personalidades:

Frialdad / Rigidez / Dureza

¿CÓMO SE GENERA LA HERIDA DE LA INJUSTICIA?

¿Tuviste unos padres muy estrictos y autoritarios en tu infancia?

Para este caso da lo mismo si fueron tus padres o quienes estuvieron a tu cargo; abuela, abuelo, tíos.

La herida será más profunda si de niña la dura, rígida y autoritaria fue tu madre y para el niño su padre.

Esta herida cuesta de reconocer porque las personas que han sido víctimas de abusos y/o grandes injusticias durante su infancia, convencen a su mente que ha sido necesario lo vivido, justificando así, castigos y malos tratos. Las personan que viven esta herida, lo viven también como "herencia directa" de alguno de sus progenitores que también la han vivido de pequeños.

Esta herida se genera entre los tres y 7 años de edad.

Los niños en su infancia, han vivido diversas situaciones que han sido en forma general "injustas", cuando algo es injusto pasa a ser un "abuso".

Comienza a "despertar la herida de la Injusticia". Cuando el niño comienza a darse cuenta del trato que recibe, compara lo que él recibe v/s sus amiguitos, hermanos o primitos. ***Los adultos que lo rodean son fríos en su trato con él, y son severos e intolerantes con sus errores y equivocaciones.***

La justicia se define como el reconocimiento, respeto hacia el individuo, de sus derechos y méritos dando a cada uno lo que merece de manera justa e igualitaria.

Cuando el niño, no se siente apreciado, respetado, bien tratado en su justo valor, y siente no recibir lo que merece es cuando se activa esta herida. También se genera en el caso contrario. Si el niño siente y ve que tiene mucho más que los "otros" lo invade la misma sensación de *injusticia*. Es una emoción difícil de explicar, es como vivir hacia "dentro" la amargura de no ser igual que todos. Para el ser humano es de vital importancia "el pertenecer" y de alguna manera esta herida ***"excluye"***. Estoy fuera del círculo social porque tengo más, o estaré fuera porque tengo mucho menos que el resto.

Llega a ser tan fuerte esta herida que la persona que la sufre tiende a tratarse a sí mismo con la misma dureza, rigidez con la cual fue tratado. No sabe tratarse de otra manera, siente la injusticia, pero lo acepta como la única forma de ser visto.

En el hogar del niño con esta herida, hay adultos castigadores, y muy exigentes. Tienen rutinas precisas y hacen cumplir al pie de la letra órdenes y reglas. La forma de educar ya sea de los padres, abuelos o tíos es bajo una estricta disciplina. Por lo general, no siempre son ambos padres los autoritarios. Puede ser uno de ellos, o también está herida se genera si el abuelo o abuela tiene esta forma de ser y al tener contacto con sus nietos, es duro y castigador.

- Si de pequeños los castigos son por ejemplo sin dejar cenar o comer al niño y enviarlo con hambre a su cuarto y prohibirle de comer hasta el otro día.

_ Dejarlo fines de semana, semanas o meses castigado sin salir a jugar, ver televisión, o asistir a cumpleaños.

_ Afectan gravemente golpes físicos, utilizando correas, palos, alambres y cualquier objeto para dañar al niño.

_ Retar, insultar al niño porque se ha ensuciado y prohibirle que juegue para que no ensucie su ropa.

_ Castigar, ofender y humillar en público sin permitir que el niño se defienda, explique lo sucedido o llore.

_ Cuando el niño está llorando desconsoladamente y llevarlo como castigo bajo el agua fría y prohibirle cualquier tipo de expresión, llanto o comprensión.

Esta herida esconde muchas emociones dolorosas, mucha represión, es cuando el adulto no ha sabido ver el corazón dolido del niño, cuando no se le ha reconocido su derecho a sufrir, a expresar su dolor o a llorar.

Es cuando al niño se le ha exigido ser adulto a temprana edad, y se le ha prohibido su derecho a ser un niño como los otros.

El progenitor que actúa con esta rigidez, es un adulto que fue tratado con más dureza aún y justifica su dolor porque siente que había de merecerlo para llegar a ser una persona justa, correcta; y convencido de este trato olvida su propio sufrimiento y se convierte en su padre /madre maltratador y abusivo de adulto.

También ocurre durante la infancia, que el niño ha sido víctima de abusos físicos, sexuales, o de roles.

Vamos a imaginar que la hija mayor se le "roba" su derecho a la infancia y se le da el rol de "cuidadora y madre de sus hermanitos", en dónde en vez de jugar con muñecas pasa a mudar a bebés reales trabajando y haciéndose cargo de responsabilidades que les toca asumir a los adultos. Esta responsabilidad no se traspasa con el consentimiento del niño obviamente, ni tampoco se le pregunta si está de satisfecho con lo que está sucediendo, o si necesita ayuda o descanso, por el contrario, se le exige de sobremanera, a la perfección, y con extrema rapidez.

Tenemos por ejemplo el caso en donde el hijo mayor por diversas circunstancias de la vida pasa a ser el "padre" de familia y a muy temprana edad debe dejar los estudios por comenzar a trabajar y hacerse cargo de la madre, de los hermanos o de ambos.

Esta herida comienza a gestarse también cuando el niño recibe pequeños abusos que se van acumulando durante su vida. Se ve en la obligación de cuidar de sus hermanos, de sus abuelos o padres enfermos, trabajar en el negocio familiar, o cuando las reglas o castigos son solamente para él y no sus hermanos o primos.

La persona que vive con esta herida, ha escuchado durante toda su vida muchas frases como:

_ *Tienes lo que mereces. Mereces un buen castigo.*

_ *No tienes derecho a reclamar, te prohíbo que hables.*

_ *Estás obligado a ayudarme, no tienes opción.*

_ *Debes aceptar el castigo es por tu bien.*

_ *Te prohíbo que me contradigas, ¡es una orden! Debes trabajar por lo que quieres.*

_ *La vida es dura y difícil.*

_ *En la vida se aprende a golpes.*

_ *Todo se gana con sacrificio y trabajo.*

Imaginemos que un joven pide dinero a su padre para salir con sus amigos, y el padre que tiene esta herida le dirá algo así:

- De acuerdo, pero me lavas el auto, me cortas el pasto y te daré dinero para salir.

El padre siente que es "justo" que su hijo se gane el dinero a cambio de trabajo, a él le ha tocado trabajar duro para obtenerlo y piensa que regalarlo es algo no merecido e injusto.

El injusto no da nada a cambio de nada, siente que lo más justo es dar y recibir y es precisamente por eso que le incomodan los regalos sobre todo cuando son de sorpresa, porque se ve en la obligación de tener que regalar y quedar a la "par" con la persona en cuestión.

El abuso forma parte importante en el desarrollo de esta herida, ya todo lo que he explicado hasta ahora forma parte de un "abuso", abuso de género, de poder, de roles, autoritarismo, pero también cae en este rango el abuso sexual. Si bien hay heridas y características notorias cuando se ha sufrido abuso, como el sobrepeso, el sobrepeso excesivo en caderas, muslos, problemas de estabilidad emocional, problemas sexuales relacionados al rechazo, impotencia, infertilidad, trastornos emocionales graves, miedos, ataques de pánico, en esta herida la persona tratará de ocultar y bloquear este tipo de traumas y dolores. Siente que no tiene opción de detener el abuso y se somete a él disociándose completamente de sus emociones.

Esto lo hace para evitar que se den cuenta que sufre y desarrolla un carácter frío y desapegado que ocultará a la perfección sus dolores y abusos más profundos. Se convence a si mismo que sabrá salir adelante y que no necesita la ayuda de nadie para solucionar los conflictos que está viviendo.

Desconfía de su entorno, se vuelve solitario e independiente.

Como lo mencioné en la herida anterior, llamé "**hermanas**", las heridas de ***rechazo, abandono y humillación***, siendo la herida de la ***traición*** su "***prima hermana***".

Ahora bien, la herida de la traición tiene su hermanita y es la "injusticia". Se reconoce esta herida por su físico que es muy marcado y definido.

La persona que sufre de la herida de la traición va de la mano con la injusticia.

Identificarás de inmediato físicamente a estas personas, ya que tienen un cuerpo duro y rígido, son las personas que cuando las saludas "***No saben abrazar***" y se incomodan por tener que besar al saludar, prefieren saludar o despedirse "dando la mano" así tienen a las personas lejos de ellos y no se incomodan por la cercanía ni contacto físico.

Su cuerpo es de contextura fina, no así disminuida como el cuerpo de un rechazado, sino más bien duro, recto, prácticamente sin estomago abultado o grasa corporal. Detesta pensar en la idea de subir de peso, eso es algo que no se lo permite ya que cuida en extremo lo que come. No sube de peso y baja con facilidad porque si le dices que desde hoy debe dejar de comer azúcar o chocolate, lo hace inmediatamente y es ley. No cuestiona reglas y ordenes, simplemente hace lo que cree es lo correcto y para no subir de peso evita "comidas incorrectas e injustas para él".

Con la dureza que lo caracteriza, tiene problemas para dejarse llevar por la música cuando se trata de bailar. Su cuerpo no responde tan bien como le gustaría.

Le gusta usar la ropa ajustada, y exactamente su talla, ni una más ni una de menos.

EN LA VIDA NADA ES GRATIS

De pequeño el niño que crece en un ambiente en donde las exigencias son altas, en donde todo lo que se hace es a cambio de algo, solamente logra potenciar esta herida que se hará con el pasar de los años más intensa y profunda.

Ya vimos que el hecho de recibir regalos le incomoda y molesta, de adulto tendrá la misma forma de actuar que recibió cuando niño.

Se angustia terriblemente cuando siente que no se está siendo justo con él y se le da de "menos" pero también se activará su herida si siente que se le está "dando" de más. No dudará en regresar lo que tiene de sobra, como tampoco dudará en pedir lo que se le debe.

Si debe "dar", dará exactamente a su igual e equivalente y nada más. Siempre dirá que "nada es gratis en esta vida" y está convencido que para obtener algo se debe trabajar muy duro.

Cuando alguien le ofrece y regala algo no se queda tranquilo hasta que de alguna manera compense lo recibido.

Como dato interesante, los ***"abogados"*** son personas que tienen esta herida. Por favor no generalizar, digo tienen la "tendencia" porque la persona con esa herida, carga Transgeneracionalmente también muchas otras "Injusticias", de estafas, abusos, incestos, impotencia, y han sido tantos los "abusos" que la persona siente la "necesidad" de revertir esta injusticia y la elección de su trabajo está influenciado por lo que yo he vivido en mi infancia, pero también los conflictos no resueltos de mi clan.

ME PROTEJO DEL DOLOR

El niño con la herida de la injusticia viste simbólicamente un traje de hierro con escudo, que a simple vista no se ve, pero se siente, él sabe que de manera inconsciente lo lleva puesto y las personas a su alrededor lo notan al instante. Su presencia irradia "distancia".

Este "traje" que está relacionado a su rigidez, su dureza, esconde muy bien su "dolor".

Es la manera de poner una barrera para protegerse del sufrimiento. Es como decir **"a mí no me entran balas".**

Pero todo su dolor ya está bajo ese pesado "disfraz de hierro" que porta, y tristemente lo carga siempre, cree que puede evadir el sufrimiento, pero vive dentro de él. ☹

Cuando suceden acontecimientos tristes y dolorosos tendrá una forma "especial" de reaccionar, no permitirá dejarse ver afectado, aunque por dentro esté destruido.

Para el resto de las personas, les afectará ver su distancia emocional y su forma fría y calculadora de actuar frente a situaciones de vida que para el resto son realmente dolorosas.

Detrás de la "armadura de hierro" se esconde un corazón de C R I S T A L, frágil, sensible, transparente y delicado, que a cualquier golpe emocional amenaza con partirse en mil pedazos, si eso ocurriera, la dureza de su traje no le permitiría hacer los movimientos para volver a reunir los cristales esparcidos por doquier.

Mi espacio – mi orden – mi rutina – mi tiempo

Las personas que se ha identificado con esta herida es muy probable que hayan identificado también a mamá o papá, abuelos o quienes han estado de infancia cerca de la crianza.

Se da el caso también que las heridas se "saltan" una generación, y tenemos a niños con heridas de rechazo, abandono o humillación, que tienen como padres a un representante de esta herida. Todo puede ser. No existen reglas fijas cuando se habla de emociones.

Acá podemos darnos cuenta de la persona con la herida de la Injusticia, que tendrá ciertos **"tics o manías"**, por lo general, son obsesivos con el orden y sus cosas, son muy celosos de lo que poseen, ya que les ha costado "ganarlo" y no desean perderlo, sus cosas personales tienen gran valor para ellos. Nada les ha sido regalado, nada se les ha dado fácil.

Por lo mismo detestarán que tomen de sus objetos personales sin permiso previo, que les muevan sus pertenecías de lugar sin advertirlo, que se tomen de sus cosas personales sin aviso. Todo esto será tomado como una falta de respeto, y se activará su herida porque se sentirá invadido "injustamente" en su propio hogar.

Difícilmente serán personas que socialmente inviten a sus amigos a casa, resguardan mucho su privacidad, su orden, su limpieza, si lo hacen serán amigos muy íntimos, de un círculo cercano cerrado y no lo harán como algo recurrente.

Este tipo de personas son muy estructuradas, les gusta tener rutinas para todo. Mentalmente les da alivio y tranquilidad el saber con anticipación el plan a llevar. Les encanta hacer planillas en *"Excel"* para llevar sus cuentas, compras, organizaciones económicas, así como su agenda de planificación diaria.

Son muy ordenados en sus cuentas, difícilmente le deberán dinero a alguien o alguien a ellos.

Si has incluido en tus planes a una persona con estas características es mejor que estés bien seguro de la invitación que le haces. Me refiero a que no lo invites de improvisto como tampoco le cambies los planes de la noche a la mañana porque no irá. Se perturba con los cambios de rutina ya que necesita tomar todo su tiempo para dejar todo en orden y planificado como le gusta.

Cuando tiene que tomar una decisión se toma todo su tiempo… le da mil vueltas al asunto y tiene muchas miradas diferentes, antes de decidirse por algo, evidentemente busca la justicia frente a todo y es esto mismo lo que lo hace dudar, pues teme ser injusto.

Es increíblemente justo, tanto que llega a ser injusto… sin quererlo se ve sometido a injusticias por su auto exigencia, se pide y se exige de sí mismo hasta el cansancio, y lo mismo hace con el resto. Su nivel de exigencia es altísimo, no se convence con menos ni soporta a las personas que no rinden a lo que él espera. Se fija constantemente metas, y no parará hasta cumplirlas.

SIN AYUDA, NI FLEXIBILIDAD

De pequeñitos al recibir tantas ordenes, exigencias y obligaciones comprenden que deben hacer todo "solos". Se acostumbran a hacer sus cosas, a organizar su tiempo, deberes y tareas, porque nadie nunca tuvo interés ni el tiempo de hacerlo por ellos. Sabe que es valorado por "lo que hace" y teme no "hacer" pues no será valorado, reconocido o amado. Sus rutinas se vuelven su círculo vicioso.

Por esta razón no pide jamás ayuda. Siente que no la necesita, pero cuando alguien se lo ofrece se ofende, siente que se cuestiona su capacidad de poder hacer las cosas por sí solo y a la perfección.

Rara vez enferman, si tienen dolores, o resfríos es algo que se guardarán para ellos. No les gusta que se sienta compasión por ellos.

Guardan celosamente su "envidia" , están atentos al resto, de lo que reciben y de lo que se da. **Como es tanta su fijación, serán expertos en ver la "injusticia" en todas partes algo que les altera al infinito.**

Siempre utilizara en su vocabulario palabras como:

- *¡Perfecto!*

- *Esto debe quedar a la perfección.*

- *Ni más ni menos.*

- *Cada uno recibe lo que merece.*

- *En su justa medida…*

- *Absolutamente.*

- *Evidente.*

Tiene pensamientos estructurados y rígidos. Es inflexible al momento que se le pide cambiar de opinión, pues no lo hace. Ya le tomó tiempo valioso el decidirse por algo y nada ni nadie le hará cambiar de pensar.

No se perdonan a sí mismos el equivocarse, tampoco ser libres, les cuesta el término "dejar fluir", no pueden sentir plenamente, ni dejarse llevar por la vida ni menos por sus emociones.

Se repite la historia… terminan haciéndose a sí mismos lo mismo que recibieron de sus padres. (Un trato injusto)

Será común verlos en un estado de "stress", preocupación o enfado, tienen muchas cosas en su mente que deben salir "a la perfección", recordemos también que de niños no se les permitió el ensuciarse, reír a carcajadas o improvisar y es ese el patrón que heredan de adultos.

Suele ocurrir en algunos casos que tanta "represión" los trastornó y en algún momento de sus vidas se "desbordarán" en excesos, expresando así tanto abuso e injusticias vividas, sentirán un "placer macabro" de ir contra lo establecido.

Las personas con la herida de la Injusticia podrían desarrollar enfermedades como:

Tensión en espalda y cuello, tortícolis, problemas circulatorios o várices, anemia, problemas a la piel, alzheimer, artritis.

Ya hemos visto que todo lo relacionado con espaldas lo que "cargo" al igual que tortícolis está relacionado a la inflexibilidad a la cual nos sometemos.

"Toda enfermedad corporal, es un intento de curar
una enfermedad espiritual."

-Alejandro Jodoroswky-

Cuando enfermas no hay un cuerpo por curar.
Hay una culpa por sanar, un recuerdo a perdonar,
una historia que agradecer, una mente por limpiar.

La espalda tiene muchos significados más, también está relacionado con culpas, miedos y temores, preocupaciones de dinero, escasez.

VÁRICES

Lise Bourbeau en su libro "Obedece a tu cuerpo".

Está relacionado con el deseo de querer tiempo para mí, más tiempo libre, que quiero más libertad en mi vida, todo esto, porque "no lo tengo". He tenido siempre que hacerme cargo de todo, o tengo muchas labores por hacer que me resultan pesadas, cansadas, tediosas y que, además, siento una gran preocupación si no las realizo. Sumado a esto, está el hecho de que todo lo que hago, lo realizo sin alegría.

Louise Hay: en su libro "Usted puede sanar su vida"

Causa probable: Alguien en una situación que le disgusta. Desánimo. Sensación de exceso de trabajo y de responsabilidades.

Lo que debes sentir y decirte: "Estoy en lo cierto y vivo en la alegría. Amo la vida y circulo libremente".

ANEMIA

Gran desvalorización. La anemia está relacionada con una falta de alegría ante el proceso de la vida misma y con un sentimiento de no valer.

Lisa Bourbeau en su libro "Obedece a tu cuerpo"

En metafísica, la sangre representa la alegría de vivir: esto es lo que ha perdido la persona anémica. Incluso puede resultarle difícil aceptar esta encarnación hasta el extremo de no desear seguir viviendo. Se deja invadir a menudo por el desánimo y ya no establece contacto con sus deseos ni con sus necesidades. Se siente débil.

Louise L. Hay en su libro "Usted puede sanar su vida".

Causa probable: Actitud de «sí, pero». Falta de alegría. Miedo a la vida. Sentimiento de no valer lo suficiente.

Lo que debes sentir y decirte: Confiadamente puedo experimentar alegría en todos los ámbitos de mi vida. Amo la vida.

Si tienes anemia en este momento, debes volver a contactar con tu capacidad de crear tu vida sin depender de los demás. Toma más consciencia de los pensamientos negativos que te impiden encontrar la alegría en tu vida. Deja salir al niño que hay en ti, ese que quiere jugar y tomarse la vida menos en serio.

ALZHEIMER

Enfermedad frecuentemente relacionada con el deseo de huir de las realidades de este mundo y ya no querer tomar responsabilidades.

Jacques Martel: Negarse a enfrentar la vida. Desesperanza, desamparo.

Louise L. Hay en su libro "Usted puede sanar su vida".

Causa probable: Negarse a enfrentar la vida. Desesperanza y desamparo. Cólera. (Demencia, senilidad)

Lo que debes sentir y decirte: Siempre tengo una forma nueva y mejor de vivir la vida. Perdono y libero el pasado. Avanzo hacia la alegría.

PROBLEMAS A LA PIEL

Frecuentemente, las enfermedades de la piel tienen relación con el sentimiento de no tener el "contacto" físico u otro para procurarme el amor que necesito.

Es un conflicto de contacto, no necesito contacto, pongo distancia.

Resentir: "No tengo ganas de ser amable con nadie, deben amarme como soy."

"Estoy hasta las narices de vosotros y no voy a cambiar."

Louise L. Hay en su libro "Usted puede sanar su vida".

Causa probable: Protege nuestra individualidad. Órgano de los sentidos. Angustia, miedo.

Antigua repugnancia encubierta. Sensación de amenaza.

Lo que debes sentir y decirte: Amorosamente me protejo con pensamientos de paz y alegría. Olvido y perdono el pasado. Soy libre.

ARTRITIS

Lise Bourbeau en su libro "Obedece a tu cuerpo":

La artritis se manifiesta en personas que son duras consigo mismas, que no se conceden el derecho a detenerse o a hacer lo que les gusta, y además les resulta difícil pedir lo que necesitan.

Prefieren que los demás las conozcan lo suficiente para ofrecerles lo que precisan. Cuando los demás no responden a sus expectativas, se decepcionan y sienten amargura y rencor. Incluso pueden abrigar deseos de venganza, aun cuando se sientan impotentes. Esto les hace experimentar una ira que reprimen muy bien. Poseen un sentido crítico bien fuerte. El lugar en el que se presenta la artritis indicará qué área de su vida es afectada.

Si padeces artritis, revisa por qué te resulta tan difícil pedir lo que necesitas. Si es porque crees que haciendo lo que te gusta vas a exagerar y a volverte egoísta, te sugiero que revises si esto es cierto.

Louise L. Hay en su libro "Usted puede sanar su vida".

Causa probable: Resentimiento, persona crítica y juzgadora, no se siente amada se siente víctima, siente culpa, y deseos de castigar.

REUMATOIDE

Se siente muy explotado, profunda crítica de la autoridad.

Lo que debes sentir y decirte: *Decido amarme a mí mismo y aprobarme.*

PROBLEMAS CIRCULATORIOS

Como dice Lise Bourbeau en el libro "OBEDECE A TU CUERPO":

Las arterias son las vías que transportan la fuerza de la vida, tanto desde el punto de vista físico como simbólico.

La persona con problemas en las arterias suele ser del tipo de persona que no deja que la alegría circule suficientemente en su vida. Le falta circulación, comunicación en uno o varios aspectos de su vida. ¿Es la circulación social? ¿Es la circulación de pensamientos cargados de alegría? A esta persona le cuesta trabajo dejar hablar a su corazón y no se atreve a generar situaciones que le produzcan alegría y contento. Ha llegado el momento de que dejes de preocuparte por todo y dediques un tiempo a preguntarte qué te complacería. No siempre tienes que oscilar entre los placeres físicos y los del espíritu, es decir, entre tus deseos y tus valores espirituales. Concédete todos esos placeres, aunque al principio sean mínimos. Debes aprender a dejar circular en ti toda forma de alegría de manera frecuente y no sólo en breves momentos. *La vida es demasiado importante para tomársela tan en serio...*

Es importante que sepas que te he compartido solo un "extracto" del significado de enfermedades que están en los diccionarios que te mencioné. Es una "causa probable" de los síntomas o enfermedades que tienes, el comprender la causa te llevará más fácilmente a trabajar tu dolor y liberará de tu herida muchas emociones atrapadas. Se necesita tiempo y dedicación para hacer un trabajo de autoconocimiento, comprender el porqué de tus comportamientos, y esto ayudará a que puedas tener el control y manejo de tus emociones y al mismo tiempo sanar tus malestares físicos.

Para esto lo ideal es la Terapia Transgeneracional Evolutiva que trabaja en encontrar el origen de tus conflictos, ayudando a desprogramar y desbloquear las emociones que están atrapadas en ti y que están causando molestias, síntoma o enfermedades.

Cada herida tiene una misma forma tóxica de funcionar, cuando no tenemos consciencia nos estamos siempre dando vuelta en lo mismo y la "profecía" más temida se cumple...el sentir **INJUSTICIA O ABUSO.**

Acá te muestro un dibujo para que lo puedas entender mejor.

HISTORIA REAL
HERIDA DE LA INJUSTICIA O ABUSO

"Yo era sólo un niño."

Pablo tenía dos años y medio cuando muere Cristóbal, su padre quien fallece en un país extranjero. En la familia fue un drama terrible ya que había viajado a Estados Unidos para realizar un postgrado de Física. El plan era que él llegaría primero y luego Lorena, su pareja y su pequeño hijo. Cristóbal una noche de invierno se dispara un tiro en la cabeza y es encontrado por un amigo días después.

Lorena madre de Pablo entra en depresión, ya teniendo un historial de abusos con adicciones no tardó en volverse adicta al cigarro y al alcohol. La familia decidió ocultar al pequeño la muerte de su padre. Nadie estaba en condiciones de decirle a un niño de dos años, que su padre se había suicidado.

El comportamiento de Pablo se volvió insoportable, llantos y pataletas que antes nunca había tenido, ahora eran parte de sus días.

Su madre, dolida, confundida y perdida, se refugiaba en amistades y el niño a veces era ignorado por sus rabietas y a ratos mal tratado.

Pablo lo recuerda "nítidamente", no había querido salir de casa y su madre lo sacó a la fuerza. El niño no quería caminar y su madre se irritaba cada vez más. Al llegar al metro Pablo se niega a bajar las escaleras y su madre lo tira del brazo y a empujones lo logra bajar y el niño volvía a gritar y a llorar...

Ahora lo podemos imaginar...existe un duelo importante no cerrado. Sabemos que todo lo que acontece en nuestra familia tanto en lo más íntimo del inconsciente de papá y mamá lo heredamos, así como lo que viven nuestros familiares, nuestro inconsciente lo sabe todo, de alguna manera hacemos consciente lo que está sucediendo y nos afecta.

El comportamiento del niño era comprensible si lo analizamos con calma: Su padre se ha suicidado, nadie se lo ha hecho saber y el niño vive "el abandono" abrupto del padre sin que nadie lo calme en profundidad o tuvieran un gesto de compasión y ternura por lo que estaba sucediendo.

Pablo pedía explicaciones de manera inconsciente, y estaba reflejando claramente el dolor de la madre y de todo su entorno, pero este dolor, esta amargura era demasiado peso para su pequeñito corazón. El pequeño se revolcaba en el suelo, la madre cansada, deprimida, agotada, lo toma fuertemente del brazo, lo agita lo mira a los ojos y le dice:

- "Escúchame bien, tu padre se murió, no hay más papá, se acabó"

- ¿Me entendiste?

- Llora todo lo que quieras, patalea todo lo que quieras, él no va a regresar jamás y nunca más lo vas a volver a ver …

Esa tarde en el metro, lleno de gente, una tarde fría de otoño Pablo dejó de llorar, quedó paralizado, fue como un baño de agua congelada que cayó sobre él y para siempre…

Fue como si esa agua congelada se hubiese convertido en el disfraz de hierro con escudo y ahí sumergido en ese profundo dolor, deja su pequeño corazón bajo las capas simbólicas de hielo para protegerlo del sufrimiento.

Desde ese mismo instante el pequeño Pablo, no iba a permitir que nada ni nadie le volviese a hacer daño en toda su vida.

Pasaron dos años, Lorena, no conseguía dinero para arrendar un lugar para ambos y pasaron de casa en casa buscando techo y comida. El pequeño comprendió el dolor de haber perdido a su padre, el vacío enorme y la falta que le hacía y no quería por nada del mundo perder a su mamá.

Se tuvo que hacer responsable de ella a su corta edad. A los cinco años regresaba solo a casa del jardín, colocaba su comida en el microondas, se iba jugar al parque y luego de lavarse y ordenar su cuarto y siendo de noche esperaba a su madre con pan y cosas básicas para la cena.

Lorena, necesitaba apoyo, sufría también la herida del abandono y se refugiaba en fumar y beber. Tenía parejas temporales, que estaban en el mismo o peor estado emocional que ella, mientras que su hijo Pablo veía con tristeza como su madre se sometía a situaciones abusivas por miedo a estar sola.

Tristemente no sólo ella fue víctima de abuso, sino que su pequeño hijo también.

Compartían casa con otros amigos, Pablo era el único niño entre 7 adultos en un mismo hogar.

Una noche de fiesta, donde su madre había tomado varias copas de vino, se va a un dormitorio con su pareja y se encierra toda la noche. El pequeño Pablo se escondía entre sus sábanas sin poder dormir, por la música, el olor a cigarro mezclado con marihuana, el humo, las risas y la locura del momento. Esa noche Pablo tenía una rara sensación. Seguía bajo las sábanas y sentía miedo, sintió que a pesar de estar en un lugar lleno de gente estaba completamente solo y desprotegido.

Tenía ganas de ir al baño, pero se aguantaba. Su madre en más de alguna ocasión le advirtió que debía mantenerse en su habitación toda la noche sin salir, cuando había fiesta en el departamento.

El problema era que las fiestas no eran solamente sábados por la noche, lo eran también varias veces por semana.

Pablo no aguantó más, sudando, con el corazón latiendo a mil, sin prender la luz, sale de su habitación camino al baño. Corre pegado a la muralla rápidamente y nadie parecía verlo. Para su decepción el baño estaba ocupado, y seguía ocupado y seguía ocupado y Pablo pasa a través de la cocina, sale al pasillo, el que se encontraba con personas sentadas en el suelo y en los bordes de la escalera, y baja corriendo hasta el jardín de atrás para poder orinar. Estaba lloviznando, hacía mucho frío y él estaba a pies descalzos, en short y camiseta manga corta, tenía mucho frío y hambre también, pero de regreso al pasar por la cocina no encontró nada que comer y así, perdido entre las sombras de la casa, el humo, el gentío, el alcohol y de nuevo muy pegado a la pared, regresó a su habitación. Tomó la manilla y rápidamente abrió la puerta y dio un salto a su habitación. Una vez que estaba sobre la cama, se dio cuenta de que no había puesto el seguro a la puerta y se levanta de su cama y camina en dirección a la puerta. Cuando intenta poner el seguro, siente una presión del otro lado de la puerta. Alguien estaba queriendo entrar…

Pablo con su cuerpo delgado y tembloroso, hace intentos inútiles de cerrar su puerta y en menos de tres segundos un hombre entró a su habitación, cerró la puerta con seguro y en una oscuridad profunda esta persona se le acerca suavemente y comienza a abusarlo.

Pablo se orinó de pie, un líquido caliente corría por sus piernas. No podía ver quien le acariciaba de una manera exagerada, su cabello suave y ondulado. Lo tocaban manos húmedas y pasadas a cigarrillo.

Aquel hombre, comenzó a besarle las orejas y el cuello mientras le tapaba la boca.

- Shhhhhh, no digas nada, inútil es que grites, nadie te va a escuchar...

- Tu madre se fue, salió de la casa, haz lo que te digo y me iré lo más rápido posible, ¿Me entiendes?

Esta bestia de hombre, se bajó sus pantalones, colocó las manos del pequeño sobre sus genitales y comenzó a masturbarse apretando su mano contra las pequeñitas manos del niño.

Lo hizo besarlo, una y otra vez y una vez que acabó, cumplió su promesa, se fue de la habitación en silencio.

Pablo con casi 6 años de edad, quedó paralizado, se cayó al suelo y ahí mismo se quedó llorando en silencio hasta el amanecer.

La situación se repitió un par de veces más, y el pequeño nunca pudo ver el rostro de aquel hombre, pero cada vez que sentía olor a cigarro y a alcohol, sentía un dolor de estómago terrible, muchas veces vomitó por las noches cuando esa rutina se repetía.

En Terapia Pablo pudo liberar historias que su misma madre le confió y él, para su corta edad no había olvidado. Pablo también recuerda que su madre comentó un par de veces a sus amigos:

- No me gusta sentirme prisionera, y estoy muy orgullosa de mi hijo porque jamás me ha dado un problema. Siempre fue un hijo perfecto...

(Cuidado cuando eso ocurre, sobre todo cuando en un hogar han ocurrido situaciones dolorosas, terribles y difíciles de digerir).

- Cuando él era bebé, yo lo dejaba solo en su cunita y yo salía toda la noche y algunas veces llegué al otro día, casi al medio día y Pablito dormía aún....

Es decir, ahora que podemos comprender más acerca de heridas emocionales, seguro hay muchas madres y padres leyendo este libro, puedes tener la idea de lo que sucede con un bebé. Un bebé necesita amor, cuidado, ternura, tiempo y dedicación. Los padres deben tener madurez emocional para poder entregar un mínimo de equilibrio a nuestros hijos.

En este caso lo que ocurrió fue lo siguiente:

- La madre sale de noche, está viuda, sola, sin apoyo familiar y quiere distraerse y pasarlo bien. Deja al niño durmiendo…sabemos que un bebé se despierta varias veces por noche, entonces este bebé se despierta y llora, y llora, nadie acude a este llanto, llora, se hace pipí, tiene hambre, llora, llora se desespera se angustia y se queda dormido de cansancio a la espera de su madre que finalmente nunca llega. La madre que, por su lado, para olvidar su dolor y sufrimientos, encuentra en el alcohol y cigarrillos un buen aliado, se le pasan las horas, y regresa al otro día.

Al llegar su madre aún mareada por la noche anterior, mira a las 11 de la mañana, a su angelito dormir…

Analizando esta historia real podemos deducir:

- *Que el padre se suicide para un niño es algo injusto*

- *Que su madre se pierda en adicciones, para un hijo es algo injusto*

- *Que lo hayan abusado varias veces es un abuso e injusticia terrible*

- *Que no haya recibido el amor y apego de mamá es injusto*

- *Que no tuviera la oportunidad de cerrar el duelo es injusto y doloroso…*

Sumado a esto, su abuelo materno era militar. Se podrán imaginar la dureza por la época y años que vivían. De familia machista y con muchas heridas de abusos, rechazo, humillaciones, abandonos e injusticias. Este abuelo pagaba la escolaridad de su nieto siempre cuando sacara las mejores notas de su curso. El abuelo no era de abrazos ni palabras dulces, solamente exigencias, los fines de semana que pasaba en casa de sus abuelos, él lo hacía trabajar en su campo, lavar el auto, cortar el pasto, porque decía que el pequeño debía ganarse sus estudios...

Con el pasar de los años, cuando Pablo tenía 8 años ya había vivido situaciones muy traumáticas y se sumó otra historia más...

Su madre tenía una amiga quien tenía dos hijos de 4 y 1 año de edad. Ambas solas, deciden salir y dejan al pequeño Pablo a cargo de los niños diciendo que ellas llegarían muy pronto. Los dejaron viendo una película y con varias golosinas para comer, las indicaciones eran claras, no abrir la puerta a nadie, y si están con sueño se duermen.

Ambas amigas, no regresaron, Pablo no sabía qué hacer cuando el bebé comenzó a llorar y llorar, se dio cuenta que había que cambiarle pañales.

Lo hace, con asco, con cuidado y lo hace, lo deja en el suelo y le pasa unos juguetes. Tomás de 4 años lloraba también por su mamá.

Estaban los niños solos en casa hacía más de tres horas...

Pablo, quiere comer, y solamente encuentra huevos que quiere cocinar para él y el pequeño Tomás. Pablo no sabía bien como hacer los huevos, pero no sería algo difícil. Se da cuenta que necesita fósforos para prender la cocina, y va en busca de los fósforos en la habitación de su madre en donde sabe ella los guarda.

Hace varios intentos hasta que logra prender la cocina y pone la sartén con aceite y con miedo tira los huevos lejos. Comienza a revolver lo que cayó en la sartén y el pequeño Tomás a su lado de abajo hacia arriba mirando la cocina...

Obviamente Pablo no se da cuenta, que muy cerca del fuego había un paño de cocina, que el fuego alcanzó a tomar... de ahí te imaginarás el drama.

En un segundo el paño de cocina se prendió en llamas y cayó al piso incendiando un tapiz de género y sintético que estaba en el suelo.

El bebé de un año solo llorando por el suelo del comedor, Tomás a pasos del fuego con sus zapatillas intenta en un movimiento brusco y rápido de apagar el fuego y pisa las llamas y en segundos todo su cuerpo comenzó a arder en llamas.

Pablo ágil, corriendo sale del departamento, y se pone a golpear las puertas de los vecinos gritando y pidiendo ayuda, la cocina en llamas, estaba alcanzado el comedor, cuando los vecinos llaman a los bomberos.

Entre bomberos, vecinos, llanto y desesperación llegan las "amigas y madres" y se dan cuenta de la desgracia. Llegan demasiado tarde, Tomás casi muere.

El cuerpecito de Tomás quedó con más del 60% de su cuerpo quemado, con severas quemaduras profundas en todo su cuerpo. El bebé resulta ileso y Pablo en shock sin poder llorar, hablar, con un miedo voraz y una culpa que cargó por muchos años.

- *Que un niño se haga cargo de otros niños, es injusto*

- *Que un niño cargue con culpas por irresponsabilidades de sus padres es injusto*

- *Que un niño no tenga los cuidados mínimos y básicos es un gran abuso e injusticia.*

Ese año Pablo pierde el año escolar, su abuelo lo castiga con la ley del hielo, no se deja ver ni quiere ver a su nieto por un año, y sigue pagando sus estudios, pero le hizo saber que era injusto pagarle un año si había repetido de curso. Pablo tuvo que hacer los trabajos en el hogar, ocuparse del jardín, pintar paredes, ordenar, limpiar para "pagar" lo que había hecho (repetir el año escolar) pero absolutamente nadie, ningún adulto consideró el daño emocional en el que se encontraba el niño, ni de las razones del por qué no pudo rendir escolarmente bien como era su costumbre.

Para Pablo, aun siendo su abuelo de una dureza extrema, lo amaba, lo respetaba, era la única figura, aunque lejana emocionalmente que él consideraba como paterna. Vivió muy mal ese año sin ver a su abuelo, y los adultos aceptaban ese castigo.

¿Qué injusto verdad?

Para los años siguientes se prometió ser el mejor, cada vez mejor, para así ganar becas y no depender más de su abuelo, se prometió estudiar y tener una buena carrera para que jamás nunca le falte el dinero y tener que vivir de casa en casa por no tener un lugar propio, seguro y estable.

ACTO DE SANACIÓN HERIDA DE LA INJUSTICIA O ABUSO

Si tienes una, dos o todas las características de esta herida es porque está en ti. *"Sanarás Cuando Decidas Hacerlo"* debe ser una opción válida, un propósito, tú meta. Reconocer que tienes esta la herida ayudará aliviar tu dolor y será el primer paso a la sanación.

Existe siempre resistencia a querer "sanar" y viene de nuestro inconsciente, la razón es la "negación", me cuesta ver y aceptar la realidad, me cuesta aceptar que he sufrido, que no he tenido la maravillosa infancia que creé dentro de mí. **Especialmente en esta herida las personas justifican mucho la violencia y el castigo.**

Una razón importante para querer sanar es poder conectar con las emociones de una manera más profunda, permitirte gozar, aprender a disfrutar de la vida dese una mirada más sencilla, más dulce, más amorosa.

Tienes dentro de ti un corazón inmenso, no seas egoísta, es tiempo de compartirlo.

"No es justo que lo guardes todo para ti." ☺

Te aconsejo de realizar los trabajos en tu "cuaderno de sanación". Quiero que estés en un lugar tranquilo puede ser tu habitación, un parque, un cerro, que cierres los ojos un momento, que intentes conectar con tu niño interior. No debes forzar nada, solamente recordar los pasos que he dado anteriormente para traer a tu presente el niño o niña herida que necesita todo tu amor.

No importa que recuerdes una fotografía lo importante es la edad, y si no recuerdas nada, deja que tu Alma te guíe y pide traer a ti a tu niña herida... ¿Quién vino a ti? ¿Tu niña, tu niño de 3, 6, 12, 15 años? La edad que llegó a ti es la edad en que nos vamos a concentrar para realizar el acto de sanación.

Es muy probable que con esta herida logres tener un recuerdo doloroso. En donde sabes que has sido tratado con injusticia, sabes perfectamente que tuviste más responsabilidades de las que debías tener a tu corta edad. Eso no te ha hecho más responsable, por el contrario, ha causado la disociación de tus emociones para no "sentir", para protegerte del dolor.

Se da mucho a las personas con esta herida que se incomodan con "niños", no saben tomarlos, acariciarlos o jugar con ellos ya que de pequeños fue algo que no pudieron desarrollar normalmente.

Incluso muchos no desean tener hijos o se emparejan con personas que ya los tienen o son infértiles, así calmarán su angustia, porque muy dentro de ellos temen ser "injustos" como lo fueron con ellos.

Vas a trabajar mucho a consciencia y mucho la voluntad del cambio. Asumir que tú eres 100% responsable de tus actos y de tu vida y que ya no es tiempo de seguir tomando distancia de las personas que te rodean.

Solamente quiero que traigas un recuerdo de este tipo para "rescatar al niño herido atrapado en él".

Sé que, si tienes esta herida lo más seguro es que quieras sanar rápidamente, si te gustan las meditaciones coloca alguna música que te relaje, que te guste y te de paz, para meditar es simple, cierra tus ojos relaja los músculos de tu cuello, espalda, hombros, cadera, glúteos y piernas.

La respiración es vital, concéntrate en respirar suave y pausado solamente por la nariz, así lograrás enfocar tu atención solamente en ti.

Respira suave y pausado solamente por la nariz, una, dos, tres veces y ya. ☺

Si eres bueno para usar la visualización vas a trabajar con esa energía y vas a imaginarte de pequeña / o con la edad que sientas hay más dolor.

Cuando te encuentres viviendo un momento en dónde has perdido el control, sientas que te han fallado y ese vacío en tu corazón se hace profundo y doloroso, te pido de ir a un lugar tranquilo para trabajar la transmutación de estas emociones.

Vamos a imaginar que durante el día ocurrió algo que te sacó de tu "centro", al llegar a casa quiero que vayas a tu habitación, es opcional colocar alguna música que te calme y te conecte con la paz.

Si tienes tu "osito" lo vas a tomar entre tus manos y si tu opción es usar tu imaginación, vas a colocar tus manos "juntitas como formando un nido" y llevarás el osito/manitos al centro de tu corazón. Si no tienes un "osito" bastará con llevar ambas manos al centro de tu corazón.

Puedes estar sentada, de pie o acostada, da lo mismo lo importante es que estés esos momentos contigo.

Simplemente en voz alta, llámate por su nombre: Claudita, Fernandito, Paolita, Juanito, y le vas a "bajar el perfil" a lo sucedido.

- Tranquilo mi niño / niña, sé que te sientes ofendida, sé que sientes que no fue tu culpa, sé que.... Etc. etc. etc.; como adulto maduro y consciente hablarás de lo sucedido y luego te dirás: (siempre con el osito / manitos en el centro de tu corazón).

- Calma mi niño/niña, ya todo sucedió, yo te cuido, vamos a tranquilizarnos para poder tomar una buena decisión.

- Calma mi niño/niña, no debes irritarte de esa manera no te hace bien, no te sientes bien así, ahora vamos a respirar profundamente...

Y puedes decirte todas las palabras bellas, contenedoras que te gustaría haber oído. Todos los conflictos que vivimos de adulto, de alguna u otra manera ya lo hemos vivido en la infancia y cuando no lo hemos resuelto en el pasado en la etapa adulta lo vivimos con más intensidad.

Acostúmbrate a calmarte cuando sientas que no estás en equilibrio contigo mismo, si estás en un lugar público hazlo mentalmente e invita a tu niño interior a la calma. Esto es mágico, mientras más lo hagas sentirás que cada vez tienes menos momentos de irritabilidad. Pero debe ser un trabajo consciente, verás resultados muy efectivos si lo haces por meses.

Acepto de ti:

Vamos a comenzar por "recibir", acepta, acepta, acepta...sé que no es fácil, pero no es imposible, comenzar a aprender a recibir trabajará también en tu flexibilidad interior, rigidez. ***"Es recibir y soltar" agradecer, disfrutar.***

Acepta la ayuda que te den, no siempre las personas dan a cambio de algo. Existen muchas personas que tienen la "necesidad de dar", no pierdas esa hermosa oportunidad de sentirte bendecido por lo que recibes.

Acepta, regalos, cumplidos, elogios con amor y agradecimiento.

Si alguien te dice que tu cabello brilla hoy más que ayer, no respondas que fue el "*shampoo*" o la "luz del sol".

Si alguien te dice que el color de tu blusa te queda de maravillas, agradece el cumplido y no digas que es el color o la marca lo bien que luce en ti.

Pero así mismo como aprenderás a recibir, es necesario saber dar, regala porque lo sientes, no esperes a que sea un cumpleaños, aniversario o navidad solamente para regalar algo.

La emoción de la sorpresa es maravillosa, conecta simplemente con la sensación de dar por dar.

Piensa en alguien a quien amas o tienes aprecio y compra algo para ella / el, debe ser pequeño, se trata de entregar una "atención, un gesto amable", verás lo sorprendido y lo emocionado que sestará por esta iniciativa y de lo bien que tú te sentirás por haber integrado este acto en tu día.

Rompe esta estructura y comienza a vivir más conectado a tus sentimientos, quizás te parecerá algo ridículo, pero hazlo, hazlo y verás. ☺

A Moverse:

Para otras heridas se recomienda ejercicios, caminatas, deporte, yoga taichí, para las personas con la herida de la injusticia yo les recomiendo el "baile" y en todo su esplendor.

Por lo general a este tipo de personas les gusta el jogging, correr, bicicleta y está muy bien, pero más que ejercicio, el baile está indicado para trabajar nuestras emociones, como la biodanza, tango, salsa, bailes en donde se necesite estar en pareja, en donde se utilice el juego de la seducción de la mirada y los movimientos suaves y coordinados.

Conozco a varias personas con esta herida que han utilizado el baile como una Terapia de sanación. ***"La rigidez de tu cuerpo refleja la rigidez de tu mente"***, por lo tanto, mientras más coordinación, flexibilidad conectes con tu cuerpo menos estrés, dureza mental tendrás.

Te sorprenderás de ver que si puedes bailar, y que lo haces de maravillas, será un trabajo el aprender nuevos pasos y movimientos, sin dudas será un desafío que te traerá muchas satisfacciones en tu vida y generarás un nuevo círculo de amigos en donde tendrás la posibilidad de mostrar tu verdadera esencia.

Quizás te incomode el contacto de piel al principio, lo sé, pero aprenderás una manera armoniosa y lúdica de acercamiento físico y espiritual con el resto de las personas.

Dejarás de sentirte tan incómodo cuando estés rodeado de gente y disfrutarás de su compañía.

Abrazaditos es mejor:

¿Sabías que un abrazo de tan solo 20 segundos, libera una hormona llamada oxitocina, la cual es un antidepresivo natural?

El contacto de piel a piel es muy importante, a través de él nos conectamos hasta llegar al corazón, por medio de la mirada llegamos al Alma, ¿Qué mejor?

La incomodidad del contacto físico, no saber bailar, ni abrazar habla de la profundidad de tu herida. Ya no necesitas tener distancia de nadie, al tener distancia también te alejas de ti mismo y de la posibilidad de sentir nuevas, excitantes y deliciosas sensaciones.

Entregarse a un abrazo, un abrazo sincero trae calma y paz, ¿Ya lo has intentado?

¿Te has dejado abrazar sin sentir que debes salir corriendo?

Lo más probable es que seas un amante y apasionado de los animales o *"dog lover"*, es en algunos casos, una de las características que se da en este tipo de heridas ¿La razón? La necesidad de afecto, cariños, abrazos y amor. Nadie puede resistir vivir alejado del amor y del sentimiento que esto desarrolla en nosotros.

El gusto por los animales está relacionado a que sienten y saben que los animales son sinceros y no piden "nada a cambio", existe un intercambio de amor puro y desinteresado, pero también hay seres humanos deseosos de amor y abrazos al igual que tú. El problema es que quizás aún no leen este libro y no lo sabes, pero tú sí.

Practica el abrazo, anda y ve, abraza, de a poco, unos segundos primero, hasta que llegues a los ¡20! Y la magia habrá comenzado. Hazlo al principio como una buena Terapia, pide abrazos, diles que los necesitas. ☺

Un estudio desarrollado por científicos de la *Universidad de Duke*, en Estados Unidos, llegó a la conclusión de que las personas necesitamos recibir abrazos y caricias desde que nacemos y por lo menos una vez al día.

Según estos estudios hay 5 beneficios del acto de abrazar, si buscas por internet encontrarás ¡mil razones más!

_ **Elimina el estrés y la ansiedad.**

_ **Reduce la presión arterial.**

_ **Mejora el sistema inmune.**

_ **Rejuvenece el cuerpo.**

_ **Eleva la autoestima.**

El contacto físico es vital para llevar una vida en armonía. Un abrazo y caricias, es lo mejor para comenzar a sentirnos amados.

Improvisar como plan:

Déjate llevar, "fluir" como dicen ahora, ***"si la vida te da limones, pues haz limonadas".***

Intenta poco a poco a soltar la aprensión y la necesidad de tenerlo todo fríamente calculado. A veces los planes se caen o no resultan, pero a cambio se improvisa y se pasa mejor.

Si la idea era ir de picnic al lago y amanece lloviendo, entonces "cantaremos bajo la lluvia".

Si te mojas te mojas, si te ensucias te ensucias, si no es derecha será izquierda, pero algo, lo que sea será y será bien. No te compliques tu existencia, que no te falte el aire porque algo ha cambiado a tu plan original.

Si despiertas con ganas de correr, corre, si deseas ir al mar, anda, ya sea en tu auto o en bus, o pregunta a un amigo, conecta más con tus deseos, tus emociones y con las ganas de descubrir una nueva identidad en ti.

No te asustes, no debe ser siempre, pero hazlo, libera la emoción y angustia que traes contigo, es tiempo de comenzar a disfrutar más y a hacer menos. Más entretención, menos obligaciones, busca tu equilibrio, es posible.

Deja un fin de semana sin planear, pero con ganas de disfrutar, ve como sientes, ¿De qué tienes ganas? ¿A quién quieres ver, llamar? ¿Te gustaría sorprender a un ser querido con alguna sorpresa? ¿Te gustaría cocinar algo delicioso? O ¿Quizás aprender a preparar algo gourmet?

Déjate llevar por la energía del momento.

"Vida para allá voy, espérame que no te arrepentirás"

Reconocerás con más facilidad cuando seas injusto contigo mismo y con los demás.

Ese será un gran paso a la sanación.

Decreto de Sanación´

Memoriza, y escribe en tu cuaderno de sanación esta frase que te daré ahora. Cuando te sientas herida, porque se ha activado tu herida de la Injusticia, utiliza palabras de apoyo y amor para ti. ☺ Puedes escribirlo en tu teléfono, cuaderno, o una cartulina de colores y pintar esta frase y colocarla en tu lugar preferido en donde lo puedas ver siempre:

"Sé escuchar mi voz interior
y se tomar decisiones con seguridad."
"Reconozco y aprecio la sensibilidad que hay en mí,
muestro mis emociones sin temor, disfruto del contacto de la gente."

BENEFICIOS DE SANAR LA HERIDA DE LA INJUSTICIA

La sanación de esta herida tiene múltiples beneficios a nivel del Alma y espíritu.

Es un alivio interior, que traerá paz y tranquilidad a tu vida.

Notarás el cambio en ti, la persona inflexible, dura, fría e insensible será parte del pasado. Las personas que más disfrutarán de este nuevo "tú" será tu círculo más cercano, pareja, hijos, hermanos, padres.

Dejarás de sentir esos dolores intensos de columna y verás cómo enfermedades como la tortícolis ahora son parte del pasado. También te darás cuenta que si llegas a tener estos síntomas sabrás exactamente porque han llegado a ti y comprobarás que has vuelto a ser muy exigente en tu vida y eso será un aviso para que vuelvas a trabajar la flexibilidad, en tus días que te traerán nuevamente a la calma.

Habrás disfrutado de una buena comida, paseos, momentos inesperados trayendo a tu vida más de lo mismo.

Encontrarás en los brazos la alegría y amor que hacían falta en tu corazón.

Comenzarás a relacionarte con tus seres queridos y pares desde el amor, la confianza y la amistad cortando los vínculos del miedo y la angustia. Si tienes hijos ellos se sentirán fascinados al sentir que pueden equivocarse, que pueden ser niños sucios, a veces un tanto desordenados sin sentir que te han defraudado.

Permitirás que cada uno sea su mejor versión, aceptarás a cada cual, con sus defectos y virtudes, sabrás relacionarte desde la confianza, aprendiendo a integrar que somos todos distintos, con distintos gustos y necesidades. Evitarás enjuiciar tanto, comprendiendo que somos humanos, que todos hemos sufrido y que es tiempo de aflojar nuestras expectativas y recibir con amor lo que nos puedan dar.

A trabajar más la fe, la fe en ti principalmente. Cree que es posible cambiar, sentirse mejor, y vivir mejor. Has creado y vivido en la realidad que creías que existía para ti. Si trabajas con constancia los pequeños *"tips"* que di, comenzarás a experimentar una nueva vida. Conectarás más con tu intuición, sentirás con certeza lo que debes hacer, dejarás de dudar tanto al tomar a decisión porque como habrás integrado más amor y emociones las decisiones se tomarán solas. Te sentirás más seguro y aliviado en tu día a día. ☺

Te recomiendo leer un libro que me gusta mucho, "Tus zonas erróneas" de Wayne Dyer, si alguna vez lo leíste por favor hazlo otra vez y verás cómo quedó mucha tinta en el tintero…

También el libro "Ámate a ti mismo" y "Sana tu cuerpo" de Louise Hay.

Los libros de Lain García Calvo "Propósito de Vida" y "Un milagro en 90 días".

Te compartí unos dibujos para que puedas ver cómo sería la contextura de cada persona de acuerdo a su herida. Sin embargo, cuando las heridas se mezclan y una es más fuerte que la otra la contextura del cuerpo cambiará. Es decir, la herida de la humillación es más fácil de reconocer por el sobrepeso, pero si la persona ha sufrido de humillación y la injusticia, el sobrepeso no será tan notorio.

En mi tercer libro **"Historias de Amor Reales Transgeneracionales"** hablo en detalle del abuso, de cómo se genera, cómo se transmite de una generación a otra, y también como tratarlo. Hablo además de los "Excluidos del clan", de sentirnos ajenos a nuestro clan, solitarios y de cómo trabajar este dolor.

La fotografía fue tomada del libro: Las 5 heridas del Alma que te impiden ser uno mismo de Lise Bourbeau.

Te comparto un video en donde hablo de la herida de la INJUSTICIA

LA VOLUNTAD AL CAMBIO

Ahora que ya has aprendido a distinguir cada una de las heridas te habrás dado cuentas que tenemos características probablemente de las 5, siendo siempre una de ella la más profunda. O bien estamos relacionadas con las "Heridas trillizas", porque si sufres de rechazo, de la mano va el abandono y humillación y vice versa, y o las "Heridas Primas" porque si sufres de Traición, irás de la mano con la injusticia.

Lo importante es saber que desde la mirada del TRANSGENERACIONAL , las heridas emocionales, y heridas de infancia (son lo mismo) se ACTIVAN, en distintos momentos de nuestra vida. Muchas veces al leer libros, ver videos o participar en cursos de autoayuda, desarrollo personal vamos sanando estos programas de manera inconsciente. Pero siempre seremos nosotros los únicos encargados de trabajar cada una de nuestras heridas, y hacernos responsables de nuestra sanación de mente, alma y cuerpo.

Ahora de adultos, somos nosotros los responsables de nuestra estabilidad emocional. Créeme, ya poco o nada importa lo que hizo o no hizo mamá, o lo que hizo o no hizo papá.

Si nos damos cuenta, por generaciones no hemos sabido amar, transmitir, ni recibir amor, cada generación hizo lo que pudo, con un nivel de consciencia inferior al que tienes tú ahora.

No esperes a ser **"Salvado"** (a), renuncia a la idea de que "Alguien debe sanarte", o de que tus padres son los culpables de tu infelicidad. Deja de culpar, a tu jefe, ex pareja, pareja, hijos, y trabaja TU VOLUNTAD AL CAMBIO. Es el profundo deseo de querer sentirte bien, de querer cambiar tu vida, tus emociones, tu vibración, lo que se presentará como un verdadero cambio también en tu exterior. Trabaja tu paciencia, trátate con amor, sé paciente en el "proceso", deja de "Torturarte mentalmente" y no te maltrates cuando algo no salga como lo esperas.

Renuncia al MIEDO, y reconoce que tu verdadero miedo no es a ser rechazado sino a ser EXITOSO Y BRILLAR. Temes romper con creencias que han limitado tu vida, porque te has acostumbrado a vivir en la "Zona de confort".

VOLUNTAD, ¿Sabes lo que significa?

"Capacidad humana para decidir con libertad lo que se desea y lo que no"

Nadie te está obligando hoy a seguir sufriendo.

Eres tú quién elige el sufrimiento o el dolor. El dolor es pasajero, el dolor se sana, el sufrimiento es un estado emocional.

Recuerdo una vez una mujer en una entrevista online, me dice:

- "Mi padre me abandonó a los 5 años de edad", y desde ahí que no he podido ser feliz, nunca he tenido relaciones de pareja estables y toda mi vida he sufrido de depresión.

Yo le respondí:

- "Lamento profundamente lo que te tocó vivir, puedo imaginar que no ha sido fácil, pero más lamento que hoy, tú decidas seguir sufriendo."

Nadie dice que sanar será fácil, nos hemos acostumbrado a sentir ALIVIO, pero no a SANAR. Una vez que te "obsesionas", contigo, y aceptas que tu única meta es sentir paz en tu corazón y ser feliz, todo comienza a *fluir.*

Aunque te duela, reconoce que todo lo que te ha tocado vivir te ha hecho "Despertar de la inercia", reconoce en tus padres al niño, niña herida, desprotegida, desprotegido, carentes de amor y bendiciones. Ahora está en tus manos la responsabilidad de tu vida. En un profundo acto de amor, puedes renunciar al resentimiento, o renunciar a la idea de oír de tus padres ese *"Perdón"*, no hay nada que perdonar, sino comprender e integrar.

Trabaja tu VOLUNTAD al cambio, ¿Cuánto más te debe doler para decidir sanar tu vida? ¿No crees que ya ha sido suficiente?

QUERER ES PODER

Tanto si crees que puedes,
como que no puedes, estás en lo correcto.

Solamente comencé a sanar cuando lo quise, cuando me comprometí conmigo misma, cuando me cansé de sentir lástima de mi vida, cuando busqué orientación, cuando comencé a nutrir mi alma de libros, terapias y cursos.

Créeme, si yo pude, tu también puedes.

Por años busqué respuesta a muchas situaciones de vida, especialmente a la conflictiva relación que mantuve por años con mi madre.

Mientras más cursos, terapias o talleres tomaba o realizaba, siempre en un momento mi herida de niña salía a flote.

Luego cuando fui madre, ese conflicto se extendió a mi padre, yo seguía tratando de comprender, el por qué los habría elegido, me sentía desprotegida, abandonada, mal tratada ... y claro, cuando nos hacemos padres, se "Activan", memorias de nuestro pasado, entonces estaba viviendo un mar de emociones que no podía contener.

Cuando luego de años de búsqueda, de trabajo personal, *INTEGRÉ* lo aprendido, supe que todo había sido perfecto, que yo necesitaba de ambos para crecer y encontrarme.

Asumir la responsabilidad de nuestra vida, es aceptar que debemos hacernos cargo de sanar nuestras heridas, de sanar nuestro dolor y encontrar nuestra paz. Nos parece lógico, por ejemplo, cambiar nuestro teléfono celular, cambiar de aceite y neumáticos a nuestro auto, renovar muebles o pintar las paredes de nuestro hogar. Pero nuestra "Salud Mental y Emocional", es la *Columna Vertebral* de nuestra vida. Muchas veces sanamos, cuando nos "desahogamos " , viendo un video, leyendo libros de autoayuda, pero todo, necesitamos en algún momento que un experto o profesional nos ayude a ver "Nuestras sombras". Nos cuesta ver "Nuestras sombras", porque no queremos entrar en el dolor, pero el dolor es necesario para liberar todo aquello que ha quedado por años en nuestro inconsciente . Una vez que sanas el dolor, viene el alivio, y luego la paz. Atrévete a sanar, elige sanar, porque mereces vivir en armonía, paz y amor.

Te comparto una carta que les escribí a mis padres, después de mucho tiempo de trabajo interior, llantos, conversaciones, desbordes, finalmente lo comprendí, gracias a mis padres, me vi obligada a buscar respuestas que me llevaron a este maravilloso camino de autosanación , crecimiento personal y amor infinito.

Cuando las leas, siente que esa carta es también para tus padres, seguro tenemos mucho en común.

Te comparto un video que seguro te ayudará a comprender mucho de nuestras emociones.

Te comparto una Carta que le escribí a mi Madre, lo hice con todo mi amor y hoy la comparto contigo. Cuando la leas, si lo deseas siente que eres tú quién la lee para tu propia madre. Con mucho amor para tí.

CARTA A MAMÁ

Si volviera a nacer, elegiría sin dudarlo, ***SER LA MADRE DE MI MADRE***.

La gestaría con ilusiones y sueños, acariciaría mi vientre para que desde ese momento ella supiera que la amo simplemente porque es mi hija. Esperando su bella llegada con excitación, alegría y agradecimiento.

Al nacer la cogería entre mis brazos tibios y la acunaría en mis pechos colmados de amor.

No la separaría de mi lado, jamás, junto a mí la haría dormir cada noche, para que no sienta miedo, de la soledad, la oscuridad, el frío, para que jamás se sienta desprotegida ni abandonada.

Si volviera a nacer, elegiría sin dudarlo, SER LA MADRE DE MI MADRE.

Para verla crecer con orgullo y alegría, peinaría sus cabellos como seda entre mis manos, llenándola de besos y abrazos infinitos, todos esos abrazos y besos que tanto le faltaron en esta vida.

En sus primeros años de vida, me encargaría de hacerla sentir que es lo más importante y valioso de mi vida, le diría lo bella que es para mi, de lo hermoso que es la vida cuando hay amor, y de que todos sus sueños se pueden cumplir si lo desea.

Le cantaría canciones cada día, jugaría con ella, y mi hija seria feliz, simplemente porque la amo de corazón y con mi Alma. Caminaría junto a ella en parques y jardines llenos de flores, sol, aromas a primavera, y cantos de pajaritos.

Correría junto a ella para que no tuviera miedo a sentirse libre y a disfrutar de la vida. Haría que su época de niña sean juegos, risas y cantos por todo lo que, en esta vida, sus momentos de infancia le fueron robados, con responsabilidades y trabajos que no le correspondían.

Si volviera a nacer, elegiría sin dudarlo, SER LA MADRE DE MI MADRE.

Le diría que la vida es bella, que el amor existe, que los sueños se cumplen, si trabaja con fe en perseguirlos, le diría que la tristeza, pena, fracasos y traiciones, son parte de la vida, pero no la vida entera. Le enseñaría a levantarse sola cuando se caiga y con amor le daría la energía que necesita para que tomara las fuerzas para ponerse de pie y seguir avanzando.

Le haría sentir que la felicidad está dentro de ella y no fuera, para que no sufra buscando por años, el amor que tanto le ha costado vivir y sentir.

Si volviera a nacer, elegiría sin dudarlo, SER LA MADRE DE MI MADRE.

Para llenar su corazón de amor, su mente de frases positivas y alentadoras, su fe en esperanzas, valentía y fuerza interior.

Si volviera a nacer, elegiría sin dudarlo, SER LA MADRE DE MI MADRE.

Le diría cada día lo bella que es para mi, lo inteligente que es, potenciaría sus talentos y virtudes para que crezca segura de si misma, para que supiera con certeza su gran valor, para que no sufra ni llore cuando alguien la ignore, o la deje, y por el contrario, que tenga la fuerza y seguridad que su propia felicidad y amor propio le permitirán atraer a ella personas que la estimen y valoren tanto, como yo lo haría con ella.

La abrazaría tanto tanto, que ella sabría de adulta, recibir amor y abrazos y aprendería a exigir respeto, más amor y más abrazos.

Le recordaría que hemos elegido estar juntas para aprender en la escuela de la vida, y que todo aquello que simbolizara un fracaso es simplemente una bendición escondida, que cuando las puertas se cierran, solamente le indican que el camino a seguir es otro, y que jamás debe renunciar o rendirse.

Le recordaría que el miedo no existe, y que es simplemente falta de amor, y cuando sienta temor, le pediría que recordara cuanto la amo para que el amor transmute las emociones que la alejan de su DIVINIDAD.

Te amo mamá, gracias por darme la vida, perdóname por confundirte con mis dolores y olvidar el contrato de Almas que hicimos antes de nacer, todo ha sido perfecto para ayudarme a descubrirme, a crecer, a encontrar respuestas en mi vida, y a guiarme por el camino que me conduce a ser quien soy hoy.

Mi madre a los 5, 15 y 20 años junto a mi padre y a mí.

CARTA A PAPÁ

Papá, no quiero que te vayas de esta vida sin yo antes darte las gracias.

Por años no comprendí tu ausencia en mi vida, me faltaste en mis juegos, vacaciones y en mi cotidiano. Pero de pequeña, pensé que era así. Que el trabajo era algo muy importante en tu vida, y que era el costo de poder vivir sin grandes carencias.

Crecí sintiéndome que parte de mí faltaba, el vacío dentro de mí era inmenso, e inocentemente busqué en mis parejas al padre que "simbólicamente" no tuve.

Por años, intenté recordar momentos de mi infancia junto a ti, y esos recuerdos no venían, o eran muy escasos, pero eran escasos no sólo en mi mente, sino también en la vida real. Creí que, al tener mi propia familia, y al casarme, mi sentimiento de abandono y desprotección desaparecerían, pero al no sanar mis heridas de infancia, y al no saber que debía hacerme responsable de mis emociones, mi inconsciente me hizo repetir el mismo patrón. Un marido ausente y lejano igual que tú, como mi mente te recordaba con tanta nostalgia y emociones contrariadas.

Con el tiempo, creció en mí el resentimiento, la rabia de sentirme una niña sin padre, alejada de ti, sin recuerdos de infancia, sin juegos, sin compañía, cargando en tu figura paterna mis fracasos de vida, y relaciones de pareja.

No me viste, no fui el hijo que esperabas y que tanto querías, no podré heredar el legado de tu apellido, porque no fui el primogénito que tanto deseabas...

Pero años después, comprendí que la rabia y frustración eran conmigo por haberte desilusionado y no ser quién esperabas que fuera.

Por años busqué tu mano para que me guiara, por años busqué tus abrazos para contenerme y sentirme protegida. Con el tiempo comprendí que tus años de juventud e inmadurez no te permitieron hacer más de lo que hiciste, pero sin embargo, eso no ayudaba a calmar mi gran dolor.

Mi desesperación aumentaba, y mi rabia hacia ti también. No era capaz de expresar mi sentir, porque tú, a diferencia de otros padres, no estuviste como una presencia estricta, dura, ni castigadora, simplemente tu ausencia era mi gran dolor.

Hoy adulta, madre, hija, luego de años de rebeldía, en búsqueda de respuestas y de lograr realizar un gran trabajo personal que me hizo ir a lo más profundo de mi corazón, pude comprender nuestra gran Divinidad, aprendí a reconocer que soy la única responsable de mi vida y mi felicidad.

Que el sentirme abandonada ahora de adulta era mi "opción". Soy madre, y creo tener más consciencia de la que tú tuviste a mi edad, pero aún así, con todo el amor del mundo reconozco que también he generado heridas emocionales a mis hijos.

Sé que todo forma parte de un PLAN DIVINO, que todo es PERFECTO y que en la vida no hay errores, sino aprendizajes y que el UNIVERSO no se equivoca.

El trabajar en mis heridas me hizo entender que tú, también fuiste un niño herido, y abandonado, que con el tiempo has ido madurando e integrando la importancia de conectar con tus emociones.

Has cumplido tu parte del contrato de manera íntegra, tuviste que desaparecer de mi vida para yo buscarte en mis metas y proyectos. Tuviste que estar ausente para yo aprender a existir. Tuviste que dejarme sola sintiéndome desprotegida para que yo aprendiera a valorarme y a no sentir que necesitaba a alguien que me protegiera.

Tuviste que ausentarte años para yo generar esa rabia, frustración, y gran tristeza, para obligarme a trabajar en mí, y encontrar la luz para llegar a la paz interior.

Tuviste que desearme varón, para yo generar el "varón" en mí, para así potenciar al máximo mi energía masculina, sin la cual, hoy no sería ni la mitad de lo que he llegado a SER y HACER.

Tuve que hacerme VISIBLE ANTE TUS OJOS, (porque no me veías). No bastaron mis infinitos desbordes emocionales, crisis existenciales, porque tampoco tuviste tiempo de verme. Tuve entonces que hacerme más visible aún, para luego con los años comprender que el camino era otro.

Crecí en grandeza, renuncié a crecer por fuera porque me obligaste a crecer por dentro.

Tu extrema paz, tu silencio, tu ausencia era lo que yo necesitaba para "Despertar". Me tuve que desquiciar por no sentirte, y en la oscuridad de mi dolor, tuve que abrir los ojos y ver que en verdad siempre habías estado ahí, aquí conmigo en mi corazón.

Te veo envejecer y me duele el alma, no quiero perder más el tiempo buscándote fuera, cuando siempre has estado dentro de mí. Te veo en mi energía, en mis garras por salir adelante, en mi fuerza para levantarme, y en mi fortaleza para superar los obstáculos que me ha puesto la vida.

Hoy, te veo con ojos de amor, como abuelo de mis hijos y mi niña interior baila de gozo contigo.

Te veo jugando con mi hija y mi niña interior juega contigo.

Te veo cantar con mis hijos y mi voz en silencio canta junto a ti.

Tu paciencia infinita, tu dulzura, tu silencio calman hoy mi fuego interior, apagaste las llamas de mi corazón porque dejé de reclamar, y exigir, algo que yo en esta vida no pedí.

Eres lo que necesitaba para crecer, para buscar mi camino, mi misión, mi propósito de vida.

Perdóname por tardar tantos años en comprender que eras justo lo que yo necesitaba para despertar.

Te amo papá, gracias por la vida.

Mi padre Koc-Ji Chung Wong A los 28, 19; 13 ,y 8 años de edad.

DIME CÓMO NACISTE Y TE DIRÉ QUIEN ERES

"Todo nacimiento, es el renacimiento de un ancestro."

EL NACIMIENTO

El éxito primero y decisivo para nuestra vida fue nuestro nacimiento.

Aquí tuvimos que demostrar por primera vez nuestra capacidad para imponernos, y este éxito actúa durante toda la vida. De esa experiencia obtenemos también la fuerza para cumplir nuestros éxitos más adelante.

Elegí hablar del parto y nacimiento en mi segundo libro porque en la manera en que ha sido nuestro parto será un **"Nuevo Programa"** que cargaremos en nuestra vida.

En mi primer libro **"Tus Ancestros Quieren Que Sanes"**, hablo en detalle lo que significa cargar con "programas" y lealtades familiares.

Un programa, es una especie de **"conflicto"** que se activará en un determinado momento de nuestra vida. El sentimiento de abandono, rechazo, miedos, son algunos de los programas que existen en un sistema familiar y éste se puede activar o no.

Muchas veces sanamos de manera inconsciente e inconscientemente nos volvemos a programar.

Los nacimientos nos producen "heridas emocionales", que están relacionadas al rechazo, miedos, abandonos, injusticias, humillaciones, y traiciones, es por eso que lo he integrado en este libro para que puedas comprender si es tu caso, el origen de tus heridas de infancia.

Te daré un ejemplo:

Imaginemos que Laura es abandonada por su padre al año de nacer. Laura crece rodeada del amor de sus abuelos maternos y su madre se ve en la obligación de trabajar para mantenerla.

Laura crece aparentemente feliz, comprende que el tema **"Padre es tabú"** por lo que jamás pregunta por él y pretende que no existe y que por lo tanto no le hace falta su presencia.

Pasan los años y Laura se casa y a los años su marido la deja. Laura entra en una depresión que la deja muy mal por meses, y ni ella misma puede comprender por qué su marido la ha dejado y porque todas las parejas que ha tenido de alguna manera la **abandonan.**

En Terapia lo primero que trabajaré en este caso es en su **infancia.** Fue en ese momento **cuando su marido la deja que se activa el dolor y el programa de ABANDONO que generó su padre a la edad de un año.**

Esto quiere decir que en el momento de su separación su inconsciente relacionó inmediatamente el abandono del marido v/s abandono del padre y la herida se **ACTIVA.**

Es por eso que **MUCHAS TERAPIAS DE PAREJA FRACASAN** porque se concentran principalmente en ver lo que le pueden dar al otro, como comprender al otro, como pasar más tiempo con el otro cuando en realidad **LA RELACIÓN MÁS IMPORTANTE QUE DEBES SANAR ES CONTIGO MISMO.**

Por lo menos las Terapias de pareja que yo he visto, TODAS me han confesado que JAMÁS han visto sus temas de infancia como la base de lo que se debe tratar para solucionar los conflictos del presente.

Nuestro parto y nacimiento es ya nuestra **PRIMERA HERIDA.**

Es la separación con "la fuente", con nuestro referente más importante de nuestra vida, la madre. De un ambiente de abundancia y perfección pasamos a un ambiente carente en donde debemos llorar para ser atendidos y alimentados.

No solamente la madre sufre de depresión postparto, el bebé también vive su propio dolor.

No importa cuánto amor recibamos en nuestra infancia, todos en mayor o menor medidas tendremos heridas por sanar.

He visto muchos casos en donde el origen de los conflictos está o bien en la gestación o en el parto. Como lo dije un poco más arriba, éstos pueden ser programas que se activen desde el nacimiento o durante nuestra vida. Si he trabajado en mí, si tengo un mínimo manejo de mis emociones y de mi historia familiar, cuando se activen estos programas sabré de mejor manera cómo lidiar con ellos.

Por lo tanto, ahora explicaré lo que para el estudio del Transgeneracional significan emocionalmente los nacimientos y no quiero que estés preocupado porque no muestras signos de estos programas. Puede ser que los hayas liberado, que aún no se hayan activado o que has trabajado otros temas en tu vida y estos programas se hayan sanado de la mano con otros trabajos personales.

En el mismo momento que ***provocas e induces un parto***, generas un programa el cual significará que podrás tener problemas para iniciar proyectos en tu vida. Puedes tener maravillosas ideas, pero jamás concretas o tendrás dificultades para concretar.

De todas las formas de nacimiento lo que más afectará en nuestras emociones es el nacimiento por **Cesárea**.

La cesárea dentro del análisis del Transgeneracional se define como un **"programa de no querer tener hijos". (Programa inconsciente de resolución a un conflicto del pasado)**

Es una solución inconsciente a las heridas transmitidas de generaciones anteriores.

Debemos imaginar el pasado, la vida de nuestros ancestros, de mujeres que dejaban embarazadas, de hijos que fueron abusados, mal tratados, violentados, y toda esa información queda grabada en el inconsciente familiar, en nuestro ADN, en la información de nuestro clan.

Entonces como sabemos la información se transmite en el momento de la gestación y las memorias traumáticas y dolorosas llegan a una mujer que le cuesta quedar embarazada, o que sus hijos nacen por cesárea.

Un nacimiento por cesárea hace 100 años atrás era mortal. No había la higiene, el apego, los cuidados ni el equipamiento necesario para ese tipo de cirugías, por lo que la madre o el bebé morían y en algunos casos ambos.

Es un programa de no querer que los niños sufran, es muy probable que en las historias de los padres los niños hayan tenido que trabajar a muy temprana edad, que hayan sido abusados, abandonados, por lo que esa información, nuestro inconsciente la integra y busca una "solución"... que no nazca.

- El bebé en nacimiento por cesárea, de manera inconsciente lo siente como una expulsión brusca y carente de amor.

Te comparto un breve texto del libro de "Metagenealogía" de: **ALEJANDRO JODOROWSKY y MARIANNE COSTA.**

"El parto por cesárea no es un nacimiento es una extirpación."

En efecto, el niño es extraído del vientre de la madre como si fuera un tumor, hecho que puede generar, en el futuro, una fuerte infravaloración de la persona.

Un niño nacido por medio de cesárea vivirá con la impresión de no haber nacido nunca, de pertenecer a este mundo y nunca conocerá jamás esa caricia final de la vagina materna, algo que dejará en él una insatisfacción muy profunda."

Quizás tú estés pensando que esto no tiene ningún sentido, que tu parto fue inesperadamente por Cesárea sientes que esto no te afecta. Te recuerdo que se habla de "programas", y no todos los programas se activan desde el nacimiento, de acuerdo a lo que estés viviendo en el presente y lo que debas aprender serán los programas que se activarán para tu crecimiento y evolución.

Si analizamos tu historia familiar o la del padre del niño vamos a encontrar mucho sufrimiento infantil, mucho sufrimiento de las mujeres de tu clan o de ambos. Lo que se deduce a no querer que nazcan más niños, así detenemos el patrón de daño y sufrimiento.

Sabemos que la naturaleza no se equivoca. Todo es perfecto. Las personas que han nacido por cesárea, pueden tener dificultad para concretar proyectos, sentirán muchas veces que todo es "un parto", seguro has oído esa frase que se refiere a que ha costado mucho. Recordemos que el "nacimiento" trae consigo "programas" los cuales se pueden activar desde el nacimiento, o en algún momento de nuestra vida.

Imaginemos que un bebé está próximo a nacer. Todo el cuerpo de la madre se transforma, se **"adapta"** al nacimiento y el futuro bebé ha preparado meses su nacimiento, pero encuentra resistencia a su nacimiento, las vivencias del Árbol de manera inconsciente están impidiendo su nacimiento y se produce la cesárea. El bebé va a generar un sentimiento de frustración **"No creen en mí",** o les costará dar términos a proyectos o a concretarlos.

Un programa de nacimiento, puede activarse en tu vida, o no. Muchas veces debes trabajar otros temas y no será necesario ir a tu gestación o nacimiento para trabajar conflictos de tu presente.

HISTORIA REAL
HERIDA DEL NACIMIENTO

Recuerdo un caso de una persona que me vino a ver porque se había dado cuenta que **"Siempre que tiene que presentar un proyecto en su trabajo",** lo sufre como un **PARTO.** Esas fueron textuales sus palabras.

Yo le pedí de explicarme mejor a lo que se refería y me dijo:

- Tuve que dar una charla semanas atrás y horas antes de presentarla estaba en un café escribiendo las últimas líneas de lo que iba a exponer. Sentí gran angustia y no comprendía por qué siempre me ocurría lo mismo. Nunca puedo terminar algo con tiempo, siempre me veo angustiado, sacando y tratando de terminar todo, y finalmente todo sale bien, pero lo sufro.

Yo sabía que debía trabajar en su gestación y nacimiento, y su fecha de nacimiento me lo dijo todo. Nació un **11 de septiembre de 1973,** fecha simbólica y muy importante para nuestro país.

Le pedí de relatar lo que sabía de su nacimiento y esto fue lo que me dijo: Ese día ya había ocurrido "algo en el país", nadie sabía que exactamente, pero había mucho miedo, angustia y la gente corría por las calles, había disparos, muertes, gritos (fue lo que sus padres le transmitieron a él) y mi madre estaba en el auto con mi padre...

Ella rompe bolsas y mi padre se desespera y en la calle había carabineros y él avisa lo que estaba ocurriendo con mi madre. Ellos sacan a mi madre del auto y la suben al auto de carabineros y se van.

Mi padre casi se volvió loco... no dejaron que siguiera la patrulla de carabineros, las calles estaban bloqueadas y le tomó horas regresar a casa, y no sabía dónde buscar a mi madre y pensó lo peor...

Al mismo tiempo mi madre entró en pánico, tampoco sabía que estaba ocurriendo, y tenía mucho miedo, yo era su primer hijo y estaba completamente sola y con desconocidos en un ambiente que se sentía peligroso y muy violento. Finalmente la llevan a un hospital en Santiago, mi nacimiento fue largo y por cesárea y dos días después mi padre llega al hospital. Esos días mi madre estuvo muy mal, lloró mucho y estuvo muy angustiada sin saber que había ocurrido con mi padre, y lo mismo mi padre hacia nosotros sentía la misma angustía y miedo.

Acá estaba el origen del **"conflicto"**, la dificultad para **"fluir"** estaba bloqueada por el miedo, y la angustia del momento.

En Terapia trabajamos en su nacimiento, le recomendé hacer el Acto de sanación del **Proyecto Sentido, "El huevito"** para que se conectara en dar nueva información y reprogramar su nacimiento.

En la misma Terapia el haber relatado su propia historia lo hizo conectar con sus emociones bloqueadas, y ahí yo trabaje la **Terapia Transgeneracional**, la que me permite entrar a su INCONSCIENTE y preguntar que emociones siguen atrapadas, que momentos están bloqueando su presente y liberé y transmuteesos recuerdos del pasado con una gran mejoría que se siente en el mismo momento que acaba la Terapia. Al final de este libro te compartiré al "Acto de Sanación" del Proyecto Sentido.

Durante la Terapia tengo la bendición de "canalizar" mucha información, valiosa información para ayudar a desbloquear memorias dolorosas.

Impactante saber que en la mayoría de los casos solamente con identificar un "problema" este programa pierde fuerza y se produce la Sanación.

Nacimiento mientras la madre está inconsciente:

En este caso no significa necesariamente que la madre está dormida, puede estar "inconsciente" a causa de la anestesia, dolor, medicamentos. Cuando a la madre se le ha dado una dosis alta de medicamentos, el bebé a su nacimiento llega dormido.

En este caso, este tipo de parto producen que las personas al estar trabajando activamente, llega un momento en que los invade un cansancio irracional y solo quieren dormir.

También pude estar relacionado a estar "Desconectado con sus emociones y sufrimientos", tiene dificultad para afrontar situaciones conflictivas en su vida y las evadirá.

Si la madre muere en el parto, el hijo crece con un gran sentimiento de culpabilidad que se verá reflejado en heridas de rechazo, miedo a triunfar, a ser visto, problemas de autoestima y problemas de merecimiento.

Nacimiento prematuro:

Te compartiré la historia de Juan:

Él estaba en un curso de Transgeneracional conmigo y Suilang (mi colega), cuando nos comentó que él era prematuro de 7 meses.

Yo inmediatamente le pregunté si había abortos antes de él y me dijo, de abortos no lo sé, pero si un bebé que nació antes de mí y murió a las horas de nacer…

Este tipo de nacimientos expresa la necesidad de nacer **"ahora ya".** Puede ser por diversas razones, en este caso para el inconsciente de Juan se grabó la siguiente información:

"Hay que nacer antes del tiempo esperado, porque los bebés que llegan a término mueren."

Las personas podrían presentar una necesidad imperiosa de llegar siempre a la hora, se ser muy puntuales, miedo a llegar tarde o de hacer esperar a los demás.

Nacimiento tardío o prolongado:

En este caso es la madre quien **"Retarda el nacimiento"**, por alguna razón, siente que el único lazo de amor verdadero que tiene es con su hijo y se niega a "soltarlo".

Los hijos nacidos con este tipo de partos, son "Lentos", hay que estar buscándolos para que se muevan o hagan algo, no son deportistas, tienen la tendencia a llegar tarde o siempre justo a la hora, en algunos casos tienen dificultad para iniciar proyectos.

Parto rápido:

Todos los nacimientos traen información **TRANSGENERACIONAL.** Existen razones que quizás desconozcamos que estén provocando un nacimiento distinto del otro.

Las personas con nacimiento de un parto rápido son "Rápidas", "Aceleradas", apuradas, que siempre deben correr, son también por lo general personas hiperactivas. Incluso en algunos casos podrían desarrollar enfermedades como hipertiroidismo.

Puede haber ocurrido algo durante la gestación en dónde el padre perdió un trabajo porque llegó tarde, que algún familiar haya muerto por haber llegado "tarde" al hospital y al bebé por nacer se le graba un programa de: **"Debes ser más rápido para que no suceda una tragedia".**

Parto lento:

Acá tenemos un nacimiento que es todo lo contario al anterior. Estas personas o niños pueden ser flojas, lentas, desmotivadas, en algunos casos pueden desarrollar también sobrepeso, y enfermedades como hipotiroidismo.

Nacimiento con fórceps o ventosas:

Yo te pregunto: **¿Qué conflicto tiene la madre con el padre?**

Es muy probable que los padres a nivel consciente crean no tener ningún tipo de conflicto, pero de manera inconsciente si los hay. Se verán luego del nacimiento del recién nacido. Estas personas durante su vida les molestará que traten de controlarlos (su nacimiento ya fue demasiado controlado...) se sentirán incómodos con las emociones y podrán tener dificultad para manejarlas. Podría sufrir de cefaleas, migrañas, neuralgias...

Nacimiento con vuelta del cordón umbilical:

La información Transgeneracional indica que existe un mensaje inconsciente de querer "salvar a la pareja", también nos evidencia secretos o traumas en el Árbol Genealógico relacionados con ahogos, ahorcamientos, suicidios... (Memoria de cuello).

En este caso se graba un "programa" de muerte y las personas podrían tener dificultad para ser autónomos, independientes y rechazarían el contacto o compromisos por miedo a sentirse "ahogado".

Nacimiento de pie:

En este nacimiento se muestra un miedo a ir hacia delante en la vida y a avanzar.

Parto transverso:

Simplemente significa "**no quiero salir**" o "se perdió al buscar la salida". Podría ser personas con muchas dudas en el momento de tomar una decisión en dónde en algunos casos, sentirán que para "sobrevivir" deben tomar una dirección equivocada.

Parto de nalgas:

"Debo demostrar quien soy", refleja miedo de ir hacia delante. En algunos casos pueden presentar retraso escolar y/o repeticiones de curso. Curiosamente puede ser una manera de hacer mostrar su sexo, si querían un niño, la bebé al nacer muestra su insatisfacción al no ser esperada como niña.

Aspiración de líquido amniótico:

En este caso este nacimiento produce y genera mucha rabia, el niño lo vive como una traición por parte de su madre.

Podrían tener sensaciones de ahogo y posibles ideas de suicidio.

Quiero recordar que todo lo que hablo y explico en mi libro son estudios que se han realizado en varios casos desde la mirada del "Transgeneracional", "Biodescodificación", "Bioneuroemoción", en donde se estudia el conflicto del presente y se va llegando hasta la raíz y se encuentra que el mismo nacimiento presenta los mismos conflictos en las personas adultas o niños. Yo misma lo he verificado en mis Terapias y me parece increíble como un nacimiento nos puede provocar heridas de infancia y conflictos emocionales.

Por ningún motivo quiero que esto sea tomado como ley. Recordemos que hablamos de **PROGRAMAS, los cuales pueden activarse o no, dependiendo de la historia de vida y de lo que debe venir a sanar cada persona.** Muchas veces estamos programados y sin darnos cuenta nos desprogramamos y viceversa.

Si para ti tu nacimiento no te ha presentado conflictos, te bendigo, que maravilla, en mi caso personal nací con Cesárea y fórceps y verifiqué en carne propia los conflictos que estos nacimientos provocaron en mí, hasta que trabajé en mi nacimiento y en reprogramar nueva información.

La **Terapia Transgeneracional Evolutiva, la** cual realizo y enseño, ayuda a modificar y reprogramar la información de manera muy rápida y efectiva.

Te comparto este link de Akasha Sanación, que seguro vas a disfrutar en donde comprenderás más acerca de los nacimientos y como nos afecta emocionalmente:

"Es el bebé quien decide sobre su nacimiento,
hasta el momento la creación es perfecta,
el nacimiento es uno de los momentos más importantes de nuestra vida.
La forma en que hemos nacido de alguna manera "definirá" el resto
de los NACIMIENTOS EN NUESTRA VIDA, proyectos, trabajos,
emprendimientos, pareja, etc."

-Sui Mei Chung B.-

SÍNDROME DEL YACENTE O YACIENTE

(Fantasma y Transgeneracional)

La palabra "yacente" significa:
el que está tumbado, echado o tendido.
"El cuerpo inerte yace sobre las frías rocas del mar."

En mi primer libro **"Tus Ancestros Quieren Que Sanes"** comenté que hablaría del "síndrome del Yacente o Yaciente" en mi segundo libro.

Si bien, este síndrome está vinculado directamente al estudio del Árbol Genealógico, decidí integrarlo dentro de las heridas de infancia porque las características que definen a la persona con el síndrome del Yacente, tienen muchas similitudes con las heridas de rechazo y humillación. Ahora ya has comprendido al leer este libro que también heredamos las heridas de nuestros ancestros. Y que todos los temas emocionales forman parte de una herencia familiar.

Ya hemos comprendido que nuestro inconsciente guarda las memorias Transgeneracionales de nuestros ancestros. Todos nuestros actos, obras, son el resultado de la influencia de nuestro inconsciente, que por años ha guardado estos recuerdos que hoy en el presente nos impiden ser nosotros mismos.

Estoy segura que en más de alguna ocasión te ha sucedido que has reaccionado de una determinada manera ante una situación que te desborda, incluso has dicho o hecho cosas de las cuales has sentido que no eras tú quien lo dijo o hizo, sino que sientes que ha sido otra persona quien ha actuado por nosotros.

En nuestro Árbol Genealógico se guardan todos los secretos familiares y en él están todas las respuestas a todos nuestros conflictos que vienen de patrones inconscientes que nos condicionan y no nos dejan vivir en libertad. Hemos comprendido que la comprensión y la toma de consciencia nos liberan de todos los conflictos no resueltos, que se vienen arrastrando de generación en generación.

En el año 2001 el **Dr. Salomón Sellam** dio origen el término en el Transgeneracional al ***Síndrome del Yaciente***. Gracias a este descubrimiento se encontró información clave para dar con el origen de conflictos con ciertas características emocionales que enseguida compartiré contigo. Ser "Yacente o Yaciente" significa en pocas palabras que cargas simbólicamente con un "muerto". Es cuando en la familia ha quedado un *"Duelo sin resolver"*, y alguien en la descendencia carga simbólicamente con este dolor del clan.

Todas las muertes drásticas, injustas, incomprendidas, desoladas dentro de un clan familiar dejan heridas emocionales conscientes e inconscientes muy fuertes. Este tipo de accidentes cuando ocurren a jóvenes, niños o lactantes forman parte de duelos sin cerrar. Por lo tanto, es un conflicto no resuelto.

Las muertes dramáticas sin explicación ni aceptación por algún miembro del clan familiar traerán como consecuencia un conflicto no resuelto que se heredará de generación en generación hasta que alguien lo tome y le dé el duelo y cierre que se necesita.

El Síndrome del Yacente nos explica como inconscientemente llevamos o vive con nosotros una hermana fallecida o un difunto y llevamos a cabo inconscientemente un trabajo de reparación Transgeneracional.

Si yo te digo que mi abuelo de 90 años acaba de morir, de seguro te apenarás por mí, pero que inmediatamente me darás el pésame y es muy probable que la gente a mi alrededor diga frases como estas:

- *Ya está descansando*
- *Llegó su hora*
- *Igual vivió muchos años...*
- *Ahora está en paz...*

Pero si escuchas que la hermanita de 4 años de Fabiola, falleció a causa de un accidente doméstico, muy probablemente digas frases como éstas:

- *NOOOO no puede ser*
- *Nooo no es verdad*
- *¿Me estas mintiendo?*
- *¡Dime que no es cierto por favor!*

Existe de parte de nuestro inconsciente una "negación" a aceptar una muerte trágica e injusta, en muchos casos está negación dura muchos años o en algunos casos toda una vida.

El duelo es el proceso de adaptación emocional que vive cada ser humano. En cada familia la muerte, accidentes, duelos, tienen distintas maneras de ser vividos. Existen familias en las cuales el llorar se les está prohibido, en otras el luto se vive desde la vestimenta negra, por semanas, meses y antiguamente por años, en otras familias hablar de los muertos o fallecidos es tabú, no se permite ni pronunciar el nombre de la persona que ha dejado esta tierra y se le llama el "difunto".

Cuando se recibe la noticia del fallecimiento de un ser amado, el mundo interior se derrumba, muchos sentimientos afloran al mismo momento, desde la negación, incredibilidad, odio, desesperación, pena, angustia.

En algunos casos, este acontecimiento se vive en histeria, gran impacto emocional, el cuerpo físico pareciera perder la musculatura y la sensación de apagarnos hasta desfallecer invade nuestra Alma. En este preciso momento es el comienzo de un gran estrés a nivel emocional, físico y espiritual.

Al Yacente se le llama también "fantasma" porque la sensación de la persona que lo vive es algo extraña. Siente que dentro de su cuerpo vive otra persona, tienen dificultad para tomar decisiones porque en una situación desean hacer una cosa y al rato todo lo contrario, como si fueran dos mentes en una. ***La persona para que sea identificada con el Síndrome del Yacente debe haber nacido después de un familiar fallecido. No se es yacente de un miembro de la familia que ha fallecido después de mi concepción.***

Según expertos en el tema se considera un período "normal" de un proceso de duelo entre los 6 y 18 meses después de ocurrido el acontecimiento.

Se vive un "Conflicto Transgeneracional Emocional", cuando un familiar o ancestro no ha superado el duelo y por el contrario queda "bloqueado" en el proceso. Existen para este análisis 9 etapas que deben ser vividas y superadas. Cuando esto no ocurre y algún miembro de la familia queda "atrapado" en alguno de estos pasos es cuando se genera el conflicto.

Si en esa generación el duelo no fue superado, las emociones relacionadas al duelo se heredarán a la siguiente generación, y será un nuevo miembro de la familia que cargará con esta lealtad y pasará a ser "Yacente".

¿CÓMO RECONOCER A UN YACENTE?

Hemos visto que, si un ancestro o familiar no ha cerrado un duelo, las emociones atrapadas en él se heredarán a las futuras generaciones.

Dentro del Transgeneracional, yacente también se le llama *"hijo de sustitución"*. ***Este término es cuando los padres al perder por ejemplo al hijo mayor, llaman al hijo que nace después del fallecido igual que al primogénito.***

Ejemplo:

Tus abuelos tuvieron una hija que se llamaba Estela y falleció a los 5 años de edad. Fue una muerte muy dolorosa y no superada por la familia. Tu madre (hermana de Estela) te llama a ti con el nombre de su difunta hermana. Tú te llamarás Estela, y serás Yacente de Estela.

Nace Pablo y muere, y al año nace un nuevo hijo al que llaman Pablo. Esto ocurre de manera inconsciente, los padres ante el dolor y negación traen al mundo un nuevo hijo para "calmar el dolor de la pérdida y sobrevivir a su ausencia", inconscientemente sienten que han traído de regreso al hijo fallecido, y cada vez que lo nombran o lo ven, se convencen que reviven al fallecido hijo.

Esto trae serias consecuencias a nivel emocional al hijo de "sustitución o reemplazo", que está relacionado también con una doble "identidad", y a ratos se siente con Alma propia y a ratos la persona se siente ajena en el mismo cuerpo.

Esto lo vivió en carne propia el excéntrico pintor Salvador Dalí.

Los padres de Salvador Dalí perdieron a su primogénito a la edad de 3 años. Al año siguiente nace un segundo bebé al que llamaron exactamente igual que al padre y al hijo fallecido: "Salvador Dalí", en más de alguna ocasión Dalí dijo:

"Durante toda mi niñez y juventud viví con la idea de que era parte de mi hermano mayor. Es decir, en mi cuerpo y Alma llevaba el cadáver adherido de este hermano muerto porque mis padres hablaban constantemente del otro Salvador".

"Yo nací doble, con un hermano de más, que tuve que matar para ocupar mi propio lugar, para obtener mi propio derecho a la muerte [...] Todas las excentricidades que he cometido, todas las incoherentes exhibiciones proceden de la trágica obsesión de mi vida. Siempre quise probarme que yo existía y no era mi hermano muerto. Como en el mito del Cástor y Pólux, matando a mi hermano, he ganado mi propia inmortalidad", dijo Dalí.

La crisis de identidad de Dalí fue reflejada muchas veces en su arte. El artista creció toda su vida sintiéndose una copia de su hermano. De pequeño Salvador observó durante toda su niñez una fotografía de su hermano que se posaba en su cómoda, sintió que debía ser grande, algo más que una simple persona, debía ser mucho más grande que *Salvador Dalí.*

También serán yacentes, los niños nacidos después de un aborto. Imaginemos que el útero es nuestro primer hogar.

Cuando ocurre un aborto, espontáneo o natural, el ***inconsciente del bebé no muere,*** y cuando nace el siguiente bebé, ***éste hereda el inconsciente del bebé que no llegó a nacer. Es lo que genera tener un cuerpo y dos mentes (dos inconscientes).***

Ser Yacente tiene ciertas características que compartiré contigo ahora. Muchas de ellas están relacionadas al "No merecimiento", a sentirse rechazado, no amado, un hijo no deseado y efectivamente lo es. De manera inconsciente se quiere traer al difundo en su lugar, por lo tanto, el afectado vive y recibe toda esa carga emocional.

Compartiré unas frases del archivo como del "Curso del Dr. Sellam".

"Transgeneracional" Curso - Dr. Salomón Sellam.

(La persona deberá tener entre 5 y 7 de las siguientes características, para poder ser considerado como yacente)

Voz muy bajita:

Este es el primer síntoma detectable. Son personas que están tristes, hablan tan bajo que muchas veces no se les escucha. Tienen una voz como de "ultra tumba"

Puede decir frases como:

"Tengo la impresión de no vivir mi vida". Estas personas sienten claramente que hay otra persona dentro de ellos.

LA POSTURA

Son de posturas extremadamente rígidas, casi parecieran no poder tener movimientos algunos. Para dormir suelen colocar sus manos cruzadas sobre el pecho y dormir boca arriba prácticamente sin moverse. (Posición de una momia muerta).

LA ENFERMEDAD

Enfermedades típicas de yacentes:

Arterioesclerosis. Todas las arterioesclerosis son yacentes, todas.

El Dr. Sellam recuerda que una vez fue a consultarlo una joven de 22 años, quien llegó caminando con bastones y acompañada por sus padres. "Antes de que yo conociera todo esto del YACENTE, trabajaba únicamente Biodescodificación y pues lo único que podía resolver con ella, era que la arterioesclerosis significaba conflicto de desplazamiento.

Eso ya se acabó, ahora desde la primera consulta trabajo con el **Árbol Genealógico** y lo primero que hago es buscar a los muertos".

Y hay otras enfermedades que también nos dan la pista para identificar un YACENTE.

SOBREPESO

Porque el yacente guarda en su cuerpo al muerto.

"Lo guardo en mi interior", por lo tanto, la persona tiene 20, 30 o 40 kilos de más. O bien, si el niño murió a los 5 años, yo tengo 5 kilos más de sobrepeso.

DIABETES

¿Qué es la diabetes? Azúcar ¿Qué es la azúcar?

Energía. Diabetes = Azúcar = Energía.

El muerto ya no tiene energía, entonces para hacerlo vivir, el muerto necesita energía, necesita azúcar. Entonces, la persona acumula azúcar para darle energía al muerto y que éste pueda moverse.

BRUXISMO

Son las personas que aprietan y presionan los dientes superiores contra los inferiores. Rechinan los dientes porque los frotan, pareciera que están masticando o mascullando algo. Pero no son ellos los que hablan, es lo que llamamos, “el fantasma que habla”.

LA FORMA DE VESTIR

Viste de colores oscuro (luto) permanente.

LAS SIESTAS

El tiempo normal para una siesta, es de 20 minutos, es el proceso biológico neurológico de recuperación. Pero si la siesta suele durar más de una hora, ya no es normal.

Cuando las siestas duran más de una hora, las personas despiertan más cansadas, porque no es una siesta biológica, es una siesta conflictual.

EL FRÍO / LA NIEVE

Hay personas que son muy friolentas y eso es perfectamente normal. Pero aquí me refiero a aquellas personas que SIEMPRE tienen frío. Porque el frío es muerte simbólica. Son personas que siempre tienen frío así sea verano, primavera, otoño y no digamos en invierno.

Estas personas siempre manifiestan tener mucho frío, aún cuando estén en la playa bajo el sol, es gente que siempre usa ropa muy calurosa, suéteres, abrigos, chamarras, bufandas, guantes…aún en un día muy caluroso.

Y con el frío, hay otro tema, es la gente que no le gusta la nieve. ¿A quién no le gusta la nieve? Porque la nieve, simbólicamente, es la muerte.

EL RUIDO

Todas las personas hacemos ruido en nuestra casa, abrimos y cerramos puertas, se oyen nuestras pisadas, los cajones. Son ruidos normales de una casa. Incluso puede estarse escuchando la radio o la televisión, o tal vez música. Se pueden escuchar los ruidos de aparatos en la cocina o el ruido de una lavadora.

Pues bien, otro síntoma que presentan algunos YACENTES, es que todos los ruidos les molestan. Son personas muy calladas, silenciosas. Pero todos los ruidos les molestan por una sola razón, para ellos, *esos ruidos molestan a los muertos. Y no hay que molestar a los muertos.* Cuando entras a la casa de un YACENTE así, inmediatamente te pide que te quites los zapatos y te pongas unos deslizadores, para no hacer ruido. No son todos los yacentes que hacen esto, pero si algunos y se han reconocido, gracias a esto.

TRISTEZA Y SOLEDAD

Aquí tenemos dos síntomas que a menudo, van a la par, son la tristeza y la soledad. A ciertos YACENTES, les gusta mucho la soledad.

EL PLACER

El Yacente no siente pasión por la vida ni gusta de placeres. Son personas que no se autorizan el placer, porque están de duelo, y las personas que están de duelo no van a bailar, no van a un bar, se quedan en casa.

A los Yacentes, no les gustan demasiado los postres. El Dr. Sellám comprobó que no les gusta por ejemplo la “Creme Bruleé”, porque es un postre “quemado” y el Mouse de Chocolate Amargo, y curiosamente cuando se analizan sus Árboles Genealógicos, se descubre que hubo gente quemada en su familia y que han fallecido trágicamente.

LAS PROFESIONES

Todas las profesiones relativas a la muerte:

Médico forense, empleado funerario, enterradores, todo lo que concierne a la muerte, fisioterapeutas, ellos son yacentes, anestesista, pilotos, azafatas y todo aquel personal de vuelo, alpinistas, buzos de rescate, escaladores, guías de montaña, profesores de esquí, actores y actrices. Estas son profesiones clásicas de un YACENTE PASIVO.

Existen YACENTES QUE NO PARAN DE MOVERSE. Se mueven mucho, todo el tiempo, sin parar…

Especial atención con los niños etiquetados como:

Hiperactivos, Disléxicos, Déficit de Atención, Bipolaridad, etc. Pueden ser yacentes y cargar sombras o fantasmas del Árbol.

Profesores de gimnasia, deportistas, bailarines, profesores de danza, profesores de aerobics, entrenadores de gimnasio, etc.

LOS NOMBRES

Todos los demás síntomas que hemos visto hasta aquí se pueden hablar, discutir, pero en el asunto de los nombres, no hay excepciones. Si cargas con el nombre de un muerto eres yacente, pero te recuerdo que debes haber nacido "después del fallecimiento" del miembro de tu clan" y que la muerte debe ser injustificada, trágica, incomprensible para nuestra mente.

Entonces para resumir este tema:

Puedes ser yacente cuando has nacido después de la muerte de un familiar y con las características de muerte injustificada, traumática, inesperada, incomprensible, es importante que veas las fechas para verificar si eres "doble" por fecha de nacimiento o defunción. Esto lo puedes ver con claridad en mi primer libro **"Tus Ancestros Quieren Que Sanes"**, que hablo en detalle de cómo identificar cuando eres "doble" de algún ancestro o familiar.

La segunda forma de ser yacente es cuando en tu familia ha quedado un "duelo bloqueado", y que tú lo has heredado por lealtad, por llevar el mismo nombre, o por amor ciego. Para comprender mejor las definiciones a aplicar en nuestra historia familiar te recomiendo leer mi primer libro donde lo explico todo lo relacionado al estudio y análisis del Transgeneracional y Árbol Genealógico con mucha claridad. ☺

Este tema es muy interesante y tiene mucha más información, te recomiendo el libro del Dr. Salomón Sellam ***"El Síndrome del Yacente I y II"***

LA IMPORTANCIA DE CERRAR DUELOS EN NUESTRA VIDA

"La muerte es parte de la vida. Va a pasar."

"Todos vamos a sentir tristeza, todos vamos a echar de menos a alguien, todos vamos a morir, es así", le dijo la especialista a India Rakusen, de la **serie de la BBC sobre salud mental *Like Minds*.**

Aceptar los procesos naturales de la vida nos llevan a una mejor comprensión de lo que nos toca vivir. Muchos de los traumas, y depresiones tienen su origen a causa de **Duelos Bloqueados.** De alguna manera nos aferramos al dolor, y detenemos nuestra vida como símbolo de lealtad a quien se ha ido.

Muchos duelos permanecen abiertos incluso por generaciones, la pérdida de un bebé recién nacido de una abuela, lo puede estar resintiendo la nieta y ella para evitar este sufrimiento no desea tener hijos, se empareja con alguien que es estéril o teme al parto, por ejemplo.

Otras veces reprimimos el dolor, y bloqueamos lo sucedido como mecanismo de defensa para protegernos del dolor. Esto no significa que el duelo este resuelto, por el contrario, si no se acoge, si no se acepta ni se sana, este dolor se transmitirá a las futuras generaciones.

TIPOS DE DUELOS QUE SE BLOQUEAN EN UNA FAMILIA

Cuando reprimimos un duelo y lo dejamos pasar, ya sea porque el dolor y sufrimiento han sido muy grande, éste recuerdo quedará grabado en nuestro inconsciente, y se "activará" con otro duelo. Es posible que nuestra mascota haya fallecido, y ese dolor irracional nos lleve a entrar en una fuerte depresión de la cual nos cuesta mucho salir. Es muy probable que este dolor haya despertado la memoria inconsciente del fallecimiento de mi abuela cuando yo tenía 6 años.

Existen muchos duelos que no son vividos por nuestros padres ni abuelos, por lo general está relacionado a la pérdida de un hijo, a un embarazo o incluso un aborto.

Si somos hijos y la pérdida es de un hermano, es posible que el hermano que sigue a esta pérdida generará sentimientos de culpa, herida de rechazo, porque sentirá que no merece vivir si su hermano no está.

También su inconsciente siente que si el hermano estuviera vivo es muy posible que él no hubiese nacido. En estos casos, hay un duelo abierto, es necesario que los padres cierren este ciclo hablando de lo sucedido, dándole un nombre y el lugar que ocupa este hermano entre ellos.

Existen los **DUELOS TRANSGENERACIONALES**, aquellos que se han ocultado por generaciones como duelo de pérdidas materiales, muertes en guerras, accidentes fatales, y sin nosotros saberlo, lo estaremos "procesando de manera inconsciente", muchas veces repitiendo la misma historia para poder tener la oportunidad de liberar el dolor que se ha bloqueado por generaciones.

Es muy común también que tengamos una tristeza "de siempre", o "haber nacido con depresión", como lo sienten muchas personas y éstos son indicios de un duelo abierto Transgeneracional.

"El concepto de muerte
es un mero producto de nuestra consciencia."

- Robert Lanza -

LAS 9 ETAPAS DE UN DUELO

En nuestra vida, existen procesos que se deben cerrar para poder avanzar. Uno de ellos son los duelos, muchas personas quedan atrapadas en él y no logran salir de este estado emocional lo que no les permite vivir su vida y quedan "bloqueados" en el tiempo.

Cuando una persona no realiza ni termina el proceso de cerrar un duelo, éste se transmite a las futuras generaciones.

Ahora te comparto, brevemente 9 pasos que se consideran se deben vivir, para trascender el proceso de un "Duelo".

La negación

Cómo su palabra lo dice es "negar", no creer ni aceptar lo que está sucediendo. Este momento es normal que se viva como un rechazo a la realidad. Se rechaza oír del tema, hablarlo, incluso llorarlo.

Esta primera etapa suele durar de 24 horas a una semana.

Injusticia

Se vive un gran sentimiento de injusticia. Al mismo tiempo que impotencia e insatisfacción. Es una sensación de estar viviendo algo que no merecemos frente a lo sucedido en donde la mente se llena de preguntas sin respuestas. El sentimiento de ira es contra los seres cercanos, la religión, Dios, ya que se vive como un castigo.

- ¿Por qué ella y no otra persona?

- ¿Por qué no me fui yo?

Tristeza profunda

Es inevitable sentir desánimo, nos embarga un sentimiento de tristeza y pena profunda. La persona entra en un estado de pasividad, donde el dolor se acompaña de gran desmotivación. La persona se entrega a la tristeza absoluta y en muchos casos pasa a depresión, que es una desconexión con la alegría de vivir. La persona en muchos casos queda "atrapada en esta etapa".

Uno de los consejos para superar este momento es entregarnos al dolor, llorar, acogernos en la tristeza comprendiendo que es parte importante de este proceso de duelo, pero que dejarnos abandonar en este sufrimiento solo perpetuará el momento por siempre.

La tristeza, pena y depresión pertenecen a la energía "femenina", cuando una persona dice estar "siempre o toda la vida triste" es muy probable que esté viviendo un duelo no resuelto, de ella o heredado.

Rabia / Cólera / Ira

Estas emociones son vivencias "masculinas" (hablamos de energías, no de géneros), si una persona reacciona con rabia o violencia "siempre" o "casi siempre" se deben analizar heridas de infancia, lealtades y duelos por resolver. Es muy probable que un miembro de la familia se haya quedado "atrapado" en este paso. La rabia en extremo va de la mano con el sentimiento de venganza, acá existe la consciencia de la pérdida, y que no hay vuelta atrás.

Explicación

Buscamos miles de explicaciones, tratamos de encontrar el sentido a lo ocurrido, queremos comprender desde la razón y para eso iremos en una búsqueda que nos dé sentido a lo que nos ha tocado vivir.

Comprensión

En esta etapa se vive con muchos cuestionamientos en la cual necesitamos tener respuestas que nos den una explicación a lo sucedido. Buscaremos respuestas en todos los ámbitos, físico, espiritual, metafísico, esotérico, etc.

- ¿Y por qué yo?

- ¿Y por qué justo ahora?

La explicación nos debe dar un sentido, una respuesta lógica que calme nuestro dolor y angustia. Podemos encontrar sentido en alguna religión, en la edad, ancestros, el país, enfermedad. Cuando alguien se queda atrapado en esta etapa, buscará ir más lejos.

Integrar

Luego de la búsqueda, y de haber encontrado la "explicación" a lo sucedido por la pérdida, se procede a la integración de esta vivencia. Es tiempo de "integrar" este proceso para poder avanzar a la siguiente etapa.

Aceptar, perdonar, fluir

El dolor de la pérdida es admitida, luego de haber vivido en intensidad cada etapa anterior, llega este momento que decido "dejar ir al ser querido", así como la carga emocional relacionada a este dolor. Me reconcilio con "el abandono" de su partida y le perdono, lo suelto, lo dejo ir, y mis emociones fluyen para seguir avanzando en este proceso y poder superarlo.

Aceptar lo sucedido no significa convencernos de que nunca sucedió, es haber integrado la idea de su partida en este plano físico, comprendiendo, y aceptando que es un proceso "normal" de todo ser humano.

Estoy en condiciones de tomar mi vida nuevamente para seguir creciendo y evolucionando.

Reconstruirnos

Cerrando un ciclo de vida. Cerrando una puerta para poder abrir otra. Aceptamos, integramos, reconstruimos nuestra vida. Pensamos en nuestro bienestar y estamos dispuestos a darnos una nueva oportunidad. Lo sucedido forma parte de nuestra vida, no podemos lograr sentir que la pérdida jamás sucedió, pero ahora sí estamos dispuestos a aprender a vivir con este dolor.

Los sentimientos de pena y tristeza estarán quizás en momentos de nuestra vida, pero no dominarán nuestra existencia. Tomaremos nuevas decisiones, nos proyectaremos, integraremos nuevas metas en nuestra vida, y comenzaremos a conectándonos con la alegría de vivir.

Acepto, perdono, integro, fluyo, agradezco…

DIVINIDAD CREA PAZ EN MÍ

Puedes encontrar información que habla de 5, 7 o 9 procesos para cerrar y vivir un duelo, lo importante es reconocer si tú o alguien de tu familia está atrapada en alguna de estas etapas, es necesario trabajarlo para poder retomar su vida y lo más importante cerrar el duelo para no transmitirlo a las futuras generaciones.

Para vivir los procesos del duelo es necesario pasar por todas las etapas, de esta manera vamos expresando el dolor para liberarlo.

Permítete cerrar el duelo, es vital, es necesario, es sanador. Escribe una carta a la persona que ya no está a tu lado y expresa tu dolor, tu sentir, tus sufrimientos como un acto de liberación emocional y luego quema la carta para transmutar el dolor. No intentes evadir lo sucedido, mira el dolor, enfréntalo para luego dejarlo ir.

Puedes escribir una CARTA DE DUELO, para liberar el dolor, es muy simple y muy sanadora:

Busca una hoja y papel y escribe a la persona que ya no está lo que "realmente sientas" ejemplo:

- Papá falleciste cuando tenía 5 años de edad, me has hecho mucha falta, he tenido rabia, pena, amargura, porque me tomó años de aceptar tu partida…

y sigue escribiendo … no justifiques lo que escribas, es decir no sirve de nada que escribas:

"La muerte es parte de la vida", aunque sabemos que es así un Alma dolida, sobre todo de un niño no lo comprende y muchas veces el dolor queda atrapado con nuestro niño interior.

Una vez que has liberado la tristeza, la amargura, y la rabia que esto te ha causado, despídete con amor:

- "Cierro este duelo, te integro en mí, y pido que este dolor se calme, y que pueda estar en paz con tu partida, te amo y te amaré"...

Pido a la Divinidad que sane este duelo en mi y me llene de paz y tranquilidad.

No hay cartas tipos, es solo una idea, porque nadie mejor que tú sabe lo que siente y lo que debe liberar.

Luego la carta la lees en voz alta, la quemas y entierras las cenizas. Si lo deseas puedes comprar una plantita, o plantar un Árbol o una flor como recuerdo de este acto de amor.

LA PÉRDIDA
Por Bert Hellinger

La pérdida duele; por ejemplo, cuando perdemos una persona, una esperanza o un bien que era valioso e importante para nosotros. Entonces nos sentimos muchas veces como si hubiéramos perdido un pedazo de nosotros mismos, como si hubiéramos ido a menos en Alma y cuerpo. Eso es cierto si persistimos en el duelo más allá del tiempo apropiado y necesario para sobrellevar la pérdida. Porque, entonces, la pérdida también se lleva para siempre algo de nosotros mismos. Pero en el duelo adecuado recuperamos lo que hemos perdido, lo recuperamos de un modo que nos hace más ricos, serenos, ligeros. Después de la pérdida se nos plantean nuevos retos, nuevas misiones, nuevas relaciones, nuevas posibilidades de desenvolvimiento. Si sabemos aprovecharlas, lo perdido se introduce en ellas como experiencia, como caro recuerdo, como fuerza. Pero sin seguir atándonos, sino de forma relajada y serena. En este sentido, la pérdida sirve para nuestra transición, nos hace más ricos, libera nuevas fuerzas, continúa actuando y se convierte en ganancia.

-Bert Hellinger –
Filósofo, Teólogo Alemán "Padre de las Constelaciones Familiares"
16 dic. 1925 – 20 sep. 2019

LA IMPORTANCIA DE CERRAR CICLOS EN LA VIDA

No por orgullo ni por venganza, no por soberbia ni despecho, simplemente porque aquello que ya no suma en tu vida, es tiempo de cerrar la puerta y avanzar.

Toma aire, valora tu vida, ámate, en consciencia y dignidad, cambia los muebles de tu casa, vístete de colores vivos, disfruta del amanecer, del aroma de flores. Limpia tu hogar, "sacude el polvo con fuerza", escucha música que te impulse a cantar y bailar, rompe la inercia y sale al mundo a descubrirte una vez más.

DEJA DE SER QUIEN ERAS Y TRANSFÓRMATE EN QUIEN REALMENTE ERES.

Sabemos exactamente cuando un ciclo se termina y muchas veces nos negamos al cambio por miedo a lo nuevo, desconfiamos de nuestra capacidad de reinventarnos y nos adormecemos por años en situaciones que no amamos. Tarde o temprano lo que quedo pendiente nos vuelve a tocar la puerta… el ciclo sigue sin cerrar y ya han pasado demasiados años viviendo una vida sin sentido.

Olvídate del fracaso, cada experiencia vivida es un aprendizaje, cuando has crecido y evolucionado, tu Alma te exige avanzar. Escucha la voz e tu Alma, que te guiará por el sendero de la armonía y la felicidad.

Cerrando ciclos, puertas, capítulos, como quieras llamarlos, pero CIÉRRALOS. CUANDO SE CIERRA UN CICLO SE INICIA UN CICLO NUEVO SIEMPRE.

¿Qué esperas? No es un día más sino un día menos.

"Sanas tú, sano yo, todo SANAMOS"

Este libro debe ser leído en forma pausada y a consciencia, ya que hay mucha nueva información que es aconsejable integrar en nuestras vidas para lograr un mejor conocimiento de nosotros mismos, y de las personas que nos rodean y que amamos.

Léelo todas las veces que lo necesites, marca las frases que te han llamado la atención y sigue trabajando en ti. La relación contigo mismo es lo primero que debes sanar.

Es imposible creer o pensar que nunca más seremos heridos, o sufriremos en nuestra vida. Es imposible creer que nuestros hijos no sufrirán heridas de infancia. La diferencia es que hoy tienes más comprensión de tu propia vida, te conoces más, puedes conocer y comprender a las personas que amas y te rodean y sabrás que todos, en mayor o menor medida ***"Somos niños heridos"*** atrapados en cuerpos de adultos.

En este mundo estamos para aprender, crecer y evolucionar y si estamos en este momento aquí, nos toca aprender de nuestras emociones, a manejar situaciones, aprender a aceptarnos, a amarnos, a trabajar la tolerancia, la empatía, el perdón, el amor verdadero. La sanación es un trabajo profundo que requiere tiempo, dedicación, amor, paciencia, gran voluntad, en el cual se produce una transformación que reflejará en ti cambios profundos internos que se proyectarán en cambios externos en el mundo que te rodea.

Hay que dejar la ilusión que "algo" o "alguien" me va a sanar, hay que renunciar a la creencia que el "otro" me hará feliz. No podemos entregar la responsabilidad a otra persona, y aunque lo hiciéramos, la otra persona jamás sabrá llenar nuestros vacíos internos, porque solamente nosotros, "sabemos cuanto y dónde duele".

Ámate por ser, por existir, por vivir, por todo lo hecho, perdónate por lo que no fue y lo que ya pasó. Cada día es un nuevo día, y agradece la oportunidad de poder "desarrollar" esa semilla de amor que hay en tu interior, hazla crecer para que tu corazón se inunde de paz, sosiego, dicha, bendición. Cuando logramos conectar con nuestro amor propio, cuando logramos mirarnos al espejo sin criticarnos, cuando, estamos solos y dejamos de angustiarnos, es porque nuestra "semilla" está dando frutos. ☺

Cuando logres hablar de tu dolor, sin romperte en pedazos, sabrás que has sanado bastante.

El título de este libro para mi lo es todo:

"Sanarás Cuando Decidas Hacerlo"

Porque sólo sanamos cuando hemos decidido hacerlo. No podemos pensar que será por nuestros padres, ni por nuestros hijos, o nuestra pareja. Sólo sanando la relación que tenemos con nosotros mismos, será posible mejorar la relación herida que tenemos con nuestros seres queridos.

Te regalaré un hermoso trabajo de auto sanación, realmente bellísimo, yo lo hice, lo he recomendado a muchas personas y este trabajo te conecta con el A M O R, amor propio, autoestima, y seguridad. Desarrolla toda nuestra energía femenina que es la encargada de "recibir contener, abrazar, mantener, acoger, nutrir" nuestra Alma.

Te comparto un video para que puedas comprender mejor el proceso de la sanación

ACTO DE SANACIÓN RECONECTANDO CON EL AMOR

"El Peluche Cuántico"
"Mi muñeca de Amor"

Este "Acto de Sanación" te permitirá desarrollar el Amor en ti, tu energía femenina, tu instinto maternal si fuera necesario, despertará en ti la ternura, la paciencia, la capacidad de recibir amor, a mejorar tu autoestima, será también un trabajo muy sanador para conectar con tu "amor propio" ya que trabajarás cuánticamente con tu niña/niño interior.

Recuerdo del pasado:

Piensa en una fotografía tuya de infancia. La primera que venga a tu mente. Con calma y serenidad deja que ese recuerdo llegue a ti. Deja que pasen por tu mente fotografías de cumpleaños, celebraciones, en un parque una navidad y elige una de ellas. ¿Qué edad tenías aproximadamente?

¿Ya la tienes?

Si en tu caso no tienes fotografías, piensa simplemente en una edad del 1 al 10. Y deja que tu mente te traiga un recuerdo tuyo de pequeñ@.

Con esa "fotografía", o con ese recuerdo de tu "infancia" será el niño con el que vamos a trabajar ahora.

No por nada sufres de un tipo de "amnesia de infancia", no recuerdas casi nada de tu niñez, tienes prácticamente todo borrado y no por casualidad esa imagen de niña tuya, la traes en este momento.

El regalo preferido:

Te pido de ir a una tienda de juguetes o supermercado y buscar un "Peluche", especialmente para tu niño / niña, también puede ser una "Muñeca de Amor", conecta con esta emoción, quizás la idea te produzca rechazo, no te resistas más, y haz este ejercicio que es realmente maravilloso. Cuando vayas a la "tienda" procura tomarte el tiempo de buscar este juguete para tu niño, pero no debe ser el primero que veas o el más barato. Debe ser un peluche especialmente para ***"tu niñ@ interior"***. Permítete sentir como niño, niña otra vez, escoge aquel peluche, delicioso, suave, esponjoso, pequeño o grande, ese que siempre quisiste, o ese que aún miras en las vitrinas. Existen perritos, ositos, gatitos, cerditos, conejitos, unicornios, y mucho más. Si lo deseas también puede ser una muñeca, pero procura que sea una a la cual, puedas abrazar con dulzura.

Una vez comprado tu peluche, pide que lo envuelvan con el papel más hermoso y con bellas cintas de colores. ☺

Déjate impresionar, busca uno para tu niño o niña interior, vamos a trabajar especialmente en desarrollar el amor en ti. El amor, seguridad, autoestima, confianza, felicidad, están dentro de ti como "semillitas" que deben germinar. Papá y mamá no supieron hacer crecer estas semillas, porque sus padres tampoco supieron hacerlo con ellos. **Hoy nuestra vida es nuestra responsabilidad y seremos nosotros los encargados de hacer florecer el amor**

en nuestro interior. Solamente cuando el amor ha despertado en nuestras vidas, seremos capaces de amar sin esperar nada a cambio, seremos capaces de dar amor sin angustia ni miedos, y dejaremos de estar suplicando por amor o pidiendo que nos amen, porque el amor ya estará en ti.

Es importante que sea un peluche, porque deberás abrazarlo mucho y es más fácil que estar abrazando a un auto, robot o muñeca si es que esta es grande, y sin mucha movilidad.

Sabrás inmediatamente cuando deberás comprar tu peluche. Éste ya se ha creado "cuántica" y especialmente para ti. Lo sentirás en el mismo momento en que lo veas. Cuando lo encuentres una vez que lo compres pides que por favor lo envuelvan con el papel más hermoso que tengas, con cintas bellísimas y mucho color.

La "sorpresa"

Cuando llegues a tu hogar, dirígete con tu ***"regalo preferido"*** frente a un espejo.

Vamos a hacer un hermoso "Acto de Sanación".

Mirándote frente al espejo te vas a regalar este regalo "sorpresa".

Procura que sea simpático y entretenido.

Luego que te lo ofreces tu mism@, lo abres con mucha emoción. (en este momento ya no es la adulta quien abre el regalo sino tu niñ@ interior) y ábrelo con alegría, suspenso, sintiendo real agradecimiento por esta bella sorpresa.

Se invierten los "Roles"

Una vez abierto tu regalo, piensa en un nombre para este hermoso peluche.

Lo abrazas, lo llevas a tu pecho, y ***MAGICAMENTE*** ese peluche será desde ahora el ***Alma de tu niñ@ interior.***

"En el momento que abrazas este hermoso peluche todo el dolor, heridas que has tenido de tu infancia se traspasan desde tu interior a este peluche de sanación"

Y ahora tu Peluche de sanación, carga esas emociones y vamos a ir trabajando para transmutarlas.

¿Cómo?

Muy fácil, simplemente ahora el adulto (tú) te harás cargo de ti (peluche), y estarás muy atento a no olvidarte, dejarte de lado, de no ignorarte más.

No me creas hazlo

Nuestro inconsciente es "inocente", Si ahora te pido no pensar en un ***"Elefante rosado"***... Listo ya el elefante rosado paso por tu mente.

¿Has sentido lo agradable que huelen los limones frescos, orgánicos, amarillos y jugosos? Ahora yo estoy partiendo uno, lo huelo, estoy exprimiendo un jugoso limón y lo estoy llevando a mi boca...

Es muy probable que se te hiciera "agua la boca". ¿O no?

Nuestro inconsciente lo cree todo, lo imagina todo, no cuestiona nada. Gracias a esta particularidad podemos trabajar con nuestro inconsciente a nuestro favor. Lo que decimos para nuestro inconsciente es, no cuestiona, no duda, el que duda es nuestro "ego", nuestra mínima parte consciente.

Cuando te estés regalando este peluche a tu niñ@, será cuando ese peluche se convertirá en el ***Alma de tu niñ@ interior.***

Cada mañana, abraza y dale los buenos saludos del día, luego por la tarde y en la noche lo mismo.

Buenos días mi preciosa, hermoso, bello, (dices su nombre) y le deseas un buen día. Si lo llevas en tu bolso contigo, harás lo mismo y en la noche también.

Al principio puede que te sientas incómodo (a) , raro, da lo mismo es normal. No estamos acostumbrados a recibir diariamente tantas palabras amorosas llenas de amor.

Con este ejercicio he tenido a personas que han comprado su peluche, lo miran, lo esconden, le hablan, luego se siente ridículos, pero poco a poco la magia sucede... ***tu niñ@ interior reacciona a tanto amor.*** ☺ Tu estado de ánimo mejora, conectas con las cosas simples de la vida, sientes gran alivio, "ya no estás sol@", te ríes con más ganas, dejas de ser "grave" frente a situaciones de tu vida y te acostumbras a ***"recibir".*** Has estado por meses regalándote bellas palabras, abrazando a tu peluche y dándote amor. Nuestros mayores conflictos están en el dar y recibir. Muchas veces damos mucho, damos y damos más de lo que la otra persona es capaz de recibir y estamos en "carencia", nos sentimos vacíos, porque hemos dado sin saber recibir, hemos dado sin ni siquiera saber que tenemos el mismo derecho de recibir de la vida.

- Por 21 días deberás llevar este peluche contigo a todas partes.

Si ahora que te digo esto, tú piensas comprar un peluche pequeño porque no quieres cargarlo contigo por 21 días... no estás trabajando desde el amor. No importa que sea grande, lo llevarás en un bolso, mochila, buscarás como llevarlo (llevarte contigo) recuerda que tu peluche de sanación lleva tus heridas de infancia y con amor debes transmutarlas, es un trabajo bellísimo, yo lo hice y lo he recomendado mucho y es realmente mágico.

Llevarlo contigo por 21 días es no olvidarlo en casa, si lo haces regresas, **"te buscas y te cargas con amor**", mañana y tarde te hablarás con amor, le darás los buenos días, buenas tardes, buenas noches. Al principio puede que te sientas incómodo o hasta un poco ridículo (a).

No te detengas, sigue hablándote con amor, cargándote y hasta durmiendo con tu peluche de sanación. Verás cómo al pasar de los días te vas liberando, soltando y sintiendo cada vez más a gusto con tanta atenciones y amor.

Si bien este acto lo haces con tu peluche, no olvides que este "Acto de sanación" transmutamos tus heridas de tu niño interior hacia tu peluche. ☺

Durante los 21 días las "semillas de amor" van creciendo, lo sentirás, tendrás ganas de reírte, de sentirte bien, de ver la vida con ojos de niño. **Es importante que recuerdes que por 21 días no estás "cargando un peluche" estás simbólicamente y cuánticamente "cargando todo tu dolor de infancia".**

Si sientes angustia, tristeza, toma a tu **"Peluche Cuántico"**, abrázalo fuertemente, y di las palabras que necesitas oír en ese momento:

_ Tranquila mi niña, yo me hago cargo (si alguna situación te preocupa o angustia)

_ Tranquilo mi niño, no te dejaré solo.

_ Venga mi pequeñita, te amo, eres mi vida.

_ Mi pequeñito, te amo, eres lo más importante en este momento.

Y seguro sabrás exactamente que decirte para calmar tu dolor, su soledad, tu tristeza.

Este acto de sanación no termina los 21 días. Así exactamente con dulzura y amor deberás tratarte siempre, el **"Peluche Cuántico"**, simplemente te recuerda que debes existir, sentirte parte de este universo, cuidarte, no olvidarte, sentir que eres prioridad. Que necesitas darte apoyo, hablarte con paciencia cuando algo sale de tu control o estás frustrado.

Te recuerdo que estamos trabajando "otras dimensiones", no estás cargando un simple peluche, simbólicamente te estás haciendo cargo de tus heridas, de verlas, contenerlas, cargarlas y transmutarlas por medio del amor que te das, te entregas y te dices.

Este trabajo es realmente bellísimo. Si lo deseas me compartes una fotografía de tu **"Peluche Cuántico"**, amo, cuando veo a adultos conectando con su niño/a interior.

transgeneracional@suimeichung.com
SuiMei Chung

TESTIMONIO ACTO DE SANACIÓN

(Mi muñeca cuántica)

Quise compartir con ustedes la experiencia de Anita. Quién meses atrás comenzó una bella Terapia conmigo. Entre los temas a sanar, era su "niña herida", un dolor profundo de soledad, gran desprotección y abandono. Anita ha realizado varios cursos y trabajos personales, pero nunca uno que la llevó verdaderamente a encontrarse con ella misma.

Es el mismo ejemplo que escribo en este libro "Peluche Cuántico", el cuál ella lo realizó con una bella muñeca.

El ejercicio es el mismo, la muñeca, simboliza "todo tu dolor de infancia", entonces te cargas, te contienes, te hablas te escuchas.

Comienzas a despegar y a desarrollar la "semilla del Amor" dentro de ti, y deja que todo fluya.

Muchas gracias querida Anita por aceptar compartir esta experiencia tan personal y sanadora, con la intención de ayudar a muchos niños heridos a sanar sin dolor.

Testimonio de "Acto de Sanación" para desarrollar el Amor Propio y trabajar la Autoestima

Anita, 55 años, docente, dueña de casa, Chilena.

Cuando inicié esta Terapia, lo primero que realicé fue buscar una muñeca que me gustara mucho, recorrí varios lugares una y otra vez durante varios días, finalmente me decidí por una que me robó el corazón, era una bella "guagua", de carita feliz, que lloraba y reía, su tamaño me era cómodo y si bien dude en un comienzo por su costo más elevado que las otras, finalmente decidí que ERA ELLA y que me la merecía.

Durante los 37 días que la tuve muy pegada a mi, pase por unos significativos procesos:

Tengo una nieta exquisita de seis años que vive conmigo y pese a haberle explicado en lo que yo estaba, ella me "acosaba" para que le permitiera jugar con la "Pepita" como paso a llamarse mi linda bebé.

Viendo que mi Terapia corría PELIGRO de no ser todo lo exitosa que yo deseaba, decidí comprarle una que obviamente debía ser igual. Durante ese impasse mi nieta y una amiguita por descuido hicieron una rayita muy leve con lápiz pasta en la nariz de mi Pepita -que me fue difícil sacarla- y junto con ello se dañó el mecanismo que activaba sus muecas, su risa y su llanto, me apene y rápidamente me consolé diciéndome: cuando compre la muñequita de mi nieta la cambiaré y me quedaré con la más nueva.

Eso no pudo ser, rápidamente algo se activó en mi... apego, cariño, era yo, era mi guagua (bebé), era mi amor y dedicación y la quería tal cual estaba, con sus defectos y sus muchas virtudes que lograba verle que me hacían mirarla y dedicarle mí cariño y atención. Comprendí a corto andar que los seres humanos cada uno con sus virtudes y defectos nos queremos mucho, SOLO QUE NO SABEMOS CUANTO Y QUE DEBEMOS DESCUBRIRLO.

Junto con estas emociones se produjeron dinámicas simpáticas en mi hogar, haciendo tareas en un lugar de la casa, sin mí Pepita, mi marido me enviaba *WhatsApp* con la foto de ella diciéndome que estaba solita hace mucho rato.

En otra oportunidad debí asistir a una celebración de 40 años de matrimonio y la envolví en un hermoso chal de tul blanco, hubo curiosidad al respecto, me miraron atentamente...a esas alturas ya había sobrepasado el "famoso que dirán", me escuché diciendo con seguridad y cierto grado de digno orgullo es mi guagua, soy yo de niña, me estoy cuidando y sanando con una Terapia diferente, es en ese punto donde mi razón se dedicaba a la observación ...a esa altura pocos hablaban sólo me miraban... sin duda algo diferente estaban percibiendo y yo me daba cuenta..

En otra oportunidad me pille dando explicaciones a una mujer y su marido de mediana edad a lo que ella me respondió cariñosamente con lo siguiente "por favor no me des explicaciones, eres dueña de tu vida y a nadie nos corresponde intervenir".

En el supermercado me observaban muchísimo y me preguntaban si salía a pasear con mi nieta, otros me decían que pensaban "la abuela llevando la muñeca de su nieta que debe andar por ahí"... y otras cosas más.

Recuerdo con precisión un cumpleaños familiar con una considerable asistencia. En un momento deje encargada a Pepita en mi silla mientras me ausentaba... a mí retorno, la silla estaba desplazada en segundo plano y por lo tanto mí lugar no estaba, en otra oportunidad habría dicho con una encantadora sonrisa la conocida frase "no importa , no se preocupen"...esta vez no fue así... me escuché diciendo con serenidad "les pedí que guardaran mí lugar, no que me desplazaran, ella soy yo y algunos de ustedes lo saben"... Se hizo un notorio silencio, que casi me hace desistir de mí nueva forma, y descubrí que ya era tarde para retroceder... me gustaba lo que había surgido desde mí interior...

A partir de ese hecho, inicié un darme cuenta más claro y profundo, en ciertas situaciones descubría con mayor rapidez si quería hacer algo por mi o para no decirle NO a los otros, y mi discernimiento al respecto, se ha ido puliendo.

Decidí que esta experiencia tal vez sería buena para mí hija, le ofrecí la misma muñeca que ella aceptó encantada y pronto éramos 3 generaciones cuidando a sus bebés muñecas, estábamos haciendo una terapia Transgeneracional, sin haberlo planificado, ni calculado, estaba haciéndose espontáneamente y me sentí feliz de las repercusiones que ello significaría en mí familia...

Hoy, volví a tomar a mí Pepita, a llenar otro vacío de mí infancia que sí bien conocía, desconocía como se había generado... y fue Sui Mei quién puso las palabras que dieron explicación a mí sentir...mil gracias Sui Mei!!!.

SÍ estamos atentos aprendemos un poco más cada día. Nuestra conciencia a veces rápida otras más lenta va despertando mágicamente y nos hace atraer a la luz aquello que estando en la sombra, pugna por salir y manifestarse... sin duda para sanarnos... y cuando creemos haberlo logrado, sí observamos con amor y paciencia veremos como se inicia un nuevo darse cuenta y junto con ello se abre un nuevo camino.

Estar pendiente de nosotros, amarnos y respetarnos en nuestra "verdad", junto con ampliar nuestra conciencia, nos da más libertad y alegría, nos hace ser más cálidos y amorosos.

ACTO DE SANACIÓN DEL HUEVITO

(Sanando mi Proyecto Sentido, un Nuevo Renacer)

Este acto de sanación, lo creé hace un par de años atrás, es increíble como la energía "se conecta" de una generación a otra. Algunos días revivirás emociones muy fuertes, que estarán relacionadas a momentos fuertes de tu gestación. Si realizas este acto de Sanación por tu Madre o Abuela, sentirás emociones inexplicables, quizás tengas sueños relacionados con ellas, o te contactarás con personas que han estado relacionadas a su historia, y lo más importante, revivirás exactamente como ellas fueron gestadas. Si la gestación de tu madre no fue deseada, sentirás "Rechazo" al gestar simbólicamente a tu madre. Con esto podrás imaginas las emociones que ella recibió. Este acto de Sanación tiene como finalidad ***"Reprogramar tu gestación"***, porque todo es ENERGÍA y la energía no muere, se transforma, y es justamente lo que haremos con este bello acto de amor.

De adultos, llegó el momento de dejar de lamentarnos por lo que hizo o no hizo mamá / papá. Recordemos que las heridas emocionales se heredan de una generación a otra. Por lo tanto, si sufres de abandono, uno de tus padres o ambos también lo vivió. Y si tú tienes resistencia a ver el sufrimiento de tus padres, piensa en la vida de tus abuelos o bisabuelos. En el pasado todo fue mucho más doloroso, crudo y violento que en nuestros días. Si piensas que hoy tu vida es difícil, piensa en un momento como lo fue para tus padres y ancestros.

Si sientes que tu vida y tu infancia ha sido difícil, piensa como lo fue para tus ancestros... (padres incluidos)

Lo más importante de este ACTO DE AMOR, es que vamos a TRANSMUTAR, información que recibimos en el momento de nuestra gestación. Para nuestro "Inconsciente", todo se percibe en tiempo presente. Por lo tanto, si he vivido momentos tristes y dolorosos y eso no lo he sanado, para mí, esas memorias siguen "activas".

Este período de trabajo dura 10 días. Lo cuales no debes suspender, si por casualidad olvidas de hacerlo por un día deberás comenzar de cero.

Vamos a "Gestar" un huevito, por lo tanto, si ese "Huevito" se rompe, o se triza, deberás comenzar nuevamente.

Se viven y se resienten muchas emociones. La idea no es solo hacer el trabajo por diez días, sino realmente concentrar toda tu atención y sentimientos en este bello trabajo de autosanación.

Vamos a simular un útero que va a contener tu propia gestación. Para eso vamos a necesitar:

- Un huevo de gallina feliz (que sea de granjas libres).

- Un envase de vidrio con tapa. (esos de mermelada, por ejemplo)

- Algodón de colores.

- Para decorar el envase de vidrio, usa tu imaginación y lo puedes pintar con pintura de vidrios, pegar *stickers* o autoadhesivos, bellos, amarrar cintas de colores, o incluso si eres más creativo he tenido a personas que han hecho del envase de vidrio una cigüeña. ☺

Durante todo el tiempo que se realice este trabajo, cada día va a simbolizar un día de gestación y el día 10 el NACIMIENTO. Debes dedicarte con todo tu amor, a "Cuidar" de esta gestación, a transmitir palabras y pensamientos de amor, así como de hablarle, y decirle palabras bellas como:

_ Dices tu nombre XXXX , te amo preciosa, te estoy esperando con ansias y amor que seas una niña.

_ Dices tu nombre XXXX , te envío todo el amor del mundo, mereces lo mejor, eres mi hijo amado.

_ No temas, yo estaré contigo siempre.

_ Te transmito toda la seguridad, paz, armonía, y amor que necesitas para poder crecer.

_ Simplemente te amo, solo quiero tenerte en mis brazos.

_ Eres mi niña preciosa, bella, mi chiquita linda.

_ Eres mi niño adorado, te amo, hasta el infinito.

La magia consiste en que "Cuánticamente" eres tú quien va a transmitir todas las frases, y palabras de amor que sabes que necesitas. Al mismo tiempo, es toda tu energía y memorias de dolor, especialmente de tu infancia que estarán simbólicamente representadas en este "Huevo de gestación".

Puedes sentir una gran tristeza, es probable, te tengas deseos de estar solo (a) para sentirte, para estar en conexión con tu alma, y revivir conscientemente todo aquello que deseas integrar en tu vida. Vas a sentir un gran amor hacia ti y deseos de abrazarte y dedicarte las más bellas palabras y frases de amor y contención. Vas a tener sueños, posiblemente escucharás alguna canción o verás alguna película que te entregará un bello mensaje, recibirás alguna sorpresa o visita inesperada.

También es posible que "te olvides", que te cueste recordar que estás realizando este acto de sanación. Que sientas "rechazo" y que incluso sientas que estás haciendo algo inútil y sin sentido. Si es así, no niegues estas emociones, porque es justamente lo que tú resentiste en cualquier momento de tu gestación.

Ahora te invitaré a ir más allá de la gestación ... si la tuya quizás fue inesperada y dolorosa, imagina como lo fue la gestación de tu madre, abuela o bisabuela.

Es por eso que te invito a realizar este acto primero con LA GESTACIÓN DE TU MADRE.

Sigue las indicaciones a continuación, no importa si has conocido o no a tu madre, estamos todos conectados y tu madre vive en ti.

Me han confesado personas que ha comenzado a "Gestar a su madre" que sienten mucho rechazo, incluso que no tienen deseos de hablarle o decirle palabras bellas ni de amor... :-)☹ ¿Sabes el por qué? Porque fue justamente esas emociones con la que tu madre fue gestada, por lo tanto, con mayor razón, trabaja con ella, entrégale tu amor, aunque ella no sea consciente, siempre una pequeña luz de bienestar y paz calmará alguna memoria dolorosa.

Primer Paso

Elegir de la caja de huevos de gallina feliz solamente uno. Lo tomas con cuidado y con el plumón escribes tu nombre completo en el huevito, luego escribes valores y palabras de amor como, por ejemplo: eres hermosa, precioso, inteligente, te amo, te estoy esperando, eres un hijo muy deseado, tranquilidad, paz, armonía, etc.

El envase de vidrio va a representar el útero y el huevito eres tú.

La idea es desde el primer momento tu nueva gestación sea a consciencia, inundaba de buenos deseos y amor.

Hazlo con fe, con confianza, aún si tu mente te traiciona y sientes que no sirve, hazlo. Verás la paz y tranquilidad que sentirás a medida que pasan los días.

Segundo Paso

Una vez que ya hayas escrito las bendiciones y palabras de amor a tu huevito. Colocas el algodón como base dentro del envase de vidrio, luego colocas el huevito y lo vuelves a cubrir con el algodón y lo tapas, recuerda que el "Huevito" eres tú.

Tercer Paso

Vas a decorar el envase de vidrio lo más bello que lo puedas hacer.

Cuarto Paso

Por 9 días seguidos deberás "contenerte y llevarte contigo". Cada día representará un mes de embarazo.

Puedes llevarlo en tu bolso, cartera, o un bolsito aparte, como quieras, pero llévalo cerca de ti.

Incluso si tienes un escritorio o vas a comer, puedes dejarlo sobre la mesita a tu lado. Las personas a veces preguntan y solo debes decir que estás realizando un trabajo de sanación que cuando termine contarás lo que es y quizás esa persona también desee hacerlo.

Desde que despiertas, toma tu "gestación", dale los muy buenos días, repite las palabras que te escribiste, y lo vuelves a hacer las veces que quieras durante el día y en las noches te despides con buenas y hermosas palabras nuevamente.

No te sorprendas de todas las emociones que sentirás, tampoco te culpes si te olvidas en casa, pero si eso sucede te recomiendo de regresar por ti. Debes estar atento a contenerte, a cuidarte, a no olvidarte, a amarte, cada segundo de los 9 días. (luego deberá ser todos los días de tu vida).

Quinto Paso

Si por alguna razón de fuerza mayor interfieres en los 9 días y cortas el trabajo antes, o el huevito se rompe, deberás comenzar de nuevo, con un huevito nuevo.

Sexto Paso

Deja pasar los 9 días de gestación y amor y el Décimo día es tu "Nacimiento". En tu jardín, o un parque debes ir con tu gestación, sacas el huevito con todo el amor y le dices palabras como esta:

Bienvenido (tu nombre completo) al mundo, te deseo lo mejor, éxitos, bendiciones, háblale de que está en este mundo para triunfar, que siga sus sueños, que no se asuste si algo no resulta que no se rinda, que no tema, etc. etc. etc.

Y lanzas el huevito al suelo, TIERRA debe ser en la tierra o pasto no cemento.

Para que la madre del Universo contenga este nuevo renacer, la ***"Pachamama"***.

Lánzalo con fuerza, sin miedo, debe romperse y déjalo ahí, tal cual como cae.

Agradeces la vida respiras profundo y te dejas llenar de tantas bendiciones y amor que esperan por ti.

Anota la fecha para que recuerdes el día de tu "Nacimiento a Consciencia".

"Divinidad recibe este nuevo nacimiento,
llénalo de tu luz, paz, y amor."

Anota y recuerda esta fecha, porque será tu nuevo **"Renacer"** para que desde ahora en adelante celebres este día tan especial para ti.

NOTA IMPORTANTE:

Nuestro inconsciente es ATEMPORAL, no existe el tiempo como nosotros lo apreciamos. Pasado, Presente y Futuro es una misma línea de tiempo, esto quiera decir que "Algo" un evento doloroso y traumático, (abuso, duelo, abandonos,) si no ha sido sanado, visto, contenido permanecerá como un dolor interno que buscará en algún momento salir y liberarse.

"Bloquear" no es sanar, es simplemente alargar la agonía por miedo a afrentar una situación dolorosa que significará remover un pasado que queremos dejar atrás.

El trabajo completo son 10 días.

9 días de gestación y el décimo el ***RENACER.***

El Primer día, representa una semana, un mes de gestación o un año de vida.

El Segundo día, representa dos semanas, dos meses de gestación o dos años de vida.

El Tercer día, representa tres meses semanas, tres meses de gestación o tres años de vida.

Y así sucesivamente.

El Noveno día, 9 meses de gestación, 9 meses de vida o los 9 años.

Increíblemente, me han comentado que *"su huevito se rompió al quinto día", y cuando la* persona reflexiona de los 5 meses de gestación, 5 meses de nacimiento o los 5 años de vida, ella recuerda que tenía 5 años cuando escuchó en un pasillo de su casa que su madre le confesó a una amiga que ella quería aborta a su hija, pero no le resultó. Es ahí el *"quiebre emocional"*. Son heridas, simplemente heridas que vamos a ir liberando con el paso de este bello trabajo de re programar una nueva gestación.

CUADERNO DE SANACIÓN RENACER

Te recomiendo tener contigo un cuaderno en donde escribas TODAS LAS EMOCIONES que sientes desde el día uno.

Ejemplo:

_ Me da vergüenza hacer este trabajo
_ Que locura este huevo ...

Y a medida que pasan los días...

_ Que pena mi huevito debe tener frío
_ Te das cuenta que eres más tierna con este trabajo personal y te hablas con más amor o quizás te sientes más distante.

Con cada día vibrarás de una forma distinta, anota tus emociones, tus pensamientos y luego simplemente piensa:

"¿Esto corresponde al octavo mes de gestación, a los ocho meses de vida o a los 8 años de edad?" Y escucha tu Alma, tu corazón tampoco se equivoca.

Lo que sientes que es, y será. Lo más importante no es saber si ocurrió a los dos meses de gestación o dos meses de vida, lo importante es hacer consciente esa emoción, liberarla y contenerla. Sentirás gran alivio.

El décimo día, lo anotas, guárdalo como una nueva fecha de celebración de cumpleaños. Lo ideal es que luego de ir a un parque a dar término con este ciclo de trabajo, al llegar de regreso a tu hogar te hayas preparado con amor "algo especial": "Una cena, una torta, cake, panecillos, etc.", así para celebrar la vida de este nuevo *RENACER*.

Cada año celebrarás un RENACER en conciencia. Lo bueno es que esta "Acto de Sanación" lo puedes hacer muchas veces, cada vez será algo distinto, eso sí, solo celebras la primera fecha del renacimiento.

Fin del Acto de Sanación

Te comparto estas fotografías reales para que veas lo bello que queda este hermoso trabajo de sanación. Si lo deseas hacer por tus tres hijos, debes hacer 3 Frascos distintos. Cada niño necesita su propio "útero", reprogramar a consciencia una nueva gestación.

Fotos Reales Acto de Sanación reprogramar tu nacimiento

LOS SECRETOS DE LA VISUALIZACIÓN

(Un lindo regalo)

Como lo comenté al principio de este libro, hace años atrás trabajé la **"Visualización"** para crear una nueva realidad cuando mi hijo enfermó gravemente. Y funcionó, no dudé por un segundo que lo que yo estaba visualizando, sintiendo, podía crear otra realidad.

En este libro te explico la importancia de conectar con nuestro niño interior, quizás aún para ti no sea posible imaginarlo. No desesperes, paciencia, haz tus trabajos, escribe tus frases de "merezco", los agradecimientos, haz los trabajos que aquí te doy y cada día intenta visualizar y verás que antes que lo pienses tu niño estará brillando dentro de ti.

Los niños sueñan, imaginan mucho, todos tuvimos un día esa capacidad de imaginar, crear, sentir. Para trabajar con nuestro niño es importante poder "visualizar", aprender la manera correcta de hacerlo te ayudará también a visualizarte en un lugar determinado, a trabajar la ley de atracción, y a pensar en forma positiva cuando quieras concentrar tu fe en lo que deseas ver cumplido.

Aprender a visualizar es un arte, es despertar en ti las ganas de vivir una experiencia nueva, y lo puedes aplicar en tus merecimientos, en tus sueños y deseos. Yo lo trabajo mucho, todo lo que estoy viviendo los últimos años ha sido porque lo he visualizado, pero lo más importante es **"Porque he trabajado por hacer cumplir aquello que visualizo"**.

Existen muchas técnicas de visualización, yo te comparto esta que es la que uso y que me funciona maravillosamente.

Ahora te daré algunos consejos de cómo hacerlo:

Vamos a jugar un juego, imagina algo que desees, algo que sea posible de cumplir:

Un viaje, un auto nuevo, una pareja, mejorar tu autoestima, un aumento de sueldo, mejorar la relación con tus hijos, pareja, etc.

Piensa en este deseo y ahora te enseñaré a trabajar para poder cumplirlo. ☺

VISUALIZACIÓN

Es una de las herramientas más poderosas que tenemos para lograr lo que queremos.

Debemos aprender a vibrar en la frecuencia de nuestros "Sueños".

EL SECRETO ESTÁ EN SENTIR, siente la emoción, imagina y visualiza lo que sentirías al ver cumplir aquello que fuertemente deseas.

No es que las personas dejen de perseguir sus sueños cuando se hacen mayores.

La realidad es que las personas se hacen mayores porque dejan de perseguir sus sueños"

1. Las personas se Visualizan en Futuro. Esto hace que nuestro "deseo" permanezca siempre en el futuro. Por lo tanto, debes visualizar siempre en tiempo presente, ¡ahora ya!

2. Visualiza tu "deseo" como si ya lo hubieras cumplido. (disfrutando ya de tu sueño)

3. Visualízate en primera persona, actuando y ejecutando tu deseo (manejando un auto nuevo, entrando a tu casa nueva, viajando en avión, y aplícalo a la sanación de tu infancia imaginando lo que te hubiese gustado sentir, vivir y crear una nueva realidad que te permita transmutar un recuerdo doloroso)

4. Visualiza tu deseo lo más real posible, con terceras personas, aromas, sonidos, texturas, temperaturas, etc. Cierra tus ojos y siente que el deseo ya está cumplido. Si fuera verdad, ¿Cómo te sentirías?

5. Visualiza un tiempo prolongado, acostumbra a tu mente a esta nueva forma de trabajo espiritual. Si deseas trabajar en tu autoestima. Visualízate seguro, hablando fuerte, expresando tus emociones y que hay personas en tu visualización que te escuchan y valoras lo que dices. Es mucho mejor si lo haces frente a un espejo, lo visualizas y también lo expresas en voz alta.

6. Visualiza más de una vez por día.

7. Siente todo con toda tu emoción, visualiza como si fueras tú, como si lo estuvieras viviendo realmente, como si estuviera pasando en este mismo momento, sin duda y disfrutando de este deseo ya cumplido. (una nueva forma de actuar, algo que deseas comprar, un viaje, un nuevo trabajo, etc.)

8. No dudes de este poder de la Visualización. Actúa con fe, creyendo que es posible, sin dejar un segundo entrar el miedo o las dudas. Este trabajo trae excelentes resultados si por ejemplo debes dar una charla o asistir a una entrevista de trabajo, visualiza lo que deseas, siente como te sentirías y deja que todo fluya.

9. No debes visualizar el **"cómo lo vas a obtener"**, deja que la Divinidad se encargue de tu pedido, solo piensa que ya lo tienes,

no te preocupes de cómo va a llegar a ti, deja actuar al Universo. **AGRADECE YA ES TUYO.** ☺

GRACIAS GRACIAS GRACIAS

Mi TRILOGÍA DE AUTOAYUDA Y CRECIMIENTO PERSONAL DE LA NUEVA ERA, comenzó como un sueño, hoy es una realidad. Si yo pude, tú también puedes lograrlo.

LOS SUEÑOS ESTÁN PARA SER CUMPLIDOS

"Lo que diferencia al exitoso del que no lo es, no es el sueño que cada uno tenía en mente, sino que uno aplicó la determinación, visualización, fe, la dedicación, la autodisciplina y el esfuerzo en hacer realidad su sueño."

Y para terminar...

Cada vez que se acerca el término de un proceso en mi vida, algo en mí me hace detenerme, o como querer disfrutar al máximo los últimos momentos. Es como cuando estás de vacaciones y cuando estás ahí, disfrutando del día de la familia, amigos, los días pasan muy rápido y cuando se acercan los últimos días se siente una sensación de "nostalgia" por lo que se dejará.

Es así con este libro que ha sido un amor, catarsis, una Terapia escribirlo. Siempre comienzo todo como "avión" y en el proceso de término me he dado más vueltas para demorarme y disfrutar este cierre de ciclo.

Espero de corazón que este libro haya respondido a tus dudas, preguntas, que hayas aprendido algo nuevo y que hoy puedas integrar en tu vida un nuevo conocimiento sanador.

Muchos quieren sanar, recuerda, ***"Sanarás Cuando Decidas Hacerlo"***, y desearlo desde el fondo de tu Alma, porque es así, solamente **"Cuando Eliges Sanar, Todos Sanamos"**. ☺

Las heridas emocionales finalmente se complementan, sería invivible si todos frente a un mismo hecho que acontece actuáramos de igual manera, no podríamos organizarlo y estar atentos a todo como lo haría un **Traicionado**, o todos muy afectados como lo haría un **Abandonado**, o todos fríos y distantes como el que porta la herida de la **Injusticia**, o huyendo como lo haría un **Rechazado**, o haciéndonos cargo aún sin quererlo como lo haría quien carga la herida de la **Humillación**.

Esta descripción de las heridas es para ayudarte a comprender más de ti, de tus padres, hijos, pareja, las personas que te rodean, comprendiendo que somos todos "niños heridos" jugando a ser grandes, es como entrar a un mundo de fantasía, donde para "jugar" debemos interpretar un papel, y que a ratos me canso de ser siempre el mismo y busco otro disfraz.

No es tan simple identificarnos con una sola herida, por mi experiencia personal y de trabajo las tenemos todas, pero algunas en mayor o menor grado. En ciertas personas será muy notoria alguna herida, será sin duda porque le ha tocado vivirla en más profundidad.

Comprendiendo que "hemos elegido" nuestro Árbol Genealógico, a nuestra familia y nuestros padres, hemos elegido también heredar no solamente el color de pelos, ojos o color de la piel, sino también heredamos las heridas emocionales de nuestros ancestros.

Comenzar a asumir el control de nuestra vida es hacernos responsable de todos nuestros actos, de lo que vivimos de lo que anhelamos, de lo que hacemos y no hacemos, y hoy de adultos, nuestro deber "es hacernos cargo de nuestra vida" y todo lo que eso significa, partiendo por sanar nuestras heridas de infancia.

Reconoce las heridas en cada ser querido, comprende el porqué de su comportamiento y actitudes y encontrarás la manera de saber tratarlo.

Guarda contigo este libro, copia en tu "Cuaderno de Sanación" las frases que te han hecho sentido, no lo olvides en tu velador, no lo prestes, (por alguna razón los libros que se prestan nunca regresan al origen) es tuyo y te pertenece, mereces tener tus cosas preciosas para trabajar en ti. Subráyalo con lápices de colores y aprende, aprende y luego aplica. ☺

Cuando lo vuelvas a leer habrá algo nuevo que integrar, siempre es así, cuando estamos aprendiendo todas nuestras neuronas se activan y se alimentan de esta información, cuando lo vuelves a leer habrán nuevas neuronas que recibirán más información, es por eso muchas veces cuando leemos un libro y años después lo volvemos a leer nos parece que ¡nos han cambiado el libro!

Apreciaré mucho tus comentarios, tus progresos, tus dudas, será para mí la recompensa de mi trabajo. Recuerda de tomar fotos de tus juguetes y si deseas que lo publique en mis redes sociales lo haré con mucho gusto.

Te dejo mis redes sociales para que me sigas y me hagas tus cometarios:

transgeneracional@suimeichung.com
SuiMei Chung Terapeuta Transgeneracional Evolutivo
SuiMei Chung Sui Shanti Formaciones de Autoayuda y Sanaciones Integrales.
@suimeichung

«El dolor es inevitable, el sufrimiento es opcional.»

- Buda-

Gracias por la preferencia, por tu lealtad, por tu amor.
Eres una niña maravillosa,
eres un niño precioso. ☺

Gracias – Gracias – Gracias
Namaste

Sui Mei Chung Bustos

AMOR PROPIO

Cuando críticas e insultas a tus hijos,
ellos no dejan de amarte, por el contrario...
"Dejan de amarse a sí mismos"

"Inútil, bueno para nada, eres estúpido, tonta, imbécil, infeliz, no sé porque no te aborté, odio ser madre, no tengo vida por tu culpa, maldita la hora en que te parí" ...

Recuerdo una vez en Terapia, que una mujer me dijo haber recibido tantos insultos en su infancia de parte de su madre, que ella le deseaba la muerte, y cerrando sus ojos pedía incluso ser golpeada, pero no seguir oyendo estas dolorosas palabras.

El mal trato verbal es ABUSO. Que no te sorprenda que tus hijos en la adolescencia o etapa adulta estén en relaciones abusivas o ellos se estén generando mal trato (Adicciones, cortes en la piel, intentos de suicidios, graves problemas de autoestima y amor propio).

Las palabras hieren, lastiman causan en algunos casos daños irreparables. El mal trato y grito desquiciado sólo logran generar inseguridad, miedos y sometimiento, no es sinónimo de disciplina.

De niños el mal trato se refleja en problemas de aprendizaje, concentración, rebeldía, malas notas en el colegio o repitiendo el mal trato con sus pares. Incluso mojar su cama por las noches podría ser una de las consecuencias. Levantar la voz no es lo mismo que gritar desquiciadamente insultos. Cuando de pequeños se les prohíbe incluso hablar y sólo reciben este mal trato, de adultos serán personas que cargarán con mucha rabia y resentimientos. Un adulto en cólera, siempre enfadado, está ocultando dentro de sí mismo a un niño muy herido, que fue extremadamente reprimido, que sufrió de mal trato y guarda mucho rencor e impotencia.

En mi Tercer libro de esta **TRILOGÍA**, **"Historias de Amor Reales Transgeneracionales"** hablo en detalle acerca del abuso, cómo se transmite de una generación a otra, como enfrentarlo, cómo poder trascenderlo, para liberar el dolor de esta gran herida. También hablo de los excluidos del clan, y encontrarás 18 historias que despertarán tu consciencia para identificar en tu propia vida, los patrones y lealtades invisibles que has heredado.

Te comparto un video ¿Cómo amarme?

Sui Mei Isabel Chung Bustos
Escritora / Terapeuta Transgeneracional Evolutivo
transgeneracional@suimeichung.com

fanpage:
SuiMei Chung Sui Shanti Formaciones de Autoayuda y Sanaciones Integrales.

@suimeichung

TE INVITO A CONTINUAR
CON LA SIGUIENTE LECTURA
"Historias de Amor Reales Transgeneracionales"

"La TRILOGÍA, los únicos libros de Autoayuda basados en temas TRANSGENERACIONALES"

Libros autoeditados y gestionados

Para el extranjero los consigues en AMAZON

Para Chile

www.suimeichung.com

"Trilogía de Autoayuda y Crecimiento Personal de la Nueva Era" (Tu Terapeuta de Papel)

Acá un breve resumen de mis libros:

1. "Tus Ancestros Quieren Que Sanes"

Manual de Transgeneracional - Aprendizaje, y Autoconocimiento Personal.

Heredamos las historias de vida de nuestros ancestros. Conflictos y duelos no resueltos, como también virtudes y la forma de ver la vida. Aprenderás todo acerca del TRANSGENERACIONAL.

De la importancia de conocer tus raíces, sabrás identificar patrones y lealtades, en donde encontrarás respuestas a muchas situaciones de tu vida presente y pasada. Todos tenemos una historia, un origen, tengas información o no.

2. "Sanarás Cuando Decidas Hacerlo"

Guía Práctica de Autoconocimiento y Sanación Personal.

Descubrirás exactamente cuáles son tus heridas, en qué momento se generaron, y tendrás herramientas para trabajar estas heridas a tu favor. Comprenderás la importancia de reconectar con tu infancia y tu niño interior para despertar la alegría y motivación en tu vida.

3. "Historias de Amor, Reales Transgeneracionales"

19 Historias Reales para despertar tu Consciencia. Un aprendizaje con Temas Transgeneracionales.

Repetimos los nombres, apellidos, profesiones, oficios, y hasta las enfermedades por lealtad y amor a nuestro Clan. En este libro verás como una misma historia se va repitiendo en distintos escenarios y como el drama, secretos, abusos, pasan de una generación a otra. A través de estas lecturas podrás ir descubriendo patrones y lealtades que están dormidas en tu inconsciente. Hablo en detalle del Abuso y de los excluidos en el Clan.

Tu historia en papel

¿Te gustaría dejar a tus hijos o a tu descendencia tu historia familiar?

¿Qué te parece si pudieras contar tu historia de amor a tus hijos quienes no conocieron a su padre / madre por diversas razones?

¿Piensas que tus abuelos tienen un "tesoro" con sus experiencias de vida y temes que esa información valiosa se pierda?

¿Te gustaría narrar tus historias de juventud, viajes y estudios a tus hijos o nietos?

He creado un nuevo proyecto que seguro te encantará:

Tu historia en papel

Hoy puedes hacer realidad tu sueño de escribir tu propio libro.

Sabemos guiar una conversación, sabemos exactamente dónde buscar en tu Árbol Genealógico para removerlo, agitarlo con amor y que comience a tomar fuerza para expandirse en sabiduría y amor.

Con mi equipo editorial y de Terapeutas Transgeneracionales trabajaremos en tu historia familiar convirtiéndola en un libro. Ofrecemos servicio editorial personalizado, para obtener lo mejor de cada publicación.

Nos aportarás información y haremos la historia para ti. No te preocupes si no tienes mucha información, muchas veces poco es mucho. ☺ Puedes querer plasmar, toda tu historia, o parte de ella, lo que desees escribir, será un maravilloso recuerdo familiar.

Imprimir tu libro o publicar tu obra con nuestro sello será un bellísimo regalo tanto para las futuras generaciones, así como para tus padres, abuelos y bisabuelos, ***ver su historia familiar escrita en papel.***

Si sabemos ***de dónde*** *venimos,* ***sabremos*** *mejor* ***a dónde vamos.***
Si sabemos ***porque*** *venimos* ***entenderemos*** *mejor* ***quienes somos.***

Sui Mei Chung Bustos

Sui Mei Chung B. & Suilang Chung Wong
Terapeutas Transgeneracional Evolutivo
Santiago / Chile

www.suimeichung.com

"Escuela Transgeneracional Evolutivo"
Conectando con nuestra Alma

Encuentra apoyo en nuestros cursos y Formaciones Integarles
https://suimeichung.com/escuela-transgeneracional-evolutivo/
https://etransgeneracionalevolutivo.com

Es tiempo de sanar y hoy es posible hacerlo. “Conectando con nuestra Alma”, encontraremos nuestra verdadera esencia. Todo nuestro exterior es el reflejo de nuestro mundo interior.

La SANACIÓN consiste en iniciar un intenso trabajo personal de AUTOCONOCIMIENTO , que nos permitirá aceptar e integrar nuestra vida tal cual fue, comprendiendo que todo ha sido perfecto para el gran DESPERTAR ESPIRITUAL que has iniciado. Nuestra ESCUELA TRANSGENERACIONAL EVOLUTIVO te ofrece la maravillosa oportunidad de iniciar un profundo viaje a tus raíces a través del AUTOCONOCIMIENTO, como base de todos nuestros Cursos, Diplomados , Talleres, Formaciones en los cuales tu eres el principal protagonista de este viaje, y el espectador de tus logros, y crecimiento personal.

Nuestro *Staff de Mentores*, compartimos la misma filosofía del amor, del crecimiento personal, y estamos capacitados para de acompañar, guiar y orientar tu proceso personal para que al término de tu camino demos la bienvenida a este nuevo ser que ha nacido en ti.

Todos nuestros cursos y formaciones tienen como base el estudio y aprendizaje del TRANSGENERACIONAL, porque todo comenzó antes...

En la comprensión de nuestra historia personal está la clave de tu SANACIÓN. Te invitamos a ser parte de nuestra ESCUELA TRANSGENERACIONAL ONLINE, para acompañarte en tu camino espiritual. El mejor regalo que te puedes hacer es SANAR.

Si estás buscando dar un sentido a tu existencia, el secreto está en despertar con amor a tu ALMA dormida. DESPERTANDO CONSCIENCIA hacia una vida mejor, porque mereces mucho más de lo que te hicieron creer. Yo morí y renací de las cenizas, tuve que tocar fondo para saber que mi única opción era “subir”. Anímate y deja que la vida te sorprenda.

¿QUÉ ES LA TERAPIA TRANSGENERACIONAL EVOLUTIVA?

Es estudio del TRANSGENERACIONAL nos permite tomar consciencia, y "despertar" de la inercia.

La ***"Terapia Transgeneracional Evolutiva"***, fue creada por Sui-Mei Chung Bustos y Suilang Chung Wong, es un método de trabajo que permite a las personas trabajar en su historia familiar con el mínimo de información. Es una Terapia basada en el análisis y estudio del Árbol Genealógico, que busca encontrar a través de patrones y lealtades heredadas, la evolución del SER a través del empoderamiento de cada persona basado en desprogramar información que hoy está limitando su presente.

La ***"Terapia Transgeneracional Evolutiva"*** trabaja directamente con el "Inconsciente o Alma familiar", permitiéndonos comprender nuestra historia familiar/personal, nuestras elecciones de vida, hasta el origen de nuestros problemas sentimentales, emocionales, y los conflictos con el dinero, la prosperidad y el éxito.

La ***"Terapia Transgeneracional Evolutiva"***, gracias a que nos ayuda a identificar patrones, creencias y lealtades limitantes, nos impulsa a sacar la fuerza que se esconde detrás de cada acto de "Amor Ciego", para lograr beneficiarnos de las memorias de nuestros Ancestros, permitiendo empoderarnos de sus historias para trascenderlas.

La ***"Terapia Transgeneracional Evolutiva"***, trabaja directamente con las "Leyes Universales", comprendiendo que todo tiene una "Causa y efecto", y que el Árbol busca el equilibrio y armonía a través las generaciones, reparando historias de manera positiva para integrar nuevos "Recursos" al clan familiar.

La ***"Terapia Transgeneracional Evolutiva"***, nos bendice con las historias del pasado, nos impulsa a conectar con los Anhelos de nuestra Alma, para aprender a vivir sin juicio, sin culpas, comprendiendo que toda forma parta de una misma energía familiar encargada de empoderar a cada miembro del clan.

Para la ***"Terapia Transgeneracional Evolutiva"***, no necesitas demasiada información ya que tu Árbol vive en ti, tú eres tu Árbol, tu eres todo tu clan. Todo aquello que no logras resolver son memorias dolorosas que han quedado detenidas en el pasado y que buscan ser liberadas a través de ti, así como todo aquello que hoy beneficia y potencia tu vida han sido recursos que miembros de tu clan te han heredado.

Absolutamente todos los hechos que han sido vividos hasta la Séptima Generación, tienen repercusión de alguna manera con nuestra vida pasada o presente.

Todo queda "Almacenado, grabado", en la memoria familiar: los duelos no resueltos, pérdidas o fallecimientos trágicos y dolorosos, abusos, incestos, estafas, enfermedades graves, conflictos de dinero, prostitución, heridas emocionales, secretos y mucho más.

Todos nuestros traumas, miedos, bloqueos emocionales, laborales, de dinero, conflictos de pareja, incluso enfermedades, tienen su origen en nuestro Árbol Genealógico.

¿POR QUÉ TRANSGENERACIONAL EVOLUTIVO?

Todo evoluciona y nuestro ***Árbol Genealógico*** *también.*

Ahora se habla del ***TRANSGENERACIONAL EVOLUTIVO***

En los años 80 descubrimos la importancia de estudiar nuestro Árbol Genealógico y así fue como se dio a conocer como **Psicogenealogía**, por *Anne Celine Schutzenberger*, luego *Alejandro Jodorowsky* transformó esta información y lo llamó **Metagenealogía**, y también se ha conocido como **Ancestrologia** y **Transgeneracional**. Es una misma base, pero de acuerdo a mi experiencia en las miles de Terapias que he realizado, cursos, formaciones y Diplomados, puedo decir que nuestro ***Árbol Genealógico*** también ha evolucionado. Nada es determinante ni definitivo, no estamos condenados negativamente por la información heredada de nuestra familia. No es la forma correcta de mirar nuestras raíces. Nuestro ***Árbol Genealógico*** es un reflejo, es un "mapa" que nos muestra los caminos (vidas) que se han tomado (vivido) y esa experiencia es nuestro apoyo para tomar consciencia y decidir en nuestro **PRESENTE**, si repito la historia, o cambio mi realidad.

Gracias a la historia familiar heredada tienes dos opciones:

REPITES: Haces lo mismo, similar o peor...

REPARAS: Haces lo contrario, lo superas y lo trasciendes

Tu eliges.

El TRANSGENERACIONAL EVOLUTIVO vive en el HOY, en el PRESENTE , poco importa lo que hizo o no hizo mamá, o lo que hizo o dejó de hacer papá. La pregunta es: ¿Qué deseas hacer en tu vida, con tu vida y por ti?

¿Qué te gustaría sanar, solucionar, comprender de tu vida?

Y desde este presente avanzamos, el pasado es para aprender, no para juzgar, el pasado es para tomar fuerzas, no para lamentar, el pasado es le reflejo para ver y despertar mi consciencia.

¿Por Qué TRANSGENERACIONAL EVOLUTIVO?

Simplemente porque estamos en tiempos de cambios. Todo es energía, todo está en un constante movimiento, todo fluye y refluye, todo ***EVOLUCIONA*** *y nuestro* ***Árbol Genealógico*** *también.*

El ***TRANSGENERACIONAL EVOLUTIVO*** nos invita a evolucionar a través de nuestra historia familiar.

El ***TRANSGENERACIONAL EVOLUTIVO*** nos invita a enfocarnos en cualidades, virtudes y talentos de nuestro ***Árbol Genealógico*** en vez de concentrarnos en historias con una carga emocional dolorosa y limitante.

El ***TRANSGENERACIONAL EVOLUTIVO,*** es la Terapia de la Nueva Era, en donde nos hace responsables de nuestra vida, de nuestras elecciones y de los cambios a realizar para vivir en armonía, plenitud, abundancia y prosperidad. Poco importa lo que hizo o no hizo Papá o Mamá, hoy vamos por el sendero de la vida gracias a todo lo entregado.

Gracias al ***TRANSGENERACIONAL EVOLUTIVO*** comprendemos que debemos mirar nuestro pasado, padres, abuelos y ancestros sin juicio, sin crítica, aceptando sus creencias, patrones, pero con la certeza que hoy tomamos de ellos todo aquello que beneficie y potencie nuestras vidas y todo aquello que nos ha limitado con amor y gratitud dejarlo ir.

El ***TRANSGENERACIONAL EVOLUTIVO*** nos invita a mirar y a reconocer dramas, suicidios, estafas, abusos, abandonos, heridas emocionales, traiciones, de nuestro ***Árbol Genealógico,*** jamás para buscar culpables, responsables, o enjuiciarlos, sino más bien para comprender el dolor y sufrimiento del cual nuestra familia ha estado involucrada, aceptando cada historia, cada vida , cerrando ciclos, integrando, reparando, evolucionando.

El ***TRANSGENERACIONAL EVOLUTIVO,*** no es una condena de vida, tampoco una carga negativa que nos obliga a repetir los mismos dramas, patrones e historias limitantes de nuestro clan, por el contrario, es el ejemplo de aquello que debemos trascender, superar, liberar. Todo lo que fue vivido con dolor, todo aquello que no se superó nos indica el trabajo personal a realizar para así evolucionar en nuestras vidas y entregar nuevos recursos a las generaciones venideras.

El ***TRANSGENERACIONAL EVOLUTIVO,*** nos impulsa a ir más allá de nuestros padres y ancestros, a cambiar nuestras creencias y no seguir viviendo en las limitaciones que han estado por generaciones en nuestras familias.

El ***TRANSGENERACIONAL EVOLUTIVO*** nos dice que si en tu ***Árbol Genealógico*** hay abandonos, es tiempo de aprender a amarte y aceptar que mereces ser amad@ para dejar de buscar a personas que te abandonen, si existen carencias económicas es porque debes conectar con tu abundancia y prosperidad, si existen parejas tóxicas y disfuncionales es porque es tiempo de crear parejas conscientes y en armonía, y si nadie ha vivido en sus sueños, estás llamado a cumplir tus metas y lograr el éxito personal anhelado por generaciones.

El ***TRANSGENERACIONAL EVOLUTIVO,*** nos invita a mirar nuestra historia familiar, sin temor ni miedo de las historias que ahí se encuentren, lo importante es que haces con la información recibida para trascenderla, y evolucionar con ella.

El ***TRANSGENERACIONAL EVOLUTIVO,*** nos recuerda que ***"Tus Ancestros Quieren Que Sanes"*** que seas más felices que ellos, que seas más saludable que ellos, que seas más exitoso que ellos, que tengas más dinero que ellos , que seas más libre que ellos, y que cumplas más sueños que ellos, porque sólo ***"Sanarás Cuando Decidas Hacerlo"*** eso es el ***TRANSGENERACIONAL EVOLUTIVO,*** es salir de las repeticiones hacia un nuevo destino, porque en cada familia existen ***"Historias de Amor Reales Transgeneracionales"*** que necesitan ser reconocidas, amadas, liberadas.

Te comparto estos videos para complementar la información:

SANAR A TRAVÉS DEL TRANSGENERACIONAL EVOLUTIVO.

SANAR A TRAVÉS DEL TRANSGENERACIONAL EVOLUTIVO Mindalia TV .

Sanación a través del Transgeneracional.

Es Tiempo de Sanar, y hoy es posible hacerlo.

"Tus Ancestros Quieren Que Sanes"

¿ Y Tú? ¿Aún crees que no has heredado nada de tus Ancestros?

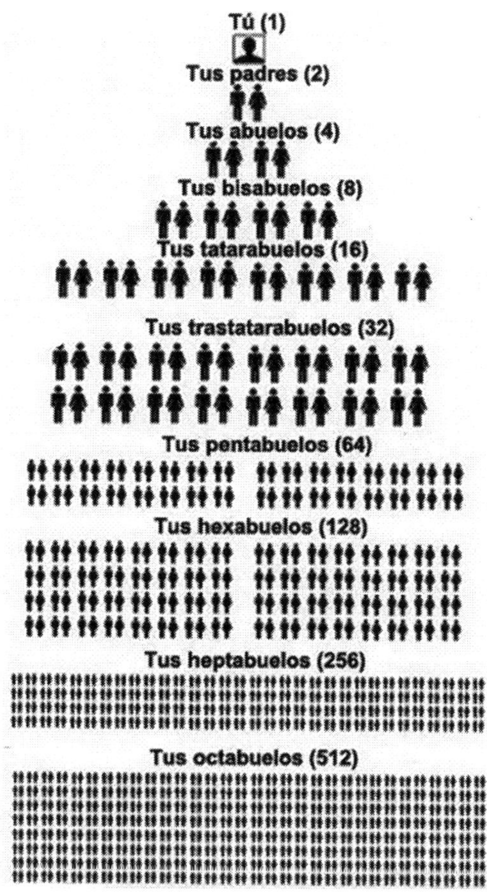

TESTIMONIOS REALES

Estas páginas están dedicadas a publicar "Testimonios Reales" de personas a las cuales he atendido, han sido mis estudiantes, y que quieren expresar lo que el aprendizaje del Transgeneracional ha significado para sus vidas.

Agradezco a todas las personas que de manera muy generosa y llenos de amor accedieron a entregar su testimonio para esta obra. Gracias mi querida Ayi Mártin, por todo su apoyo, amor, y ayuda en orientar y potenciar las historias que aquí se comparten.

PATRICIA DE LOURDES GONZALEZ SALINAS

53 AÑOS Chilena,

Madre de 2 hijos, 30 y 25 años.

Ingeniero de Ejecución en Comercio Internacional

Terapeuta Transgeneracional Evolutivo / @patriciagonzalezsalinas

Actualmente soy Gerente General de Servicios de Transportes Logísticos Ltda., empresa la cual creé hace 5 años. Soy una orgullosa madre de Cristian y Nicolás.

Mi nombre es Patricia de Lourdes González Salinas, tengo 53 años y un corazón lleno de agradecimientos de haber tenido la oportunidad de llegar a Suimei y Suilang y a través de ellas conocer la Terapia Transgeneracional.

Mi historia está basada en años de estar atrapada en emociones relacionadas con la NO pertenencia, abandono y vergüenza, porque desde muy niña tuve el síndrome de "vieja chica", sintiéndome siempre responsable de todo y de todos. Soy hija de madre soltera, con un apellido que no me pertenece, un padre biológico con el cual tuve algo de contacto, pero nunca logramos generar un vínculo de padre a hija, como el que anhelé por muchos años, por el contrario en la medida que fui creciendo, se fue deteriorando cada vez más, llegando al final de mi adolescencia humillada por sus palabras de desvaloración hacia mi.

Mi madre siempre a mi lado, sintiendo su amor y cariño, pero que no pudo impedir que me sintiera sola y desprotegida desde muy pequeña. Ella nunca me habló de mi padre, pero yo siempre supe - seguramente por el entorno - quien era mi progenitor.

El primer dardo a destruir fue mi autoestima – según recuerdo – fue cuando tenía 6 años en mi primer día de colegio, fue ahí donde a mi corta edad se aferró la emoción llamada VERGÜENZA. La profesora nos hizo un pequeño cuestionario con los nombres de mamá y papá. Como yo sabía leer y escribir cuando entré a primero básico, orgullosa escribí el nombre de mi padre Armando Rodríguez Pacheco e inmediatamente sentí que algo malo había, mi apellido era González, por ende diferente al de mi padre. No recuerdo más detalles, pero sí tengo la certeza de que quedé atrapada en una mentira de la cual me costó muchos años salir, ya que no tuve el valor a esa edad (6 años) de preguntarle a mi mamá porqué yo era de apellido González, si el apellido de mi padre era Rodríguez. Fue así como fui creciendo llena de vergüenza e inventé un padre ficticio con este apellido y cada vez que me preguntaban por mi papá, decía que había muerto.

Siempre he odiado las mentiras y cada vez que mentía sobre mi origen, me sentía desconectada de mi (sentido de NO pertenencia), pero no conocía otra forma de enfrentarlo. Este sentimiento de ocultar mi origen, me hizo elucubrar un sinfín de pensamientos para crear lo que sería mi historia, pero a medida que crecía, cada vez que alguien intentaba saber más de mi, me incomodaba mucho, ya que seguía envolviéndome en mentiras. Fue así como me fui ocultando cada vez más para no hablar de mi y por supuesto, esto también hizo que yo nunca quisiera preguntar a los otros sobre su vida, porque como para mi eso era desagradable, pensaba que al resto le pasaba lo mismo.

En forma paralela a estas experiencias de sentirme insignificante y no amada, claramente no merecedora de amor (indeseada e insuficiente), siempre tuve mucha conexión con un ser divino, al cual llamé mi angelito. Éste fue desde entonces y hasta hoy, mi gran guía para el camino que debía recorrer en esta vida.

Desde ahí me aferré a la frase **"querer es poder"** y "**una cosa muerta no puede ganarle a una viva"**, ocultando de esta manera todas las carencias y transformarme en la mujer fuerte, luchadora, perserverante, tanto para salir de la pobreza, como para ser alguien importante y reconocida.

Si bien producto de la mujer en que me convertí con los años, fui alcanzando logros una y otra vez, -ya que la satisfacción de conseguir las metas propuestas me hacían sentir viva- por otra parte, sabía que esto era una forma de ocultar mis penas internas de abandono y de no pertenencia, ya que siempre existía ese sentimiento de carencia y de malestar interno que me atormentaba. No lograba sentirme feliz y satisfecha.

Me casé cuando tenía 23 años, literalmente con el primero que apareció y que se fijó en mi (eso creo hoy, ya que jamás me atreví a acercarme a los chicos que me gustaban porque por supuesto, me sentía muy inferior y no merecedora de amor). Mi esposo (hoy ex) tenía una condición de origen similar o peor que la mía, pero sus aspiraciones distaban mucho de lo que yo quería alcanzar en esta vida. Tuvimos 2 hijos, que hoy son mis amores. Con el pasar de los años (13), el motivo de nuestra separación fue -aunque cueste creerlo- lo que tanto odiaba, las mentiras.

Cuando me separé estaba estudiando Ingeniería en la Universidad, con una situación financiera muy precoz y con mis hijos de 11 años y el menor de 6 años. Fueron tiempos difíciles pero logramos salir adelante y hacer que el esfuerzo valiera la pena. Cuando me titulé en el 2006 y había conseguido este nuevo logro, me pregunté ¿y ahora qué debo lograr para sentirme feliz? Fue entonces cuando afloró en mi la aceptación de que algo estaba mal en mi interior y que las heridas de la infancia estaban intactas y que alcanzar logros solo era un remedio del momento, porque al poco tiempo pasaba el efecto y volvía la angustia y la tristeza a mi alma.

Empecé a preguntarme qué me gustaba hacer, qué era lo que me apasionaba y no tuve respuesta, porque no recordaba nada que no fuera obligaciones, deberes y tener que hacer esto o lo otro.

Fue entonces cuando empezó mi búsqueda espiritual. Si siempre había logrado alcanzar mis metas, ésta seguro la lograría, pero sabía que no sería fácil luchar con mis pensamientos y sacar todas las creencias arraigadas por tantos años, pero sí tenía la certeza que valía la pena intentarlo.

Empecé a conocer el mundo de las energías, el insconciente, las consultas psicológicas, libros de autoayuda y terapias y más terapias.

Una de las primeras cosas que me impresionó fue darme cuenta que estuve 46 años poniendo mi foco en el TENER y HABER, en vez del SER. Por eso no sabía quien era, qué me gustaba, para qué estaba en esta vida. Cuando comprendí esto, empezó mi búsqueda implacable en distintas terapias.

Algunas de ellas poco serias y muy comerciales, pero otras maravillosas, con las cuales me fui llenando de muchos conceptos nuevos, la verdad cada vez me iban encantando más y mejorando mi calidad de vida y entrando en nuevas vibraciones, que me permitían estar más tranquila conmigo misma. Llegaron durante este período muchos libros de autoayuda, los cuales me los tragaba literalmente, tenía tanta ansiedad por sanar, que todo lo que leía me identificaba en algo.

Así transcurrieron varios años (hoy tengo 53 años) y a pesar de haber encontrado algunas respuestas y mejorado mi calidad de vida en muchos aspectos, aún habían unas respuestas pendientes y el mayor de los fantasmas impidiéndome avanzar ¿Por qué no puedo verme como me ven los demás y por qué no logro tener una relación de pareja estable? Como dije anteriormente, soy muy perseverante y seguí pidiendo a mi corazón me guiara al lugar o persona que me ayudara a encontrar estas respuestas que faltaban. En febrero del 2020, me reencontré con una amiga de colegio (Vilma Arévalo), la cual no veía hace muchos años y en esta reunión, ella me habló de las lealtades invisibles y me recomendó a Suimei, como la mejor en este tema.

Esto me hizo mucho eco y de inmediato, la busqué y la consulté. Mi sesión fue en plena pandemia y se tuvo que hacer online. Fue el inicio de una nueva era para mi. Suimei me habló directo sobre mi nacimiento no deseado y me invitó a recrear este importante momento con un acto de sanación. Fue increible desde el momento en que me describió lo que debía hacer, ya que de inmediato fui consciente de emociones que me tenían atrapada, la primera ¿que dirán los demás al verme con mi "útero" (frasco)? .. uffff siempre busqué aprobación de los demás, acto seguido la segunda emoción "me dará vergüenza"….. misma emoción, el no atreverme a hacer cosas por vergüenza. En ese momento antes de terminar la sesión, se lo comenté de inmediato a Suimei.

Ese mismo fin de semana hice lo que me indicó Suimei y para mi sorpresa, disfruté a concho hacer mi útero, adornarlo con mucho amor y escribirme palabras lindas. A partir de ese día me cuidé, me acompañé, me mostré a los demás, me puse atención. Al tercer día, salí muy apurada de la oficina porque tenía una llamada telefónica a las 19:30 horas, entonces me fui hablando todo el camino hacia mi casa, una vez que terminé la reunión, me di cuenta que había olvidado mi huevito (yo), me vino una gran angustia y el sentimiento **de abandono caló fuerte en mi corazón**. Mi hijo que me acompañaba, me dice "mamá esto es importante, asi que vamos a buscarlo". Ya era tarde tipo 21:00, nos daba justo el tiempo para no entrar en "toque de queda", pero fuimos igual. Al momento que volví a teneme en mis manos sentí una liberación muy grande de que ya no estaria nunca más sola, porque ahora yo cuidaría de mi. Eso fue maravilloso y a partir de ese momento recordé lo importante que soy y el resto de días que me quedaban para nacer fue un orgullo llevarme a todos lados y cuando alguien curioso me preguntaba ¿qué es eso?, yo respondía sonriendo "es algo muy importante para mi", esperaba con ansias el día de mi nuevo nacimiento, porque estaba segura que siempre estaría pendiente de mi y nunca más me abandonaría. El día esperado fue el 20 de mayo de 2020, mi renacer. Dejé mi huevito en la tierra justo en una planta de limonero que está en mi trabajo y veo cada día como ese arbolito crece con una energía maravillosa, que me recuerda a cada momento lo valiosa que soy.

Y como todo es mágico y las energías se mueven para conseguir lo que deseamos, Suimei me invitó a participar en el Taller de Autoestima y Amor Propio, que dictaría junto a Suilang a la semana siguiente. Y en ese Taller sentí la necesidad interior de aprender más sobre el Transgeneracional y sobre mis raíces. Así es que aquí estoy, siendo alumna del Diplomado Terapeuta Transgeneracional Evolutivo, encantada con todo lo que estoy aprendiendo y complacida de hacer mi Árbol Genealógico, del cual sin darme cuenta estuve desconectada y hoy estoy encontrando en él las respuestas que necesitaba.

Han transcurrido casi 3 meses de este nuevo renacer y a pesar de la pandemia mundial, para mi han sido los meses más maravillosos de mi vida, porque me siento feliz de ser quien soy, valoro cada cosa que hago y como logro reinventarme día a dia para sentirme joven y que todo lo puedo lograr, pero ahora desde el amor y la abundancia para disfrutarlo, no para conseguir la aprobación de nadie.

Para terminar mi historia, les contaré que a los 50 años aprendí a andar en patines, ese había sido un sueño de niña, que lo recordé en esta búsqueda y he disfrutado mucho ese logro.

Hace un año atrás, me propuse aprender Pole Dance, tanto para conectarme con mi energía femenina, como para fortalecer mis músculos para que la artrosis no se presente en esta etapa de la vida y es increible como he avanzado en esta disciplina y como mi cuerpo refleja pura juventud.

Sé que aún me falta encontrar esa pareja que deseo, pero les contaré que producto de la pandemia, tuve obligadamente que tomar la decisión de cambiarnos de bodega (por mi empresa) a una de menor costo, esto fue en mayo y en ese lugar apareció un vecino el cual me coquetea y es de todo mi gusto, joven, alto y resuelto económicamente. No sé en qué terminará este coqueteo, pero lo que si tengo certeza es que esta situación me está llevando a enfrentar mi mayor fantasma. Ahora sea cual sea el desenlace, yo siento que me estoy sanando y eso me hace SER feliz y agradecida.

Gracias Suimei y Suilang, por entregar sus conocimientos y también al grupo de compañeras y compañero, con los cuales aprendo cada día a través de sus experiencias.

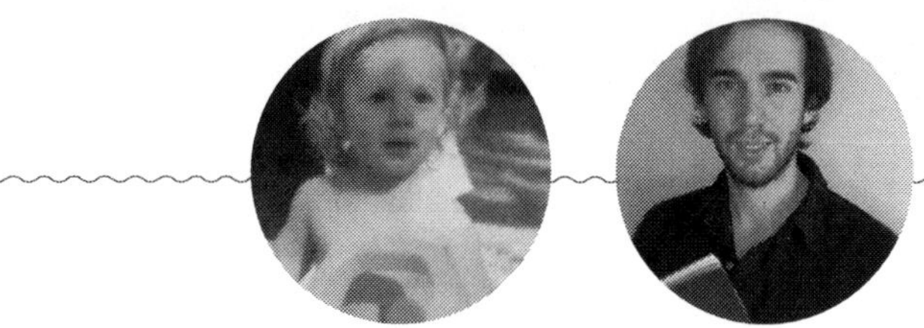

IGNACIO GREZ

Terapeuta Transgeneracional Evolutivo, NLP Master Practitioner

Escritor de "Trascender: pasar de víctima a Sanador"

@ignaciogrez__

No tuve una historia familiar sencilla, en el mismo auge de la consciencia el abandono tocó la puerta y de su mano llegó la represión. Recuerdo que en mi infancia prefería no hablar de mis problemas, no los entendía muy bien, eran simplemente sucesos dolorosos aislados que no sabía explicar. Cuando escuchaba los conflictos de mis amigos, confirmaba esta creencia de que era mejor no hablar de mis problemas. Se complicaban por temas que a mi parecer no tenían importancia, y no poseía ganas que alguien me dijera "pobrecito". Así es como se generan los secretos familiares, de pronto, hay un tema que causa mucho dolor y ya nadie quiere hablar de él. Intentamos pretender que no existe, se transforma en un fantasma que nos descose la ropa y nos impide estar en paz con el momento actual y aceptar lo que *es*. Pasaron muchos años en esta dinámica, la vida a cada rato intentaba darme avisos de esta situación, se me presentaban escenarios complicados que me motivaban a externalizar lo que sentía, así como también se me cruzaban ángeles disfrazados de humanos que intentaban ayudarme. Ignoraba a los dos de la misma manera. En la adolescencia hubo altos y bajos, pero siempre mi buen humor y ganas de pasarlo bien eran predominantes. La bendita adolescencia te mantiene muy ocupado en temas más superfluos, permitiéndote esquivar lo que duele. Pero, la vida no se rinde, tiene sus enseñanzas y es el mejor de los maestros, de una u otra forma siempre encuentra la manera de que recibas el mensaje y perdones.

Esta vez, una de las personas más significativas para mí, mi madre, a través de sus síntomas iba a romper ese cascaron que tan bien armé. Comenzó a padecer ataques de pánico y me conecté con el miedo profundo a perderla durante varios años. Probó todas las terapias habidas y por haber sin resultado alguno, cada vez empeoraban más y más sus ataques de pánico, perdiendo la esperanza y las ganas de seguir viviendo. En medio de todo este quiebre, fue que por las casualidades de la vida que sólo el tiempo logra explicar, como familia conocimos a Sui Mei. Atendió a mi madre, y en dos sesiones estos ataques de pánico comenzaron a ceder. Pensarás que esto fue un alivio para mí, pero no. Resulta que cuando una persona cuida de "otro", se encuentra en un activismo que impide tener contacto con las emociones, pareciera que la vida no te toca, aunque tampoco te reconoces como alguien feliz. Cuando este rol de cuidador llega a su fin, viene todo de golpe. Los síntomas de mi madre acabaron, pero los míos comenzaron. De la noche a la mañana, de presentar sólo alexitimia (incapacidad para sentir), pasé a tener síntomas de una depresión gravísima (acorde al DSM- V). Desde la psiquiatría recibí los peores diagnósticos que puedas imaginar.

Por suerte ya conocía a Sui Mei y Suilang, que me ayudaron a salir de esta situación muy rápido. En menos de un mes me recompuse. Pero, sí, otra vez un pero. En esa época yo estudiaba psicología, y el Transgeneracional que Sui Mei y Suilang aplicaban, no tenía nada que ver con la disciplina que estaba aprendiendo, de hecho, se contradecían en la mayoría de los supuestos. Frente a lo evidente me hice el sordo, mudo, ciego... Continué con mi meta que era cambiarme a la Universidad Católica, que a mi parecer era la mejor universidad de Chile, ignorando los motivos por los cuales ingresé a psicología y que vi fallidos (sanar a mi mamá). Por suerte, el día antes de la prueba final para ingresar a la universidad antes nombrada, tuve un accidente en bicicleta, me tuvieron que operar de urgencia, fui a dar la prueba igual, pero comprenderás que en ese estado fue imposible si quiera responder las primeras dos preguntas. Dado el mismo accidente, no pude dar los exámenes finales en la universidad en la que me encontraba, parecía que Psicología me había cerrado sus puertas. En ese minuto, pude haber pensado "la vida me odia", pero no, dije "la vida tiene algo mejor para mí". Me inscribí a los cursos que dictaba Sui Mei y Suilang, y te digo con toda seguridad, que es lo mejor que me ha pasado. Mi vida y mi percepción cambiaron por completo, por fin me sentí en mi lugar, y por lo mismo, es que todo fluyó y se dio de manera natural. Con apenas 21 años comencé atender pacientes, lo cual obviamente me aterraba dado mi edad, pero lo superé, al igual que muchas otras cosas. Gracias a Sui Mei y Suilang, pude perdonar todo ese pasado que dolía, hoy tan sólo me causa risa, y es por la misma razón que tratar con los conflictos familiares de otras personas se me dio sencillo.

Para sanar ese pasado que dolía tuve que confrontar el fantasma, mirarlo de frente, entenderlo, incluso compartir una cerveza con él. Hacer las preguntas correspondientes, responder a todos los "por qué" que guardaba en mi mente. No fue fácil, me encontré con temas peores de los que imaginaba, que sí, dolieron, pero me ayudaron a entender y a juntar los hilos. Descubrí que esa depresión no era por lo que pensaba, sino que fue un síndrome de aniversario. En la misma fecha que comencé con esta depresión gravísima, un hermanastro se suicidó. Me enteré un año exacto después, de hecho, confrontar el fantasma también fue un síndrome de aniversario. Todo esto por supuesto que dolió, pero fue lo necesario para que no se continuara repitiendo. Es necesario confrontar ese pasado que duele, entenderlo y soltarlo.

El Transgeneracional va mucho más allá que una simple terapia, es un modo de ver y ser en el mundo que se contagia. Ya nada puede ser lo mismo, el dolor tiene otros significados, los rencores se disuelven poco a poco, y el perdón deja de sonar tan complicado.

Estaré tremendamente agradecido hasta el fin de los días con Sui Mei y Suilang por tan lindos aprendizajes, tanto en el proceso como en la forma.

¡Gracias por tanto!

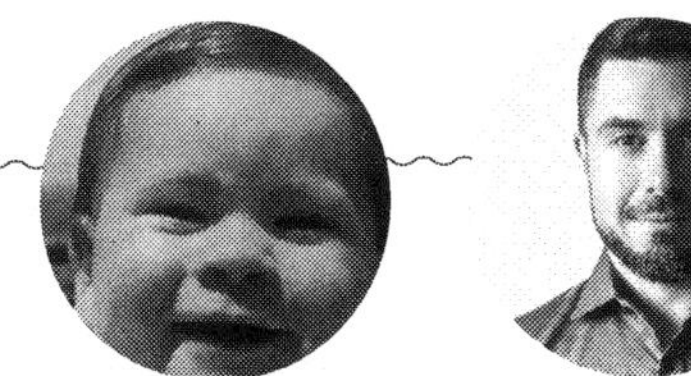

GONZALO CORÓN VALENZUELA

Licenciado en Ciencia de la Computación, 39 años.

Editor Libro "Sanaras Cuando Decidas hacerlo"

@gonzalo.coron

De alguna manera se instalaron en mí sentimientos que por mucho que intentara reprimir (como había aprendido inconscientemente y acostumbrado desde mi niñez) afloraban sin aparente control en una suerte de desahogo . Para alguien que se acerca a la mitad de su vida puede llegar a ser problemático en el día a día, en su relación de pareja, en relaciones familiares e inclusive en relaciones laborales.

Sin darme cuenta me empezaba a encontrar con situaciones que tocaban fibras en mí, que detonaban reacciones que podría denominar "en defensa propia", para evitar (aunque no lo sabía en ese momento) el dolor de viejas heridas emocionales, heridas no cicatrizadas de niñez que no recordaba que estuvieran allí.

La vida con cada uno de los tropiezos y cada pérdida me llevó más cerca de mí, a mirar un "lugar en mí" un poco abandonado y hasta triste que se condecía con lo que experimentaba, propio de una desconexión de aquellos deseos que mi alma gritaba y que se ahogaban brutalmente en aquella realidad que "debía ser" según me habían enseñado.

No era capaz de romper el molde, había un fuerte sentimiento de compromiso a seguir en el mismo lugar pero no podía entender el por qué, como si fuese mi responsabilidad descubrirlo. Cargué por años sentimientos que otros reconocían como depresión, incluso diagnosticado y medicado, pero nada de lo que se hizo me brindaba bienestar ni satisfacía de alguna manera mis emociones, ni siquiera como me decían amigos y familiares: "continúa!", "haz vista gorda!", "debes seguir!".

Cansado de cargar con aquellas emociones me había dado a la tarea hace ya un buen tiempo de "subsanarlo", una suerte de solución parche, de búsqueda alternativa, esta vez con la salvedad que no me importaría que a otros les pareciera lo que fuese, para mí debía tener sentido. De esta manera siento que "la vida" empezó a colocar algunas personas y situaciones claves, a sugerir cosas que más que ser novedosas me hacían mucho sentido o traían recuerdos a mi mente. Es así como luego de bastante andar y luego de situaciones de cambios que a muchos no les acomodarían me vi buscando en redes sociales... y es donde me llamó poderosamente la atención el temario (índice) del primer libro de la trilogía, era lo que buscaba, mi siguiente paso. Sentí tanta curiosidad que en unos pocos días estaba sentado leyendo (y debo confesar que hacía años que no leía un libro entero) ávido de respuestas y entendimiento a sentimientos que según yo "no debía porqué experimentar".

Fue de la mano de la autora a través de sus relatos y de los ejercicios propuestos los que me llevaron a mi niñez, empecé a empatizar con su experiencia y también volví a empatizar con la mía. Muchas veces es doloroso mirar nuestra historia, nuestra infancia no suele ser tan agradable como aquella que soñamos para nuestros hijos, sentimos que es traicionar a nuestra familia mostrar lo duro de nuestra niñez a otros y lo escondemos, escondemos sentimientos de abandono que por circunstancias de la vida no pudieron ser de otra manera, con las decisiones de cada uno de los involucrados... olvidamos que para nuestros padres también fue duro optar y tomar decisiones. Olvidamos que ellos aprendieron de nuestros abuelos y que muy probablemente cargaban más carencias que las que nosotros adolecemos.

Fue a través de la comprensión y de "re-conocer" mi historia familiar que pude experimentar olvidados pasajes de mi vida, de conectar con situaciones de profunda angustia y dolor inminente asociados a otros miembros de mi clan que me hicieron sufrir muchísimo en la adolescencia, que sin yo tenerlo consciente me llevaron a cambiar roles en mi afán porque todos a mi alrededor estuviesen bien. En aquellos pasajes me encontré olvidado, queriendo complacer la sensación de abandono que me producía que mi propio padre no me viera como yo lo anhelaba… ¡¿Y qué culpa tenía él?! Pues ninguna, él lo ha hecho hasta el día de hoy lo mejor que ha podido. En aquellos pasajes estaba el dolor de perder a mi abuelo a temprana edad, que para mí era sinónimo de música y unión familiar… traducido en una voz quebrada y lágrimas queriendo entonar canciones que me lo recordaban.

En medio de esta vivencia es que asistí al "Curso de Autoestima y Amor Propio", dictado por Sui Mei y Suilang, que fue un tremendo apoyo en el proceso. Tomé a esas alturas el segundo libro de la Trilogía, "Sanarás Cuando Decidas Hacerlo", que ha sido un complemento fundamental a las enseñanzas. Comprendí que mi felicidad sólo depende de mí, sanando las Heridas de Infancia.

Mi tarea ha sido reconocer el dolor como un síntoma de heridas emocionales latentes y que están ahí para ser sanadas. Ha sido doloroso lidiar con sentimientos que parecían tan contradictorios. Por una parte amo a mi familia, pero he sido capaz de desbordarme en sentimientos de recriminación reprimidos por años y desde muy temprana edad. También he experimentado ira y he tenido que hacerme cargo de ella, pues es la única forma de quitar la pesada carga que llevamos con nosotros y que nos dificulta ver el amor y los sacrificios realizados por nuestros ancestros, por nuestro árbol genealógico.

En la historia de mi árbol hay bellísimas personas que vivieron guiados por sus ancestros, cargando con heridas propias y heredadas. Hoy lo reconozco.

Por último quiero decir: Amo a mi padre. No puedo obviar la herida abierta que aún hoy tengo. Hoy me saco el sombrero frente a lo que él ha logrado… espero algún día llegar así de lejos.

Gracias infinitas mi estimada Sui Mei.

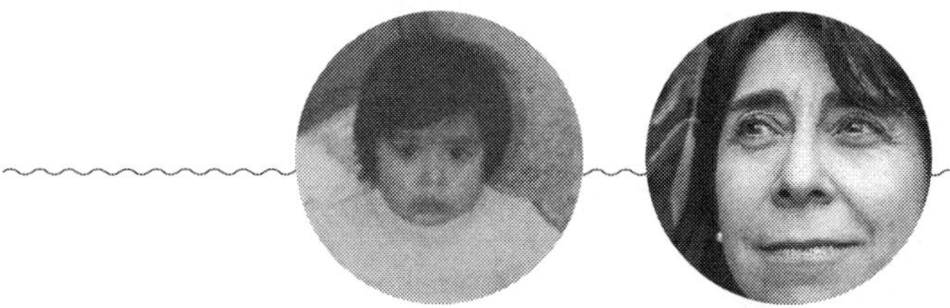

CLAUDIA DEL CARMEN LUCERO NAVARRO

Chilena, 50 años, hijos de 24, 18, 12 años y nieta de 2 meses.

Comparto el camino de la vida con Patricio, hace 10 años.

Orientadora Familiar, Terapeuta Floral, Masajes Champi

Terapeuta Transgeneracional Evolutivo / Tarot Terapéutico Transgeneracional

@clan_consciente

Soy Claudia Lucero Navarro, nací en Santiago de Chile, mi familia de origen hasta mis 11 años de edad, estaba compuesta sólo por mi madre y yo, luego mi madre se casó y a mis 15 años nace mi amado hermano Alejandro, de quien me siento tan hermana como madre, con él comencé a incursionar en algunas situaciones en el rol de mamá. Lo matriculé en el Jardín Infantil, lo iba a retirar por las tardes y lo cuidaba en casa mientras mi madre trabajaba.

Con mi padre conviví muy poco, creo que hasta los 5 o 6 años y de ese corto período de tiempo tengo vagos recuerdos, más bien de mucho terror más que de alegría, era un hombre violento y adicto al alcohol. Un día cualquiera antes de irme al trabajo, prendí el TV, y sintonicé un canal que no veía nunca y me encuentro con SUIMEI, explicando un tema que hoy no recuerdo pero que si me hizo "click", me dije…, "esto es lo que yo quiero estudiar" rápidamente memoricé su nombre y mientras viajaba en el metro la busqué. Hacía mucho tiempo que yo buscaba información para hacer el curso de este tema que me llamaba la atención, el árbol genealógico, la historia de mis ancestros, hacía tiempo que me daba cuenta de cosas que pasaban en mi familia, principalmente materna y que se repetían, pero quería saber, saber, saber, más, más y más para lograr entender. Ese año no pude estudiar porque el recurso económico no estaba disponible, pero dije, "El año que viene sí o sí hago el Diplomado" seguí atenta a las publicaciones, las energías fluyeron y fue así como sin más ni más me fui a matricular en pleno "estallido social" en mi país.

Me encontré con una mujer enérgica pero amorosa y generosa, SuiMei, debo reconocer que iba cagada de susto, jajaja, conversamos un poco, me tiró una carta de tarot y la descripción que me dio fue haber visto a mi abuela Marta y por supuesto con todo el sentido del mundo, volví a entender que yo tenía programas de mi clan que tengo que sacar a la luz.

Junto con el Diplomado venía la Trilogía **"Tus Ancestros Quieren Que Sanes"** de SuiMei, que ansiosamente en cuanto llegó a mis manos, me devoré el libro número 1, Trilogía que recomiendo absolutamente. Están escritos con un lenguaje simple, claro y muy cercano porque SuiMei habla desde ella, desde su experiencia, desde su sentir, desde su dolor y eso me gusta, porque personalmente creo que lo mejor es hablar desde la propia experiencia. Con la lectura más el acompañamiento de las clases voy comprendiendo, entendiendo y tomando consciencia de muchas cosas de mi vida, de mis ancestros y liberando otras para mis hijas, hijo y por hoy mi nieta adorada.

He entendido Mi Proyecto Sentido, por ejemplo, mi madre trabajaba puertas adentro mientras me esperaba para nacer y hasta después de nacida. Cuando escuché esto en la clase, entendí por qué tengo una fijación por la limpieza y el orden y me da mucha rabia cuando las cosas de la casa no se hacen como yo quiero, y a mis 50 años vengo a entender de donde viene esa rabia y la sensación de injusticia por ver que todos descansan y yo sigo en los quehaceres sintiendo que no termino nunca de limpiar, limpiar, limpiar y que cuando finalmente me siento a descansar, ya se ha terminado el día y me provoca una tristeza enorme mezclada con irritación. Mi vida ha sido diferente, por lo tanto no tengo más explicación que mi Proyecto Sentido, para entender y comprender donde nacen esas emociones.

El por qué tengo hijos de padres diferentes, obvio el programa de mi clan así es. Con el conocimiento que he adquirido, sugerí a mi hija no poner el nombre de nadie de la familia a mi nieta. Hoy integramos junto a mis hijas e hijo, al niño que aborté cuando aún era una joven, "Alonso Christian" cada uno y unas en el lugar que les corresponde. Y así tantas otras cosas que he logrado "ver".

Afortunadamente tengo una madre que siempre está dispuesta a contestarme y si no sabe me ayuda a buscar información, lo más probable es que en su inconsciente sepa que es necesario liberar los programas de nuestros ancestros.

Todo mi clan ha aprendido diferentes cosas, con mi compañero de camino, Patricio, comentamos y analizamos nuestros clanes, sorpresa, soy doble de mi querida suegra Carmen y así vamos comentando y asimilando la historia ancestral.

Mi árbol se remece y sacude sus ramas, más de una vez he sentido culpa, por lo que hice y por lo que he dejado de hacer con respecto a la vida de mis hijos, pienso y me digo "si hubiese dicho, si hubiese hecho, si esto, si lo otro" pero también se viene a mi mente la frase de nuestra gran maestra, también, Suilang "Nada bueno y nada es malo", que con toda su dulzura y sabiduría nos espera cada martes para la clase. Y aquí estoy esperando mi turno para mi terapia que será en enero, para seguir sanando, creciendo, evolucionando y siendo más consciente. Con la certeza de que este era el tiempo de obtener este gran conocimiento, ni antes ni después, les agradezco a ambas por entregar todo lo que saben desde la humildad y el Amor, y como me dijo SuiMei el día de la entrevista "después de este Diplomado serás otra" estoy segura que así será.

GRACIAS, GRACIAS, GRACIAS, QUERIDAS MAESTRAS DE CAMINO.

CAROLINA REBECA MEDINA ARAYA

Técnico en Administración de Empresa, Terapeuta Floral, Coach de Vida en Psicología Positiva, Tarot Terapéutico Evolutivo y Terapeuta Transgeneracional Evolutivo

carolina.m1108@gmail.com / @amorluzyconsciencia

Mis padres me nombraron Carolina, nací en Chile y tengo 56 años, madre de Catalina Andrea de 26 años, soy la hermana menor de 5 y soy amiga de unos pocos y conocida de varios. Estudié administración de empresa y siempre he trabajado en esta área.

Fue en el año 2018 a través de un programa de televisión que escuché a Sui Mei hablar sobre los ancestros y las lealtades y su relato me hizo despertar a la realidad, de que no somos tan libres al nacer como creemos y todo lo que leí después resonaba en mí, por mi historia de vida. En ese momento transitaba por la cara oscura de la soledad, sin pareja, con depresión por la carga que yo misma me imponía y no lograba tomar consciencia del valor real que tiene Carolina, para Carolina.

Me demoré transitando este camino, estuve en el fondo de una prisión que construí con patrones heredados de mi madre, con cargas entregadas por mis hermanos y la poca autoestima que me dejaron algunas relaciones. En mi familia son las mujeres quienes criaron a sus hijos mayoritariamente solas, siendo madres solteras o abandonadas por sus maridos a raíz de infidelidades. Mi madre quedó viuda a la edad de 38 años con cinco hijos y nunca volvió a formar pareja. Mi padre falleció en un accidente automovilístico cuando yo tenía 4 años y nunca viví el duelo de su partida; nadie me contó que mi padre había muerto, hasta cuando fui bastante más grande y al internalizar que mi papá "había partido", viví pensando toda mi vida que todo hubiese sido mejor si él estuviese vivo. En casa no se hablaba del dolor de su muerte, de hecho yo siempre me refiero a su partida, cada uno lloraba a escondidas y en silencio, no vivimos el proceso del duelo. Por años sentí rabia contra mi papá porque me había abandonado y este sentimiento me acompañó hasta ser adulta.

En ocasiones la vida nos debe colocar en situaciones extremas para que despertemos y como seres humanos que somos, nos preguntamos "por qué a mí" en lugar de preguntarnos "para qué".

En Agosto de 1997 muere mi madre y a los pocos meses me separé del padre de mi hija, fue entonces que inicié un largo camino en búsqueda de mi paz interior; estudié metafísica, reiki, flores de Bach; sin embargo, no pude descifrar en ese tiempo por qué en mi familia han predominado las mujeres solas, separadas, engañadas, madres solteras o viudas? Lo único claro era que no deseaba que mi hija repitiera la historia. Pero aquí estoy ahora, parada de mejor manera, porque me di la oportunidad de sanar y entendí los secretos familiares, las exclusiones, quien era quien en este árbol, perdone las relaciones paralelas y otros tantos patrones, que de forma inconsciente influyeron en muchas decisiones que tome a lo largo de mi vida. Mi meta: recrear mi árbol genealógico, busqué información, fechas, hechos importantes y estaba con esta inquietud cuando , Sui Mei, lanza por redes sociales un concurso donde sortearía a 3 personas sus libros de "Trilogía de Autosanación y Crecimiento Personal de la Nueva Era", por supuesto que participe y fui una de las ganadoras!!!

Lo primero que pensé "esta es una señal" pero en mi corazón sabía que participando en el Diplomado en la Escuela Transgeneracional Evolutiva aprendería a mirar y comprender no solo mi historia, sino la de mis padres y abuelas, aprendería a reconocer mis heridas de abandono desde mi infancia. Hoy sé que heredamos las emociones de nuestros ancestros y que la clave para la sanación está en nuestro Árbol Genealógico y que es más que una técnica o una filosofía, es el descubrimiento de que nos impide ser felices.

Estoy muy agradecida de Suilang Chung Wong y Sui Mei Chung Bustos, porque con su carisma, entrega y gran conocimiento reafirmaron que estaba en el camino correcto. Hoy me declaro una mujer plenamente feliz, descubrí que ser Terapeuta es mi mayor pasión – Guiar el camino hacia la sanación – fueron muchos años de búsqueda y en algún momento pensé "me di una tremenda vuelta", sin embargo, todo llega a su tiempo ni antes ni después.

Conocer, comprender y aceptar mi historia de vida ha sido maravillosamente sanador.

GRACIAS – GRACIAS – GRACIAS

ANAHÍ MONTENEGRO MÁRQUEZ

Madre de Rocío / @miarbol_miuniverso

Terapeuta Integral Medicina Integrativa

Terapia SAAMA, Terapia Floral Vibracional / Transgeneracional Evolutivo

Mentora en Escuela Transgeneracional Evolutivo

Mi infancia fue de princesa llena de juguetes, de viajes por el mundo, vivía en un castillo…Nunca me sentí superior, para mí era normal. Cuando fui creciendo todo seguía igual, mi entorno, mis comodidades, fruto del trabajo y el éxito económico de mi papá tuvimos como familia un pasar muy tranquilo y abundante…..a los 21 años quedé embarazada!!! La princesa!!! Mamá soltera!!! Que desilusión para mi papá, pero nunca nadie de mi familia me abandonó (el príncipe sí) al contrario! se sumaba una princesita chiquitita a este imperio…

Cuando pasaron la años yo sabía que si me casaba, tendría que ser con el hombre que yo tenía en mi cabeza, y que cuando lo comentaba con mi círculo de amigas, ellas se reían y me decían "pero ese hombre no existe" y yo respondía "entonces no me caso". Un día llegó a mi vida tal cual como yo lo pedía: Estupendo, sin vicios, con valores de familia, fiel, leal, que viera a través de mí y de mi hija, simpático, que no se me perdiera, que me amara incondicionalmente, trabajador, responsable…..ME CASÉ!

Peeero!! Gran detalle, no lo pedí abundante! Porque para mí era parte de la vida. Por el contrario, él tenía pésima relación con la energía del dinero, la felicidad era para él, tener lo justo para pagar las cuentas sin aspiraciones…y con el paso de los años, eso y la rutina lo fue desgastando todo. Yo comencé también a desconectarme de esa frecuencia, de creer que la abundancia era sólo económica y que si era más, era sólo para problemas. Con el paso del tiempo, me iba involucrando más con esa baja vibración, pero algo dentro de mí seguía encendido alentándome a que me conectara con mi esencia.

Pasaron tantas cosas, el universo me dio tantas señales, pero yo por miedo a enfrentar este quiebre no tomaba la decisión... Hasta que después de 10 años, lo decidí. Mágicamente todo volvió a conectarse. Aumentaron mis ingresos me rodeaba de gente que vibraba en la misma frecuencia, el miedo quedó atrás, tenía ganas de hacer cosas, vivía agotada, sólo quería estar acostada. Salir de ahí fue como enchufarme a la corriente de la abundancia! Todo parte desde uno mismo, lo que sueñas lo creas, pero cuidado con lo que sueñas!! Porque se cumple tal cual lo ves en tu cabeza, no olvides ningún detalle porque se materializa tal cual...

Cuando salí del colegio lo hice sin mucha claridad de lo que tenía que estudiar...desde niña había viajado mucho, por lo que tenía facilidad con los idiomas. Ingresé a estudiar Traducción e Intérprete....y no me gustó.

Más perdida que antes, me dediqué a los eventos, promociones, team de verano, etc. Y un día... click! Me gusta la salud!!! (creo que también influyó mi lealtad familiar). Me encantó... por fin había encontrado algo que disfrutaba. Largos turnos en el Hospital, cuidado de enfermos, administración de sueros con medicamentos para aliviar el dolor. Era arsenalera en cirugías traumatológicas, y así pasaron 12 años.

Un día, me ofrecieron trabajar en un Centro de Salud, donde mi labor era solamente tomar las muestras de sangre y administrar sueros endovenosos indicados por el medico director de este centro. Cuando él me entrevistó, solo me escuchó atentamente leyendo en silencio mi curriculum, mientras yo me explayaba contándole mi experiencia profesional. De pronto me mira, se saca los lentes, y me dice ¿eres virgo? Yo le respondí que sí. Cerró la carpeta y me dijo: ¿puedes comenzar mañana? Quedé asombrada por su actitud, a la única pregunta que me hizo. Comencé a trabajar al día siguiente.

Los profesionales de este Centro, se dedicaban a la investigación de nuevas medicinas para múltiples enfermedades. Estaban comenzando a integrar distintas miradas en los tratamientos alópatas convencionales...Al mes de estar trabajando ahí, un día el doctor entra a mi oficina y me dice: Anahí, tú que eres tan matea, que te gusta leer, te gustaría estudiar Biomagnetismo? BIO QUEEEEEE!!!! Respondí. Me explicó que era una Terapia con resultados muy eficaces, trabaja con imanes para eliminar virus y bacterias, me dijo él........Pero yo no creo en eso le respondí...eso no existe!! El sistema inmunológico es el encargado de eso, con el apoyo de medicamentos como los antibióticos. ¿Y saben qué? hoy escribiendo esto, reconozco que fui a la primera clase sólo para escuchar cuales serían las respuestas, que me daría el facilitador del curso, frente al bombardeo de mis preguntas repletas de escepticismo. Y así fue, hasta cuando la profesora me preguntó si era profesional de la salud, y le respondí que sí. Ella con tanta dulzura me dijo: "me encanta que asistan profesionales, porque la mayoría de las personas que asisten a estos cursos no preguntan nada, porque ellos creen" Desde ese día, hasta el día de hoy, han pasado 8 años y nunca he dejado de estudiar terapias que integren al ser humano en todos sus planos. Ya no existen las enfermedades "físicas" "mentales" todos somos uno solo, sin separaciones de órganos, ni sistemas, ni edad cronológica.

Hoy trabajo como Terapeuta Transgeneracional, porque después de años de aprendizaje y conocimientos, siento y creo que es la madre de todas las terapias. Integro vibraciones energéticas, medicina CUANTICA. ¡¡¡ Cuando yo!!! hablaría de eso. Si me lo hubiesen contado hace 18 años atrás, jamás lo creería. Así como no creía en la Terapia Floral. Ya siendo terapeuta, aprendí que uno entiende el mensaje muchas veces de manera dolorosa, porque mucho tiempo vivimos ciegos y sordos. Así llegó a mí la Terapia Floral. Nunca olvidaré ese día. Sentí el corazón partido en dos. La mitad en cada mano. Uno de los días más dolorosos de mi vida. Sentía en forma física, como se rajaba mi corazón. No sabía cómo manejarlo, tomé tranquilizantes, ejercicios de respiración, recé muchísimo para dejar de sentir ese dolor. Ya tan desesperada porque con nada se me pasaba, llamé a Sui Mei muy temprano un domingo en la mañana, porque en alguna de sus clases escuché que nombró las gotitas para las penas del corazón. Fui a su casa a buscar las "gotitas" porque ya no tenía nada más a qué recurrir. Me tomé un frasco ese día domingo, y todo pasó como magia. Así creí en las Flores, las que ahora son mi pasión.

Y agradezco ese dolor, porque por esa situación vivida, las pude conocer. Hoy en conjunto con el Tarot Terapéutico y el Transgeneracional son mi fascinación.

Agradezco también a mis Mentoras Sui Mei y Suilang por su sabiduría y generosa entrega.

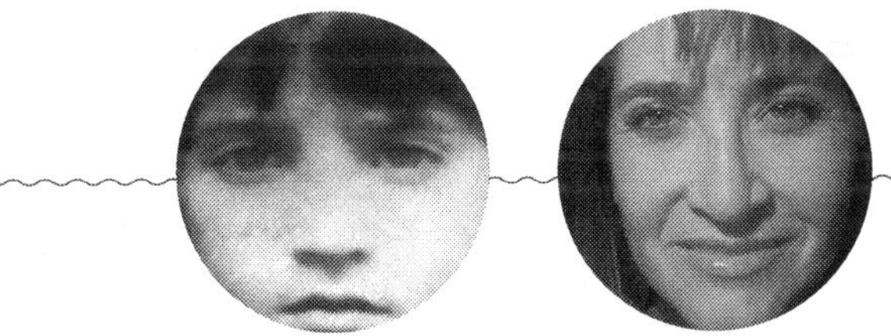

CAROLINA SALAZAR ARANDA

52 años, chilena, Madre de Kathita Cabrera (Pholy)

Terapeuta Integral con Especialización en Transgeneracional, Biodescodificación, Tarot Evolutivo, Numerología Integral, Flores de Bach y Mentora en Escuela Transgeneracional Evolutivo

Cbsa2004@hotmail.com / @transgeneracionalentuvida

Todos, en algún momento de la vida nos hemos cuestionado y preguntado el "POR QUÉ" de algo que nos ha pasado. Situaciones muchas veces repetidas y también dolorosas y que cuesta entender, aun sabiendo que son parte de sueños o proyectos de vida.

Mi gran sueño no cumplido fue, tener un segundo hijo y darle el gran regalo a mi hija de tener un hermano. Siempre cuando presentaba la inquietud y los deseos de hacer realidad ese sueño, me encontraba con un sinfín de excusas de parte de mi marido. Me sentía apenada, incomprendida y no escuchada. Y así se me pasó la vida esperando el "YAAA ahora si".

En busca de estas respuestas, me encontré con este maravilloso mundo del TRANSGENERACIONAL, donde me hicieron retroceder en el tiempo, en mi historia y reencontrarme con mis ancestros que vivieron tantas situaciones que nunca pensé que serían tan trascendentales en mi vida actual.

Con la primera que me encontré fue con mi madre que actualmente la veo como sobreviviente de cáncer, artritis, artrosis, fibromialgia y depresiones constantes. Enfermedades derivadas de una larga vida de sufrimientos, empezando por perder a su padre cuando tenía 2 añitos de edad, quedando a la deriva y muy pobre junto a su madre y 7 sobrinos que también quedaron desamparados tras el abandono de su madre y la muerte de su padre.

A los 5 años una tía de buena situación económica, se la llevó a vivir con ella para poder darle educación, pero lo único que pasó fue maltrato y soledad y en ese momento fue que lanzó su primer decreto "PREFIERO SER POBRE Y FELIZ, QUE RICA E INFELIZ", decreto que nos heredó a las mujeres del clan, destinándonos a que la abundancia era imposible de lograr y que no nos serviría para ser felices.

Sigo subiendo en mis ancestros llegando a mi abuela, lavandera eterna, quien también perdió a su madre a los 3 años. Quedando a la deriva de casa en casa. Fue madre de 5 hijos (uno de ellos le fue quitado por el padre biológico anulándole el apellido materno) y tuvo 4 parejas. Para luego morir de las complicaciones del Alzheimer.

Y aquí es donde quería llegar, donde mi bisabuela paterna. Abuela fallecida a los 105 años, y que dio a luz 25 hijos entre mellizos y trillizos. De los cuales varios fallecieron a corta edad y los que sobrevivieron de adultos sufrieron, discriminación, maltrato, abusos etc.

Pero debo destacar el caso de una de ellas, que murió en manos de su marido quien le provocó un aborto, asesinando a su esposa y al hijo que esperaba.

Para qué les cuento esta historia, es para que vean como el Transgeneracional se aplica y nos hace ENTENDER y COMPRENDER. Al inicio de este texto les compartí la incomprensión del porqué, la vida me privaba de tener otro hijo. El Transgeneracional nos dice que al presentarse la infertilidad o la dificultad de engendrar, es porque hay una necesidad imperiosa de PODAR EL ÁRBOL, para sanar y liberar a nuestra descendencia.

¿Qué situaciones son las que me afectarían? Muerte de la madre en el parto o al corto tiempo de nacido el bebé. Abandono por fallecimiento, hijos a la deriva, abuso, porque el hecho de que una mujer tenga tantos hijos (25), es abusivo.

Destina a esa mujer a estar muchos años desgastándose física y psicológicamente, bajo la mirada de una cultura machista, no pudiendo levantar la voz diciendo NOOOOOO QUIEROOOO.

¿De qué punto de vista, veo ahora la no llegada de mi segundo hijo?

Del punto que la vida puso a mi marido en mi camino en forma sincrónica, ya que él es hijo único, y como tal, también deseaba un solo hijo y para mí eso hoy me hace mucho sentido y lo comprendo para poder sanar y reparar mi árbol y liberar a mi descendencia.

Tengo que destacar además que Transgeneracionalmente me casé simbólicamente con mi abuelo, hijo de esa mujer que tuvo 25 hijos, porque mi marido es doble de mi abuelo materno.

Con esto puedo decir que entiendo el "PARA QUÉ ME PASÓ" y libero la frustración y la rabia del ¿POR QUÉ ME PASÓ? En base a todo esto debo dar las Gracias a mi hija por permitirme ser su madre y las gracias a mi marido por ayudarme a reparar mi árbol. Y gracias al universo por permitirme ser parte de él.

Me siento muy agradecida de mis Mentoras, Sui Mei y Suilang por sus conocimientos del Transgeneracional y su enorme capacidad de entrega amorosa, en sus Talleres, Cursos y Diplomados, para ayudarnos a sanar.

ENEDINA NÚÑEZ RIVERA

42 años, Puerto Vallarta, México

Madre de 2 hijas, 13 y 4 años de edad.

Terapeuta en Sanación, Canalización y Regresiones a Vidas Pasadas con Arcángeles;

Terapeuta Transgeneracional Evolutivo

@miarbolviveenmi / @tu_magia_divina

www.facebook.com/tumagiadivina

Desde muy joven comencé a cuestionarme las reglas establecidas por la familia, la sociedad y en especial de la religión, me fui rebelando a aceptar algo en lo que no estaba de acuerdo, y expresaba mi inconformidad con naturalidad, eso comenzó a incomodar a muchas personas, llegué incluso a perder amigos por decir lo que pensaba, todo esto me llevó a aislarme, sentirme sola, deprimida, rechazada, incomprendida y comenzó mi búsqueda por sanar todas estas emociones, siempre decidida a defender mi verdad.

Al observar mi vida y adentrarme en la historia de mi árbol genealógico comencé a comprender no solo a mis ancestros y su influencia en mi vida, sino a recordar esa infancia que sin darme cuenta había intentado borrar.

Quise olvidar el dolor de que papá siempre estaba trabajando y me hizo falta su presencia, de vivir los efectos de su alcoholismo por años, que llegó a golpear a mi madre, sus discusiones constantes, mis pesadillas nocturnas. Busqué siempre la aprobación de mi padre llevando excelentes calificaciones a casa.

Vivimos siempre alejados de cualquier familiar, era raro que alguien nos visitara, extrañé siempre esa cercanía y nunca supe qué era tener unos abuelos que me consintieran.

Lo que más deseaba en la vida era tener una familia unida y que mis hijos tuvieran un padre en casa, la vida me llevó a divorciarme, lo que me costó mucho y me hizo sentir fracasada, con mi pequeña en brazos comencé a buscar un nuevo hogar para ambas. En mi segundo intento de formar una familia estable quedé embarazada y el padre de mi segunda hija decide no vivir con nosotras, ahora me dolía más el rechazo y abandono hacia mi hija y la historia del abandono se seguía repitiendo en mi vida, abandonos que vienen de generaciones anteriores en mi familia.

Soy Contadora y Abogada de profesión sin embargo en algún momento de mi vida a pesar de estar en un buen puesto y siendo independiente financieramente, comencé a sentir un vacío existencial, una soledad y un sin número de emociones que no lograba tener paz.

Me convertí en una buscadora de respuestas, intentando descifrar lo que mi alma me gritaba, en mi camino de comprensión me di cuenta de lo valioso que era todo lo que iba descubriendo y solo deseaba algún día poder llevar a alguien ese consuelo y esas respuestas, que en su momento yo tanto necesité, renuncié a mi puesto y ser un canal en la sanación de otros comenzó a expandir mi ser, eso sí me llenaba el alma.

Siguiendo siempre las señales de mis ángeles y dejándome guiar, pusieron a SuiMei en mi camino, cuando sin saber mucho del Transgeneracional, quise incluir este tema en un evento virtual que realizaba, quedé impresionada al escuchar todo lo que ella compartía sobre la influencia de nuestros antepasados en nuestra vida, de esos patrones inconscientes que vamos repitiendo generación tras generación, de su gran experiencia en el tema y la facilidad que tenía para interpretar cualquier caso, logró sembrar en mí una semilla por saber más, hasta que 2 años después finalmente decido tomar la certificación con ella, para también ser Terapeuta Transgeneracional Evolutivo, nada es casualidad, el universo nos va conectando de tal manera para que logremos cumplir con nuestro plan divino.

Estoy feliz de ser parte de un grupo de personas con deseos de sanar, de romper las cadenas que nos impiden ser libres, porque de solo imaginar que el 99% de mi vida está condicionada a los patrones inconscientes de mi mente y de ser leal a situaciones dolorosas que mis ancestros vivieron, me motiva a seguir creciendo, a despertar mi consciencia hacia la vida que yo deseo crear para mí y mejorar las condiciones de mis hijas.

Doy gracias por la oportunidad que tengo de aprender de expertas de la talla de SuiMei y Suilang Chung, que se complementan de una manera maravillosa, brindando un equilibrio de fortaleza y amor, para guiarnos en este camino de autodescubrimiento y sanación.

Celebro mi decisión de estudiar Transgeneracional, ya está siendo una experiencia transformadora en mi vida y la Trilogía de Autosanación y Crecimiento Personal, ha sido una gran herramienta en mi camino de despertar.

Hoy sé que mis ancestros me guiaron para tomar este Diplomado Transgeneracional Evolutivo, para sanarme y sanar todo mi árbol, para poder ser libre, libre de dolor y libre para crear mi propia historia, libre de ser quien soy y brindar mejores oportunidades a mis hijas que tanto amo y deseo sean felices.

Gracias infinitas a mis queridas maestras SuiMei y Suilang Chung por su guía, su amor, su dedicación y su profesionalismo en este camino de autoconocimiento y sanación.

La sanación es libertad y mi mayor deseo es ayudar a otros a ser libres.

JACQUELINE PEREZ MARÍN

55 AÑOS CHILENA - Madre de Valentina, y las gemelas, Silvana y Macarena

Terapeuta Transgeneracional Evolutivo / Tarot Evolutivo Transgeneracional

Numerología integral - Registros Akashicos / Radestecia y uso de Péndulo -

Coach Ontológico / Mentora en Escuela Transgeneracional Evolutivo

jacquelineperezmarin64@gmail.com

Mis padres cuando me esperaban, deseaban que llegara un niño, incluso mi nombre lo dice Jacqueline (Jac) nombre de hombre.

Fui esperada con muchos miedos y nervios de parte de mis padres, debido a que mi madre dio a luz a su primera hija, ya fallecida.

Cuando entré al colegio y tuve que aprender a leer, mi madre tuvo muy poca paciencia para enseñarme. Si me equivocaba, me daba una cachetada, lo que me hacía llorar, temblaba de miedo todas las noches cuando debía leer. Recuerdo muchas veces haberme quedado dormida sollozando. Me amenazaba para que no le contara nada a mi papá, que me adoraba!!. Entonces cuándo yo escuchaba que llegaba mi papá a casa, me hacía la dormida para que no viera mis ojos rojos de tanto llanto.

Hay un episodio que quedó muy marcado en mi niñez y fue cuando sufrí un ataque de epilepsia y tenía que tomar la famosa "pastillita" que la odiaba porque sentía que me desconectaba de mi mundo…y no era yo.

Mi madre no tenía una buena relación con mi padre, más bien parecían amigos y ella claramente no era feliz y ahora pienso que su amargura la descargaba con mi hermano Luis y conmigo, nos pegaba varillazos y con correa cuando niños. Esto a mí me hacía sentir muy humillada, desprotegida, nerviosa, insegura, muy infeliz y con muy baja autoestima.

Elegí un hombre que también me mal trató sicológicamente, me humilló y sentí mucha pena, el mismo dolor de niña lo sentí en mi matrimonio y nuevamente me enfermé, esta vez me dio crisis de pánico y angustia nerviosa.

Esto fue lo que me llevó a conocer a Sui Mei y quedé encantada con mi primera sesión y mi vida empezó a cambiar.

Entré a un mundo nuevo que despertó mi consciencia. Cuando estudié el Transgeneracional junto a Sui Mei y Suilang, logré entender más sobre mis ancestros, ya que pude darme cuenta de dónde venía mi baja autoestima, la cual trabajé en los Talleres con mis Mentoras, por lo que logré perdonar y comprender los arrebatos que mi madre tenía conmigo y mis hermanos, pobrecita ella, también fue golpeada y nunca recibió cariño de su madre. ¿Cómo podría dar algo que nunca conoció?... Corrí donde ella y le enseñé a abrazar, explicándole que todo estaba bien y que la amaba...

Me di cuenta que el hombre que estaba a mi lado no me merecía y que al divorciarme, reparaba mi árbol para las siguientes generaciones. Mi ex marido y yo somos DOBLES ESPEJOS, por eso no funcionó nuestra relación. Sané este dolor descubriendo que él fue un gran MAESTRO para mí, el cual vino a enseñarme que yo me quisiera más como mujer y sacara toda mi fortaleza y coraje para salir adelante sola con mis tres hijas.

Gracias al Transgeneracional aprendí a valorarme, quererme y perdonarme. Me auto sané junto con las terapias, talleres y charlas que impartieron SUI MEI y SUI LANG. Aún sigo descubriendo secretos que se anidan en mi árbol y los rebelo a la familia para superar la repetición de situaciones traumáticas y así poder liberarlos, ya que la sanación del árbol consiste en evitar la repetición. Al mirar nuestro árbol genealógico descubrimos que "todo tiene una respuesta y que al despertar la consciencia se puede reparar, avanzar y auto sanar"

Toda esta experiencia me lleva hoy en día a ser parte del staff de Mentores de la ESCUELA TRANSGENERACIONAL EVOLUTIVO DE SUI MEI Y SUILANG.

NATALIA YLONKA MARQUEZ JIMENEZ

Madre de Celeste

Esteticista profesional / Terapeuta Transgeneracional Evolutivo

Tarot Terapéutico Transgeneracional

@transgeneracional_evolutivo20

Soy Natalia Ilonka Márquez Jiménez, tengo 33 años. Tuve una infancia muy difícil y dolorosa. La relación de mis padres no era de lo mejor, sus reiterados conflictos crearon en mí mucha inseguridad y momentos de mucha tristeza. Con el tiempo, ellos se separaron y a raíz del abandono de mi padre, siendo nosotros muy pequeños, mi madre tuvo que salir a trabajar por el sustento del hogar.

A los 25 años y con una hija de 2 años, tomé la decisión de separarme, de un hombre con las mismas características de mi padre.

Recuerdo que estuve 8 meses planeando mi separación. Un día me puse a pensar… ¿Quiero estar el resto de mi vida así? Fue ahí cuando tomé la decisión y nació la inquietud de iniciar una búsqueda de mi sanación.

Asistí a muchas Terapias, entre ellas Biomagnetismo, Flores de Bach y varias otras, ¡¡todo estaba bien!!...hasta que se presentaba un problema y corría en busca de Terapia. Fue así como un día del mes de enero, estaba mirando Facebook y veo una publicación de Sui Mei, que hablaba de "Heridas de Infancia". Me hizo mucho sentido con mi historia y no dudé en solicitarle una hora.

Cuando me senté frente a mi actual Maestra Sui Mei…me mira y me dice: esta será la última Terapia que te harás, ya encontraste lo que buscabas, "sanar tu infancia", desde ese mismo momento empecé a sentir alivio, había llegado al lugar que mi Alma necesitaba. Gracias a su Terapia Transgeneracional pude enfrentar todas mis heridas de infancia, miedos, traumas y penas de niñez.

¡Mi experiencia fue maravillosa! Cambió mi vida y la de mi hija. Me devolvió las ganas de vivir. Fue una bendición poder conocer una persona tan linda por dentro y por fuera.

Gracias a sus conocimientos y amor, empezó mi sanación al comprender mi historia de vida. Cuestionar todo era mágico, las piezas empezaban a encajar y mi vida tomaba un rumbo distinto, ya no era la misma persona, eran tantos mis deseos de sanar que pasaba todo el día leyendo sus publicaciones sobre el tema Transgeneracional. Fueron 2 años de leer hasta que comprendí que nada era casualidad, todo lo que tuve que pasar y vivir era para mi evolución.

Me sentí muy feliz al descubrir que había encontrado mi misión, y me inscribí en el Diplomado Transgeneracional Evolutivo, con mis Maestras Sui Mei y Suilang, bellas personas que cada día nos entregan hermosas clases, conocimientos y sabiduría, para continuar en este camino de sanación y así como yo pude, todos podemos sanar desde el amor y la comprensión de nuestra historia familiar.

¡¡¡Gracias por todo lo que aprendí de ustedes!!! Vivir el presente, ser una mejor persona. Volver a creer en mi, en el amor y que existen hermosas personas como mis Maestras. Ha sido un hermoso regalo en mi vida.

Gracias, gracias, gracias

Egresada de la "Escuela Transgeneracional Evolutivo"
Generación 2020

VERÓNICA FIGUEROA NAVIA

46 años. Madre de 2 hijas de 6 y 8 años.

Terapeuta Transgeneracional / Maquilladora Profesional

@abrazandomiarbol

Mi nombre Verónica Figueroa Navia, actualmente trabajo en maquillaje profesional. De niña fui una pequeña que guardaba mucho de lo que realmente sentía, no por gusto claramente, mi familia y mi entorno fueron determinantes para tener que callar. Mi familia era religiosa, me llevaban cada domingo a la Iglesia junto a mi hermana. (Metodista Protestante). Nunca fue algo que realmente me gustara hacer. Con el tiempo, fue siendo para mi más contradictorio escuchar que se debía amar al prójimo, sin embargo, en esos episodios violentos sentía que no me amaban, con tanto castigo desproporcionado. Viví con mi abuela materna siempre, y visitaba cada semana a mi abuela paterna. Ambas me contaban muchas historias y así crecí escuchando varias acerca de mi clan familiar. Una de las que más impactaba era la historia del tío abuelo Lalo (hermano de mi abuela paterna), quien caía en profundos estados depresivos y luego venían estados de máxima felicidad y euforia. Si hubiera vivido en la actualidad, el diagnóstico seria Bipolaridad, enfermedad que hasta hoy acompaña a algunas personas de la familia.

A medida que fui creciendo, me di cuenta de que la depresión acompaño a mi familia paterna sin dejar a nadie fuera, incluso a mí. A los 17 años, me diagnosticaron depresión, afortunadamente, había escuchado y visto tanto acerca de la depresión que no dudé en pedir ayuda profesional y comenzó mi camino por psiquiatras y psicólogos. Mi padre y mis tíos más cercanos, nunca se trataron sus depresiones o bien, dejaron los tratamientos, por esa razón me prometí llegar hasta el final, para salir de eso y no volver a sentirme así nunca más. Después de casi un año, logré el alta.

Mi infancia no fue feliz, tuve momentos felices y los guardo en mi corazón, pero en resumen, tuvo un sabor triste. Mi padre fue muy estricto y golpeador y mi madre sumisa y miedosa. No era capaz de intervenir cuando mi padre, en abuso de poder, me castigaba duramente a golpes. Mi abuelo paterno, era alcohólico, de muy mala borrachera, abusaba también de mi abuela en todos los sentidos.

Es así, como de manera inconsciente, normalice el abuso. A los 18 años salí del colegio y conocí a quien fue mi primer novio o "pololo" como decimos en Chile. A los 20 años aún seguía estando con él. Era la noche del 31 de diciembre de 1993, todos esperando lo que el nuevo año traería y sin duda ese Año Nuevo nunca lo olvidaría. El hombre con quien llevaba un par de años de relación, acostumbraba a hostigarme sexualmente para que accediera a su demanda; yo... cerraba los ojos y ya.... Esa noche de1994 ocurrió una vez más y como otras veces, mi opinión y consentimiento no importó mucho; no hubo protección, por lo que esa noche quedé embarazada.

Fueron meses muy difíciles, en el silencio absoluto y refugiada solo en algunas amigas que tenían la misma edad que yo. Sufría en silencio tratando de asimilar todo lo que había ocurrido, culpándome por como actué, sintiendo rechazo por mí y el bebé. Sentía miedo de mis propios sentimientos y tenía un inmenso dolor al sentirme traicionada por esa pareja, que no le tocaría ser apuntado con el dedo. Sentía tantas cosas, hasta que ordené las emociones como pudo mi cabeza de 20 años de aquellos tiempos y me di el valor para enfrentar a mi familia. Llegó el día de contarle a mis padres, estuve acompañada por quien era mi pololo, y recuerdo ese día como el más horrible de mi vida. Fue peor de lo que imaginé. Fui duramente juzgada, y escuchar a tu padre humillándote, a tu madre llorando a sollozos, ver a tu hermana escondida en su pieza por miedo a que pasara algo más, no es algo que se olvida. Mi padre tenía la costumbre de atormentarme con algún tipo de insulto en los días posteriores y casi tuve que irme de casa por ser considerada "persona no grata" por decirlo de algún modo. Hicieron varias preguntas acerca del futuro, pero nadie preguntó nada de como yo me sentía o como sucedió. Por mucho tiempo me sentí sucia, tomaba baños largos para calmarme. Lloré, pero no tanto, debía estar siempre a la defensiva. Mi madre me dijo un día: ¿qué voy a decir en mi trabajo de ti?, así entendí que sentía vergüenza de mí.

A los tres días de contar a mi familia y teniendo 8 semanas de gestación, tuve la primera ecografía, mi madre me acompañó y a los cinco días siguientes tuve un aborto espontáneo. Creí que iba a morir, tuve que ser internada de urgencia, llegué casi desmayada al Hospital, donde mi madre me dejó con una tía que me ingresó; ella no quería faltar a su trabajo. Estuve tres días en el Hospital, mi madre fue un día a visitarme, no hablamos mucho, solo me abrazó y lloró. Luego de eso, volví a casa y nunca más nadie habló de eso, fue como si no existiera ese episodio en la familia.

En el año 2014, me diagnostican Espondilitis Anquilosante, una especie de prima de la artritis, muy agresiva y amenazaba con dejarme rápidamente en silla de ruedas. Sufría dolores terribles especialmente en mis caderas, pies y manos. Los tratamientos tradicionales no estaban funcionando y accedí a uno especial, donde debía internarme para que pasaran el medicamento en un procedimiento similar a la quimioterapia, pero sin sus efectos secundarios. Pero tanto era el dolor, que las sábanas sobre mi cuerpo me dolían, día y noche el dolor estaba conmigo.

Muchas veces, en la calle, por el dolor constante se doblaban mis piernas y caía poco a poco al suelo y mi respiración se cortaba (fatiga muscular, dijo mi médico). Cuando el cuerpo no puede más y no tiene fuerza para mantenerse en pie se desploma. Fue tanto el dolor que recordé la antigua promesa, y busqué diferentes terapias, que me ayudaron por cierto, como la Acupuntura, Biodescodificación de enfermedades y otras más, pero ninguna me daba la respuesta que buscaba inconscientemente.

Es así, que media desplomada, siguiendo mi búsqueda para sanar mi profundo dolor, y entender entre muchas otras cosas como ¿por qué me acompañaba este síntoma? ¿por qué apareció cuando tuve mi primera hija?, es que llegó a mí el nombre de Sui Mei Chung. Así entonces el año 2019, estudio junto a ella y Suilang Tarot Terapéutico Evolutivo y conozco la Terapia Transgeneracional. A lo largo de mi vida, varias veces hice terapias con psicólogos y psiquiatras, de quienes estoy también agradecida, experiencia tenía de sobra en terapias, y solo quería una respuesta y me entregué en las manos y cariño de Sui Mei y a la Terapia Transgeneracional.

Ese día soleado de invierno del mes de Julio de 2019 mi vida comenzó a cambiar a pasos agigantados, logré comprender cual era mi dolor y por qué llegó a mi vida cuando mi primera hija nació. Comprendí lo que significaba el abuso, lo que era la culpa, comprendí el amor propio y pude integrarlo en mi vida. Hoy después tantos años de dolor guardado, pude liberarlo, hoy mis hijas saben que tuvieron un hermano y darle al fin el lugar y amor que siempre debió ocupar.

Por procedimiento médico, con exámenes de sangre miden mis niveles de inflamación cada dos meses; de uno a diez siempre estaba en siete como promedio; ese mes de Julio de 2019, la inflamación estaba en dos. Después de cinco años de tratamientos en clínica y pastillas que no lograban bajar la inflamación y el dolor tenia intermitencia, hoy ya no hay dolor, pude recuperar mi movilidad y sigo en mi proceso de sanar cada día.

Agradezco esta terapia por mostrarme el camino a la reconexión conmigo, gracias a SuiMei por hacer de este proceso algo cálido, amoroso y acogedor. Después de tanto dolor físico que provenía de mis emociones bloqueadas y olvidadas, es que al fin encontré la pieza que faltaba para ir rearmando mi nueva vida.

Hoy estoy estudiando junto a mis Mentoras, Sui Mei y Suilang el Diplomado para Terapeuta Transgeneracional Evolutivo, a quienes agradezco profundamente su entrega, como también agradezco a mis padres y a todos mis ancestros y deseo honrarlos haciendo de mi vida algo espectacular.

TRANSGENERACIONAL EVOLUTIVO

"Evolucionar a través de nuestro Árbol Genealógico y nuestra historia familiar"

Nuestra vida es un cúmulo de creencias, tradiciones, y patrones heredados de nuestro clan. Sin embargo, esto no significa que estamos condenados a vivir de igual manera.

La TRILOGIA de libros ha sido escrita para que puedas tener una mejor y mayor comprensión de lo que ha sido tu vida, tus elecciones de vida y tengas la certeza que todo lo que has vivido ha afectado e influido en la persona en quién eres hoy.

Te comparto dos videos que pertenecen a unas de las primeras clases de nuestro DIPLOMADO Terapeutas Transgeneracionales Evolutivos:

"Estamos Programados"

"¿Qué es la Terapia Transgeneracional Evolutiva"

"La Trilogía, los únicos libros de Autoayuda basados en temas Transgeneracionales"

Made in the USA
Columbia, SC
16 November 2024